Praise for *La emboscada postpoética de Agustín Fernández Mallo*

Candelas Gala reads Fernández Mallo the way one might follow Odysseus—not only through language, but through loss, memory, and the fragments of a world remade. Just as Odysseus sails toward Ithaca, never quite the man who left, Gala walks the strange coasts of Fernández Mallo's Postpoetry, where science and myth, entropy and love, collide. This is not just literary criticism. It is a meditation on the beauty of ruins and the future hidden in their dust.

Juan José López Cadenas, Ikerbasque (Basque Foundation for Science) Research Professor, DIPC (Donostia International Physics Center)

Candelas Gala es conocida por su enfoque transdisciplinario en el estudio de los poetas del 27 cuyas obras ha analizado en el marco de los avances científicos de principios del siglo XX. Nadie mejor, entonces, para abordar la obra de Agustín Fernández Mallo, físico y poeta contemporáneo que desafía la separación disciplinaria simplista de la ciencia y la poesía. A través de lecturas textuales y teniendo siempre en cuenta las referencias teórico-literarias y científicas del autor, Gala desarrolla un análisis de la propuesta postpoética de Fernández Mallo que servirá de punto de referencia fundamental para estudios futuros sobre la renovación poética en la España del siglo XXI.

Federico Bonaddio, Professor of Modern Spanish Studies, King's College London

Praise

In her study on the works of poet and physicist Agustín Fernández Mallo, Candelas Gala continues a career-long series of literary critiques spanning twentieth- and twenty-first-century Spanish literature. Here, she again demonstrates how science and poetry reflect, expand, and interlace with each other by examining Fernández Mallo's "ambush" (*emboscada*) of poetry, his *Postpoesía*. Gala's analysis and thorough research are as cross-disciplinary as the poet's creations—her scholarship both explores and exemplifies integrative environments in which the arts and sciences thrive together.

Maria C. Fellie, The Pennsylvania State University

Candelas Gala nos adentra en el frondoso bosque postpoético de Agustín Fernández Mallo, guiándonos con la antorcha de un análisis metaliterario que entrelaza de manera certera mas fluida, como la propia obra poética estudiada, nociones científicas, hallazgos literarios y un hondo conocimiento filosófico.

Sergio Barbero Briones, Instituto de Óptica (CSIC), España

LA EMBOSCADA POST-POÉTICA DE AGUSTÍN FERNÁNDEZ MALLO

Purdue Studies in Romance Literatures

Editorial Board

Íñigo Sánchez-Llama, Series Editor Beth Gale
Elena Coda   Laura Demaría
Paul B. Dixon

Howard Mancing, Consulting Editor
Floyd Merrell, Consulting Editor
R. Tyler Gabbard-Rocha, Production Editor

Associate Editors

French
Jeanette Beer
Paul Benhamou
Willard Bohn
Thomas Broden
Mary Ann Caws
Allan H. Pasco
Gerald Prince
Roseann Runte
Ursula Tidd

Italian
Fiora A. Bassanese
Peter Carravetta
Benjamin Lawton
Franco Masciandaro
Anthony Julian Tamburri

Luso-Brazilian
Marta Peixoto
Ricardo da Silveira Lobo Sternberg

Spanish and Spanish American
Catherine Connor
Ivy A. Corfis
Frederick A. de Armas
Edward Friedman
Charles Ganelin
David T. Gies
Roberto González Echevarría
David K. Herzberger
Emily Hicks
Djelal Kadir
Amy Kaminsky
Lucille Kerr
Howard Mancing
Floyd Merrell
Alberto Moreiras
Randolph D. Pope
Elżbieta Skłodowska
Marcia Stephenson

 volume 94

LA EMBOSCADA POST-POÉTICA DE AGUSTÍN FERNÁNDEZ MALLO

Física, cognición, contemporaneidad, entropía

Candelas Gala

Purdue University Press
West Lafayette, Indiana

Copyright ©2025 by Purdue University. All rights reserved.

Cataloging-in-Publication Data on file at the Library of Congress.

Cover image: Cajal drawings, Legado Cajal—CSIC: National Museum of Natural Sciences

9781626711280 (hardcover)
9781626711297 (paperback)
9781626711303 (epub)
9781626711310 (epdf)

Para Paul

Contenido

xi Nota preliminar

1 Introducción
La emboscada postpoética a∩b

21 Capítulo uno
La casa de la escritura postpoética
21 Poesía postpoética: *Jean Fontaine Odisea (Mi deconstrucción)*
34 La Postpoesía y la vida
40 Algunas reflexiones inconclusas sobre la Postpoesía

45 Capítulo dos
Nomadismo y rizoma: Derivas postpoéticas
48 Derivas por la ciencia física
58 Derivas espacio-temporales

77 Capítulo tres
Metáforas de la cognición postpoética
78 Lenguaje, corporeidad y los nuevos métodos médicos
89 Basura y otros residuos
105 Los agujeros negros: Basura cósmica

113 Capítulo cuatro
Niels Bohr y la Complementariedad: La compleja convergencia de lo [post]poético ("Ojos polos puestos [...] expresión neutra")
120 En el *horizonte de sucesos:* "Musas" de la complementariedad
123 La modelo retirada
135 Muñeca rusa

147 Capítulo cinco

Reproducibilidad y divergencia: Sistemas ortopédicos de la realidad (Fotografías, mapas, máquinas, pares, simulacros)
147 Reproducibilidad / otredad; simulacro / reversibilidad
167 Lo humano, la máquina, el robot: El principio de la imitación
173 La divergencia en la paridad: La vida y su lógica de inversión

179 Capítulo seis

Una polifónica cavidad resonante
195 "Nubes de sentido": Los objetos

211 Capítulo siete

El campo magnético terrestre o el campo geomagnético

237 A modo de conclusiones

251 Notas

269 Obras citadas

279 Índice

Nota preliminar

El presente estudio se enfoca en los seis poemarios que Fernández Mallo ha publicado hasta la fecha y que incluyen: *Creta Lateral Travelling* (1998), *Yo siempre regreso a los pezones y al punto 7 del 'Tractatus'* (1999–2000), *Joan Fontaine Odisea (Mi deconstrucción)* (2001–2002), *Carne de píxel* (2002), *Antibiótico* (2005) y *Ya nadie se llamará como yo* (2015). Los ensayos *Postpoesía. Hacia un nuevo paradigma* (2009) y *Teoría general de la basura* (2018) sirven de soporte teórico a los motivos y temas tratados poéticamente, mientras que la producción en prosa se refiere en citas cuando es pertinente para la discusión.

Las referencias y citas de los poemarios provienen de la compilación *Ya nadie se llamará como yo + Poesía reunida (1998–2012)*, Barcelona, Seix Barral, 2015. Se indicarán según las abreviaturas de los títulos de cada poemario que aparecen a continuación, seguidas del año de la compilación, 2015, y la página o páginas. Las referencias a los textos *Postpoesía. Hacia un nuevo paradigma*, *Teoría general de la basura* y *El hacedor (de Borges), Remake,* se citarán con las abreviaturas correspondientes (*PP, TGB, El hacedor*), seguidas del año de publicación (2009, 2018, 2011, respectivamente) y la página o páginas. Las referencias a las tres novelas en el proyecto Nocilla proceden de su publicación en la editorial Alfaguara de 2013. Se indicarán con el título correspondiente, en el texto o en paréntesis, seguido de la primera palabra del título, *Proyecto,* año y página. La novela *Limbo* (2014) se indicará por su título seguido de la fecha de publicación:

Nota preliminar

Nocilla experience: NE
Creta Lateral Travelling: Creta
Yo siempre regreso a los pezones y al punto 7 del 'Tractatus': Regreso
Joan Fontaine Odisea: Odisea
Carne de pixel : Carne
Antibiótico: Antibiótico
Ya nadie se llamará como yo: Ya nadie
Postpoesía: PP
Teoría general de la basura: TGB
Proyecto Nocilla. Nocilla dream. Nocilla experience. Nocilla lab: Proyecto
El hacedor (de Borges), Remake: El hacedor
Limbo: Limbo

Nota: A menos que se indique lo contrario, las traducciones son mías.

Introducción: La emboscada postpoética a∩b

> para mí en todo lo que hago ha de haber algo poético,
> porque de otro modo no tiene ningún valor
> (Fernández Mallo, cit. en Corominas, 2011)

Postpoesía. Hacia un nuevo paradigma, el texto programático que Agustín Fernández Mallo publica en 2009, propone la necesidad urgente de hacer una revisión de la poética oficial, la "ortodoxia" en la España actual, para curarla del anquilosamiento de sus premisas que amenazan con asfixiarla. La importancia de este ensayo en la obra de Fernández Mallo es central pues su programa de renovación para la poesía se extiende al discurso narrativo. Sin descartar las novelas y escritos teóricos que se citan cuando es pertinente, este estudio sitúa el foco de atención en los poemarios de Fernández Mallo, llenando un hueco fundamental en los análisis críticos en torno a este autor.

El presente estudio se propone llevar a cabo un estudio de la Postpoesía como propuesta de escritura transdisciplinaria en consonancia con la multiplicidad de la actualidad y dirigida a renovar el estado de la escritura oficial, "curándola" del estancamiento esclerótico que sufre al verse sujeta a los mitos y premisas clásicos ya desgastados por el uso y recobrar el pálpito vital que enlaza el lenguaje con la Tierra, sede de la materia, de la vida y sus pulsaciones. El camino o proceso por seguir hacia la renovación partirá de una lectura detallada de los textos, sus metáforas y referencias, y corre paralelo al carácter transdisciplinario de la Postpoesía , siguiendo sus derivas por diversas áreas culturales y epistemológicas pues es el camino o proceso lo que cuenta más que el objeto artístico en sí.

La elección del título para este estudio se apoya en el mismo Fernández Mallo quien se refiere a su propuesta como una "emboscada" en un texto de *Carne de píxel,* (2015: 500). El término

Introducción

sugiere un cierto truco en la propuesta renovadora de la Postpoesía, porque hablar de "emboscada" evoca uno de sus ejemplos más significativo, el de la emboscada de Odiseo—narrada retrospectivamente en la *Odisea*—al construir el enorme caballo de madera como sospechoso "regalo" a los troyanos en reconocimiento de su victoria. Estas referencias al texto homérico no se hacen a la ligera, pues menciones a Troya y a Odiseo aparecen esparcidas en los poemarios de Fernández Mallo (uno de ellos lleva el título *Joan Fontaine Odisea*). Anticipando lo que se analizará con más detalle en las siguientes páginas, cabe mencionar aquí que el postpoeta se percibe a menudo como un Odiseo quien, de vuelta de sus aventuras personales, geográficas y artísticas, elabora su Postpoesía para contarlas y, en el proceso, adquirir un mejor conocimiento de las experiencias vividas y de los lugares y tiempos que visitó durante su recorrido. Como Odiseo, este hablante deambula, no solo circunvalando el espacio geográfico, sino por su paisaje mental y por el espacio poemático al que se acerca topológicamente como "poema espacio sustrato continuo" (*TGB*, 2018b: 73). Y adoptando la práctica postpoética intertextual de enlazar con textos de diferentes culturas, cabe aquí mencionar la figura de Leopold Bloom en la novela de James Joyce, *Ulysses*, deambulando por las calles de Dublín, y la de su alter-ego, Stephen Dedalus paseándose también por el camino a Sandymount, cavilando sobre diversos temas, entre ellos, la muerte de su madre. Para el postpoeta y entre otros temas, algunas de sus cavilaciones girarán en torno a la muerte del padre y a la intensa relación y subsiguiente abandono que mantuvo con una mujer modelo retirada. Girarán también literalmente en torno a ese "estar de vuelta" como proceso o bucle de recursividad, elaborando sobre ejemplos y anécdotas concretas pero encuadradas en el marco general del cosmos, la vida, la identidad y la escritura.

Nacido en A Coruña, Galicia (1967), Agustín Fernández Mallo, se licenció en Ciencias Físicas por la Universidad de Santiago de Compostela. Trabajó, según el mismo describe

> como físico especializado en la aplicación de las radiaciones ionizantes a la terapia del cáncer. Básicamente, se trata del diseño del tratamiento a cada paciente en radioterapia, ya que el tumor se combate con haces de partículas (fotones y electrones). También mi trabajo consiste en la protección radiológica, que es velar porque las radiaciones no se extiendan y dañen al personal y al público. (cit. en Pozo Ortea, 2012: 113)

Su interés por las conexiones entre las ciencias y las humanidades data del año 2000 cuando acuña el término Postpoesía y lo desarrolla en el ensayo *Postpoesía. Hacia un nuevo paradigma (2009)*, finalista del Premio Anagrama de Ensayo 2009. La propuesta postpoética se pone en práctica en los poemarios que son el objetivo de este estudio: *Yo siempre regreso a los pezones y al punto 7 del* Tractatus (2001), *Creta lateral travelling* (2004), I Premio Café Món, *Joan Fontaine Odisea (mi deconstrucción)* (2005), *Carne de píxel* (2008), Premio de poesía Ciudad de Burgos 2007 y *Antibiótico* (2012). El volumen *Ya nadie se llamará como yo. Poesía reunida (1998–2012)* (2015), incluye los títulos mencionados además del que lleva la compilación, *Ya nadie se llamará como yo*.

El elemento de novedad, de experimentación, "de continua búsqueda de nuevos caminos de expresión" (*PP,* 2009: 64), es fundamental en la Postpoesía, aunque el mismo Fernández Mallo reconozca que objetivos semejantes ya se dieron en otros movimientos a comienzos del siglo XX. Es quizá en la transdisciplinariedad entre diferentes áreas del saber, especialmente entre poesía y ciencia donde la Postpoesía muestra un acercamiento novedoso, no tanto por fundir dos áreas que se han venido manteniendo aparte, sino por la manera de ver cada disciplina en relación excluyente pero mutua con la otra. Ante la creencia mantenida de que la ciencia descubre y la poesía crea, Fernández Mallo alega que tal separación es falsa pues "las dos crean, son representaciones, y las dos descubren, son investigadoras" (*PP,* 2009: 119). Los teoremas de la física pueden y deben verse como metáforas o construcciones poéticas de igual modo que un poema descubre nuevos modos de ver el mundo. Las digresiones en torno a temas científicos son numerosas, pero como han mantenido otros críticos, entre los que me incluyo, son consustanciales a un autor que como Fernández Mallo no solo se licenció en Ciencias Físicas, sino que descarta las tradicionales separaciones entre disciplinas (v. Fraser 8).

La Postpoesía es el caballo de Troya "lanzado" como liberación y cura de la poesía / Helena que la Troya de la ortodoxia poética mantiene aprisionada por premisas anticuadas. Al estar de vuelta de sus derivas geográficas e intelectuales, el postpoeta Odiseo y su Postpoesía tienen la capacidad de evaluar las normativas sociales y artísticas desde nuevos ángulos a menudo imprevistos que, generalmente, las desvisten de sus proclamas de autenticidad y ponen a prueba los valores absolutos y el inmovilismo sobre los que se asientan sus pilares. La victoria de este Odiseo y su emboscada no es inmediata (¡en el poema homérico llevó diez años precedidos de otros diez de asedio de la ciudad!), por lo que es apropiado denominarlo una victoria relativa que confirma el fuerte enraizamiento de las normas convencionales. El "regalo" de esta emboscada, como los guerreros que en el vientre del caballo van a liberar a Helena, son estrategias que consisten en ensamblajes, plagios, apropiaciones, copias, retroalimentaciones que entrelazan campos descartados tradicionalmente del ámbito poético, como las ciencias con prevalencia de la física y la contemporaneidad—cine, música, fotografía, publicidad, TV—, pasando por alto la conocida distinción entre cultura alta y cultura baja. Porque, en última instancia, la Postpoesía entiende la escritura como *poiesis* o *performance,* como un tipo de acción donde las metáforas son instrumentos cognitivos y el objetivo no es llegar a conclusiones definitivas sino a explorar los estados pre-categóricos de ambigüedad, perplejidad, paradoja y suspensión: es el camino que hay que seguir lo que cuenta, no tanto el resultado final. Más que "aclarar" y proclamar certezas y causalidad, esos recursos conllevan enredamientos, ambigüedad, fluctuaciones, relatividad. Y, como sucede con las innumerables peripecias de Odiseo intentando volver a Ítaca, que el *Ulysses* de Joyce refleja en lo caótico de su estructura, lo que se articula es la complejidad del mundo entorno y, a su vez, incitar a la lectora a salir de su estatismo e involucrarse en un viaje de resolver enigmas que nunca van a ser totalmente solventados.

En un texto del libro *Carne de píxel* (2002: 500) donde se caracteriza la Postpoesía como una emboscada, el postpoeta declara: "**(a)** He encontrado una nueva forma de felicidad." La **a** en negrita y entre paréntesis se complementa con una **(b)** situada a mitad del texto, de modo que se trata de dos secciones conectadas. El hallazgo de esa nueva forma de felicidad en la manera **(a)** consiste en lograr ese "difícil equilibrio del funambulista" que, en realidad es el equilibrio que se identifica con ese instante en que el parpadeo suspende la visión, o en el aleteo del pájaro estando quieto, o cuando se cruzan dos cartas con mensajes contrarios, o cuando "la levedad iguala al peso," casos todos que confirman la dificultad de ese equilibrio tan paradójico donde radica la "nueva forma de felicidad." Evidentemente se apunta a un estado distinto al de los dualismos que permean la cultura occidental y la ortodoxia poética, pues no supone optar por uno u otro extremo, sino por mantenerlos en suspensión o, en otros términos, en un "*principio de indeterminación* heisenbergiano[1] ($\Delta p\, \Delta q \geq h$)" (*PP*, 2009: 79). Ahí se ubica un modo de la felicidad que ofrece la Postpoesía, vulnerable, ciertamente, pues nada tiene de las certezas que ofrecen los valores bien establecidos por la conformidad de la tribu, y prescritos por la física clásica. En la dialéctica "y/o," la Postpoesía busca superponer esos extremos y mantenerlos en un estado de flotación y suspenso pleno de potencial creativo, por difícil que sea sostenerlo. La fragilidad de esta felicidad tipo (**a**) posee, sin embargo, una gran seducción porque en la tensión entre los opuestos se toca un límite donde reside el juego de la significación y de la vida. Esta forma de felicidad postpoética tiene ecos del baile de Shiva, y también del ying-yang y del principio de complementariedad del físico Niels Bohr que, como se verá más adelante, se encuentra en el núcleo de la propuesta postpoética con variadas representaciones en los distintos poemarios.

Pero no acaba ahí la propuesta sobre la felicidad que plantea la Postpoesía pues, en la sección (**b**) del texto, en vez del frágil equilibrio de los elementos en los binomios, la felicidad, por el contrario, consiste en lograr un estado unicelular y "químicamente puro," semejante al que queda fijado en las fotos, llamado el sexto estado de la materia. Este estado reside en una condensación de fermiones, no bosones, por lo que se trata de un estado/reducto de soledad y aislamiento del entorno.[2] Estos dos tipos de felicidad se representan con el símbolo ∩ para indicar la intersección de los dos conjuntos a y b: **a**∩**b**. En el ámbito de las matemáticas y la teoría de conjuntos, dicha intersección indica que se trata del conjunto que contiene todos los elementos de (a) que también pertenecen a (b) o, de manera equivalente, todos los elementos de (b) que también pertenecen a (a). El texto concluye con la confesión del hablante de no saber cuál de los dos estados "es metáfora del otro, [y] si la metáfora se inventó para dar vida a todo lo mal muerto y una vez resucitado aniquilarlo para siempre." Podría responderse que ambos estados se retroalimentan, de igual modo que la metáfora revitaliza los significados hasta llegar a aniquilarlos para iniciar un nuevo proceso de significación.

Por tanto, la "nueva forma de felicidad" reside en esa intersección ∩ entre el frágil equilibrio de opuestos y el asiento en la soledad fermiónica: "En esa emboscada se resume todo este ADN postpoético," concluye el hablante. El ADN de la Postpoesía es su doble hélice cuyas cadenas, las que se conectan en la intersección

Introducción

∩, se enrollan y transportan las indicaciones para el desarrollo, crecimiento, funcionamiento y reproducción de todos sus organismos o formas. Y es una emboscada porque no ofrece un viaducto directo sino un enredamiento pleno de potencial creativo y vital, pero de difícil mantenimiento y sujeto a la degeneración del avance temporal. Por eso puede decirse que se trata de una emboscada doble, tanto para la ortodoxia poética como para la Postpoesía misma. Las estrategias postpoéticas se dirigen a mantener ese frágil pero seductor balance por medio de ensamblajes, retroalimentación, apropiaciones de múltiples y variados campos del saber, cuyo objetivo es eludir los finales y las proclamas definitivas para dar entrada a las divergencias y gozar en lo relacional. Ahí radica la identidad genética de la Postpoesía porque, como declara Fernández Mallo, su propuesta no busca aliarse ni a un polo ni a otro, sino "flotar" de manera "simulada" entre ambas opciones (*PP*, 2009: 31).

La Postpoesía emerge en un ambiente poético que por años se venía debatiendo entre dos tendencias, principalmente. Por un lado, están los poetas que optaban por una escritura en torno a los sentimientos, las emociones, la intimidad e individualidad de las vivencias. Siguiendo la pauta marcada por Robert Langbaum en su obra de 1957, *The Poetry of Experience,* los practicantes de la poesía de la experiencia se distancian de una escritura abstracta, elevada y dirigida mayormente a una minoría en favor de una expresión más suelta, creando en sus composiciones una narrativa y personajes con los que los lectores podían fácilmente identificarse. El otro lado lo ocupa la poesía de la diferencia donde se remplaza la inmanencia e inmediatez de la poesía de la experiencia por la trascendencia, a veces de corte místico-metafísico. Lo que cuenta es la individualidad, independencia y originalidad de cada autor, la oposición a sumirse y sumarse a un espacio poético dominado por los mismos temas para proclamar, en su lugar, la variedad y pluralidad del inventario.

La Postpoesía tendría más puntos de contacto con la poseía de la diferencia compartiendo su reacción contra el tono de escritura cotidiana y sentimentalidad de la literatura de la experiencia y su rechazo de la literatura "oficial." Más coincidencias encontraría la Postpoesía con lo que Gregorio Morales denomina "La diferencia cuántica," título de una ponencia presentada en un congreso en Valencia en 1995 con el fin de congregar en torno a la cuántica lo más fundamental de la estética de la diferencia, y en su obra *El cadáver de Balzac* (1998), donde cifra los objetivos de su propuesta misma en la frase "misterio más diferencia." La disparidad entre la Postpoesía y las otras tendencias se hace patente en la reticencia en ellas a admitir influencias externas propias de la contemporaneidad—cultura popular, tecnología, cine, publicidad, ecología, etc.—por considerarlas foráneas al ámbito poético. Sus posturas son más afines a mantener los absolutos, las certezas y la seguridad de la causalidad según los principios de la física clásica. La Postpoesía, en cambio, tiene propuestas seductoras por su diversidad, libertad y reto a las convenciones, pero ese mismo atractivo no garantiza certezas tranquilizadoras ya que comparte la incertidumbre, indeterminismo e incompletitud cuánticas.[3] Las poéticas oficiales y la Postpoesía se encuentran en un sistema de tira y afloja pues, excluyéndose por la diferencia de sus propuestas, se complementan en su propia oposición, dejando de lado el acercamiento que exige optar por un polo u otro en los dualismos en favor de mantener ambos en suspenso y así lograr un conocimiento más completo del fenómeno.

Las premisas en el nuevo paradigma postpoético no se limitan a la poesía, sino que se extienden a la obra en prosa ya que en el paradigma mismo no hay distancia entre los géneros. Como el mismo Fernández Mallo declara: "*Proyecto Nocilla* responde al intento de trasladar ciertos aspectos de la poesía postpoética, que en su día teoricé, al ámbito de la narrativa" (*NE,* 2008: 205). La publicación de la primera novela de Fernández Mallo, *Nocilla dream* en 2006, causó un verdadero deslumbramiento entre la crítica y el público, como se refleja en los galardones recibidos: seleccionada por la revista *Quimera* como la mejor novela del año, en 2009 como la cuarta novela en español más importante de la década, y por El Cultural de *El Mundo* como una de las diez mejores. A esa novela han seguido *Nocilla experience* (2008), elegida mejor libro del año por la revista *Miradas 2* de TVE y premio Pop-Eye 2009 y *Nocilla lab* (2009), elegida por el suplemento cultural *Babelia* como la tercera mejor novela en español de 2009, reunidas las tres en *Proyecto Nocilla* (2013). *El hacedor (de Borges), Remake* se publica en 2011, seguida de *Limbo* de 2014 y *Trilogía de la guerra* (2018), Premio Biblioteca Breve 2018.

La llamada "Generación Nocilla" toma su nombre de la trilogía de Fernández Mallo—en particular de *Nocilla dream,* considerada

Introducción

el fundamento del grupo—que, a su vez, parte del producto de ese nombre, una crema untable hecha de cacao, avellanas, azúcar y leche, semejante a la italiana *Nutella* pero con menos cantidad de avellanas. El asombro provocado por la publicación de *Nocilla dream* se refleja en un artículo de Nuria Azancot, "La Generación Nocilla y el afterpop piden paso" (19 de julio, 2007), en la sección cultural del periódico *La Vanguardia*. Sus miembros, entre los que destacan Vicente Luis Mora, Jorge Carrión y Eloy Fernández Porta, además de Fernández Mallo, nacieron en torno a 1970 y concuerdan en buscar un tipo de narrativa nuevo, revolucionario, fragmentario y marcado por el Internet. Haciendo eco de los objetivos postpoéticos, estos narradores embisten contra los prosistas que ellos llaman "tardomodernos" para afirmar la necesidad de una forma de narrar más de acuerdo con los nuevos tiempos.

El inconformismo de este grupo, y de Fernández Mallo en particular, se refleja en la preferencia por publicar, al menos en sus inicios, en revistas minoritarias—*Lateral, La bolsa de pipas, La fábrica, Anónima*—, por ser blogueros ("El hombre que salió de la tarta" es el blog de Fernández Mallo, blogs.alfaguara.com/fernandezmallo), por reconocer la influencia de los medios sociales como comunicación de masas y por la publicidad, por sus preferencias interdisciplinarias, (David Foster Wallace, George Saunders, e.e. Cummings, John Ashbury…), y por encontrar coincidencias con el postmodernismo de lo inconcluso y fragmentario. La tecnología, la televisión, la cultura pop, los vídeos, la superación de los dualismos de cultura alta y cultura popular, de realidad y ficción, y las dicotomías políticas son temas que proliferan en las discusiones y escritos de este grupo. Sus preferencias por los iconos del mundo tecnológico moderno van junto con gustos literarios cuya sofisticación deja ver la ambición artística de estos autores.

Menéndez Salmón destaca como positivo el "descentramiento" del narrador del siglo XXI por suponer la existencia de varios centros en torno a los que giran varias concepciones de lo que es narrar (v. Evia). "The center cannot hold" [El centro no se puede mantener] como ya dijo W.B Yeats, resuena en el entendimiento cuántico de una realidad múltiple y compleja cuyos elementos se hallan interconectados sin jerarquías entre ellos.[4] El término según Jorge Carrión es el de "red" para destacar la interconexión entre los designados como miembros del grupo, red de amistades, de interlocutores, de cómplices "pero nada de grupos ni de generaciones" sino de apertura que en la física se referiría con el término "campo" [field] de enlaces sin fronteras delimitadoras (v. Carrión). Fernández Mallo habla de la poesía postpoética como "una red 'libre de escala', pero no colapsa ni muere por ser uno de sus presupuestos la continua interacción" (*PP,* 2009: 162). El término "red" en Fernández Mallo comparte los rasgos del término físico de "field" para describir las interconexiones entre los elementos por distantes que se hallen en espacio y tiempo; la referencia al colapso en la cita alude al que tiene lugar cuando la medición u observación interviene en la superposición de partícula y onda en la física cuántica.[5]

Si bien muchos de los miembros del grupo Nocilla admiten el hecho "periodístico afortunado" que el término Nocilla ha resultado ser, reconociendo lo que Fernández Mallo llama "un estrato sociológico común" que los une (v. Espigado), no todos aprueban por completo dicha denominación y preferirían el apelativo de grupo "Afterpop" propuesto por Eloy Fernández Porta. Como el término indica, "Afterpop" describe a un autor que "se sitúa en un espacio histórica y simbólicamente posterior," cuya actitud se caracteriza "por una ironía inestable," manifestándose en "continuos *deslizamientos*" entre la cultura de consumo (Fernández Porta, 62, 63). Por su parte Javier Calvo en su ensayo "La historia de la nocilla" ofrece una elaboración crítica de lo que se viene entendiendo por la generación Nocilla, desde su nombre hasta sus características, miembros y objetivos. Describiéndola como "una energía y una actitud, y también un insulto al sistema," Calvo considera que lo que diferencia al grupo de otros es su postura anti-mercado— aunque admite que ya algunos, entre los que destaca Fernández Mallo estén publicando en editoriales mayores—, su propensión a teorizar, a provocar, a lo histriónico y a la controversia. Como "*Angry youngmen,* ya un poco creciditos," Calvo reconoce que "todavía [están] dispuestos a dar mordiscos y patadas."[6]

No faltan voces críticas que disputan la novedad de la Postpoesía. Para el escritor y crítico literario Patricio Pron, la "originalidad" de la narrativa Nocilla y, específicamente, de la trilogía de Fernández Mallo es mera "aspiración a la novedad." La no linealidad, el fragmentarismo, la visualidad como elementos novedosos de que se precia el grupo Nocilla, ya se encuentran presentes en las vanguardias históricas y en la posmodernidad, y lo mismo ocurre con el interés por las ciencias, ya presente, según Pron en la llamada "hard science fiction" [ciencia ficción dura], y en la intertextualidad tan practicada por Borges, entre otros. La novedad de Fernández Mallo es según Pron "tramposa pretensión" por omitir a autores tan innovadores como Enrique Vila-Matas, Javier Marías, Antonio Muñoz Molina, entre otros.

David Viñas cuestiona la recepción de la Postpoesía pues su contenido exento de emociones no ofrece a los lectores ningún elemento al que agarrarse vivencialmente. De acuerdo con Pron, Viñas señala, además, que la novedad de la Postpoesía no es tan radical como parece a primera vista ya que la tradición modernista y vanguardias históricas exploraron muchas vías semejantes (285). Fernández Mallo no niega la novedad de las vanguardias pues afirma repetidamente que el pasado vive en el presente, y respecto a la atracción que pueda tener la Postpoesía en los lectores, Fernández Mallo apelaría a una participación más activa, a reflexionar y motivar a ver desde un ángulo diferente, más allá de provocar una reacción emocional y de identificación.

Para Tamara Bjelland, el tema de la novedad de la Postpoesía es la respuesta a un miedo común de quedarse atrás, de ser obsoleto y anticuado. Tras una síntesis de los principios básicos que Fernández Mallo formula en su ensayo sobre Postpoesía, Bjelland identifica una serie de puntos donde el autor se contradice o su argumento es débil. Uno de ellos es el deseo de eliminar la nostalgia del ámbito postpoético y al mismo tiempo apelar, como hace Fernández Mallo, por alguna era "pre-ilustrada" donde poesía y ciencia convivían (Bjelland 329). Hay otras referencias plenas de nostalgia que apoyan el argumento de Bjelland, como las que salpican algunos de los poemarios sobre la casa familiar, los arándanos que recogía la madre y la infancia por la que la nostalgia es tan fuerte que exige una expresión exenta de sentimentalidad como los siguientes versos: "la infancia es un átomo que emite / la partícula @ hasta que morimos" (*Antibiótico,* 2015: 538).

Tampoco está Bejelland de acuerdo con la oposición de la Postpoesía a la poesía de la experiencia y de la diferencia pues, teniendo en cuenta su naturaleza *pastiche,* en su ámbito se debería dar entrada a todo tipo de elementos, incluyendo aquellos pertenecientes a esas escuelas poéticas. Otro punto que Bejelland encuentra de argumentación débil es la insistencia por parte de Fernández Mallo de que su ensayo no es un manifiesto—cuando es fácil de probar que comparte con dicho género aspectos como la contextualización, la cual hace del manifiesto un texto siempre expuesto a ser re-definido—, su denuncia del estado de crisis de la poesía oficial, el oposicionismo que Fernández Mallo comparte con los manifiestos vanguardistas, y la urgente necesidad de una cura (Bjelland 329–30).[7] Es quizá en descartar la poesía digital y otros experimentos donde Bjelland identifica el mayor error en la propuesta postpoética de Fernández Mallo (329–33).

Respecto al discutido tema de la muerte del autor, Bjelland objeta que Fernández Mallo se abstenga de comentar sobre un tema de tanto peso en su ensayo sobre la Postpoesía. Rocío Badía Fumaz justifica dicha ausencia en el hecho de que el autor del ensayo, Fernández Mallo, está vivo y "desde su manifestación ensayística reclama un lugar dentro del complejo sistema literario" (3), reivindicándose a sí mismo como autor. Además, Badía Fumaz describe al autor que la Postpoesía propone como un tipo bien alejado de la noción del autor iluminado, pues su creación artística es como la de un trabajador háptico dedicado a crear poemas artefacto en su oficina/laboratorio. Los argumentos de Badía Fumaz son acertados. Añadiría por mi parte que, aunque este poeta artesano no se dé aires de ser superior, reconocerá en sus adentros que es un ser especial, de lo cual hay prueba cuando se analice la intervención del monigote del WC y las metáforas de la basura en el Capítulo tres. Otra razón de que Fernández Mallo no tratara el tema de la muerte del autor se halla en su entendimiento del fenómeno de la reproducibilidad, tema del Capítulo cinco del presente estudio. Como el postpoeta señala en *Antibiótico*: "materia de *reset* somos" (2015: 562), copias de otras copias donde la autoría no entra.

La explicación que da Fernández Mallo de la red postpoética, ya mencionada, se suma a las razones que justifican la ausencia de discusión sobre la muerte del autor en su ensayo. Los elementos en la red se hallan en una interconectividad continuada y en sus nodos, que en las redes de la ortodoxia son los autores y sus grupos mientras que en las redes postpoéticas los nodos son los poemas mismos, eludiendo el tribalismo de las redes ortodoxas y su dogmatismo, rigidez y cerrazón respecto al exterior (*PP,* 2009: 262–63). La red postpoética articula la naturaleza transdisciplinaria y múltiple de la Postpoesía; no es una línea de palabras comunicando el sentido "teológico" de un Autor-Dios, que tan certeramente describe Barthes. Al tratarse de un espacio multidimensional, la Postpoesía funciona en el diálogo donde escrituras varias se dan encuentro, mezclándose, pero también colisionando: "The text is a tissue of quotations drawn from the innumerable centres of culture" [El texto es un tejido de citas tomadas de innumerables centros de cultura] (Barthes, 1977: 146).

Las críticas, por lo general, están bien fundadas y contribuyen a un diálogo e intercambio de puntos de mira de beneficio para el estado de la escritura. El cuestionamiento sobre la Postpoesía se incluye en su estructura de convergencia de contrarios, y sus premisas implican el cambio al que están expuestas según sea el contexto y relativas al punto desde el que sean valoradas. La importancia de la novedad para la Postpoesía es indiscutible, especialmente por restaurar la salud de la poética oficial. La lectura y análisis de los poemarios en este estudio tendrá en cuenta el balance que la Postpoesía establece entre pasado y presente, tradición y renovación, así como en el método de "rehacer" estrategias ya agotadas por el uso.

Como su designación indica, la Postpoesía participa de las premisas del postmodernismo y la deconstrucción. La experimentación es un valor defendido en ese marco post-, así como el placer de negarse a seguir las pautas del buen tono. El pasado no se supera, sino que se repite, como la Postpoesía llevará a cabo en sus múltiples retroalimentaciones. Y como la física cuántica, la Postpoesía y su postpoeta postmoderno se sitúan en el presente siendo parte de las estructuras que se observan y analizan. La "inflación del discurso" que según Charles Newman tiene lugar en el postmodernismo, se traduce en la complejidad y, a menudo, oscuridad que plantean los textos de la Postpoesía y la diversidad de formas que adoptan donde entra todo en su plena contingencia e incompletitud (TV, publicidad, redes sociales, cine, tecnología). "Juegos del lenguaje"—alusión a Wittgenstein—es la expresión dada a esta situación del texto postmoderno frente a los monolitos de las grandes narrativas ya desmontadas por Jean François Lyotard. La "heterotopía" de Foucault describe el mundo descentralizado del posmodernismo donde los objetos más heteróclitos se relacionan; la perspectiva universal se abandona y, como sucede en las ciencias, los modelos que rigen el pensar en un momento dado, no son definitivos.[8] La Postpoesía es deconstructiva en cuanto que se desentiende de toda sistematización y, como el postmodernismo, según ya se indicó, tiene mucho en común con el Principio de Incompletitud de Gödel pues reconoce que toda verdad que se logre nunca es definitiva. La apertura de la Postpoesía al entorno la dota de un carácter de "performance," de hallarse en proceso, ausente en la forma fija y autónoma de la obra de arte en el modernismo, pero valorado en el postmodernismo (Connor, 1989: 8, 9, 32, 36, 121,134).[9]

En su programa de renovación la Postpoesía atiende al lenguaje y a su enlace con el mundo "ahí fuera," que en su tratado Fernández Mallo refiere como la contemporaneidad.[10] Lo heterogéneo y transdisciplinar de su programa presenta un reto para los lectores, no porque Fernández Mallo se preocupe de alimentar sus gustos y expectativas; al contrario, pues el autor se cuida de afirmar repetidamente que escribe para sí mismo, poniendo en el papel lo que le viene en mente casi de manera inconsciente. Sin embargo, parte de la propuesta postpoética es lanzar un alerta a los lectores para despertarlos de su pasividad y aceptación de unos presupuestos ya gastados por la costumbre. Fernández Mallo niega que su escritura resulte inaccesible pues, como él mismo afirma, tiene lectores en muchos países. Su escritura supone un "gestionar toda esa complejidad, ponerla por escrito y accesible, pero, ojo, sin banalizarla." En el fondo, afirma el autor, "lo que yo hago es realismo, puro realismo" (Hardisson Guimerá, 2012: s/p).

El acercamiento de la poética cognitiva sirve como una de las herramientas para el análisis de los textos postpoéticos por su foco en el conocimiento, en el efecto de los textos en los lectores y en el lenguaje en sí, aspectos que son centrales en la propuesta postpoética. El propósito de renovar la poesía implica una indagación en el conocimiento mediante el acercamiento transdisciplinario y la amplitud de registros culturales a todos los niveles. De entre ellos destaca la física como un referente analógico común en los escritos de Fernández Mallo, especialmente por compartir su foco en la materia y por hallar en sus teoremas y fórmulas una rica fuente de metáforas. En la búsqueda cognitiva de la Postpoesía la materia es idónea porque en sus constantes morfogénesis ofrece el mejor paradigma de un lenguaje vivo. A ello contribuye la metáfora postpoética en su articulación de lo pre-categórico y pulsional.[11]

La noción de entropía es parte del subtítulo de este libro por la importancia que tiene en la Postpoesía de Fernández Mallo. Confirma el rechazo de este autor del mecanicismo en la física clásica, en cuyo ámbito se sitúa la poética ortodoxa. Frente al estatismo de esa ortodoxia, la entropía es cambio, como se indica en la segunda ley de la termodinámica, ley de carácter probabilístico

Introducción

que comporta la flecha del tiempo. La degradación de energía que supone esa ley conlleva también la idea de que hay en la materia, en la vida, la capacidad de reorganizarla o evadirla, no apelando al misterio o a la metafísica sino a teorías sustentadas por físicos reconocidos. Como tal, va ligada a las estructuras vitales de las que la ortodoxia, según Fernández Mallo, se halla distante. Esas estructuras se modelan de manera particular en las relaciones humanas, un campo donde la poesía ortodoxa sobresale, pero con facetas de un sentimentalismo subjetivista que la Postpoesía rechaza contundentemente. Dos son las relaciones más destacadas en los poemarios de Fernández Mallo: la del padre y su muerte, y la que el hablante postpoético mantuvo con una mujer, relación intensa, pero con una separación final. El tratamiento postpoético en estos casos dista mucho de las expectativas que se tienen en situaciones de este tipo.

Para articular la intensidad y desenlace de las relaciones humanas, la Postpoesía recurre a modelos de la física según los cuales cuando la gravedad opera, se forman grumos de densidad y aumento de entropía, dando pie a la forma más extrema en el agujero negro del cual nada vuelve. Además, el dolor, fórmulas de pésame, rituales, en torno a la muerte, y la nostalgia, sentimiento de abandono, sentimentalismo al finalizar una relación amorosa, se tratan desde una óptica exterior en la cual los objetos que suelen representar esas situaciones no se convierten en iconos del ser perdido, sino en presencias matéricas cuya carga sentimental no los pertenece. La materia, en la que el padre le pide al hijo postpoeta que tenga fe, supone en sí un proceso entrópico, una degradación cualitativa, y el cambio que rige en este mundo encuentra su más fidedigna representación, ni más ni menos, que en la basura. Su naturaleza orgánica reúne el devenir que ocurre cuando los desechos se integran y yuxtaponen con el entorno. Implica, además, el tiempo como una sucesión de eventos que se entremezclan en un proceso que nada tiene que ver con la percepción del tiempo como sucesión de instantes. Hay duración en la basura, hay morfogénesis, hay cambio. Hay en la basura una entropía generadora de reorganización mostrando que el aumento de entropía en los sistemas vivos fuera del equilibrio permite la emergencia del orden. Y el cambio implica la alteración de la similitud en la poética ortodoxa que, consecuentemente, sufre un reto decisivo en la Postpoesía. Y la prueba se halla en la evolución, tanto en biología como en la sociedad, y no digamos en la escritura misma. La repetición de metáforas, de estrategias idénticas son puntos ortodoxos que la Postpoesía ataca directamente, pues la insistencia en mantenerse en la identidad, en la mismidad de lo mismo, es apostar por la no vida.

Frente al racionalismo al que se ajusta la poética ortodoxa, la Postpoesía se abre a la irracionalidad que cada vez más parece imperar en la naturaleza. Por eso no basta con aplicar la lógica, sino que hay que contar con la intuición. Y las metáforas postpoéticas, al fundir dos elementos dispares, ofrecen evidencias de una aplicación imaginativa, incluso fantástica a la realidad. Mientras la lógica establece claras demarcaciones entre lo que es y lo que no es, y en ella rige el principio de la contradicción, en la Postpoesía se dan las yuxtaposiciones y superposiciones, los vaivenes dialécticos sin nunca llegar a una *aufheben* hegeliana consciente de que su acercamiento dista mucho de resultar en un conocimiento completo y concluso. Laplace no tiene cabida en esta propuesta de Fernández Mallo donde rigen las probabilidades y el azar, y el cambio y la entropía imperan.[12] El Principio de Complementariedad de Niels Bohr presenta la mejor salida para evitar los colapsos que se producen al optar por un polo u otro de los binomios, como se espera en la cultura occidental, y reconocer la inmersión del observador en lo observado. Según Bohr y su principio, es posible considerar un evento mediante dos maneras distintas de interpretación que, aunque se excluyen mutuamente, también se complementan y mediante su yuxtaposición, es posible alcanzar el conocimiento más completo del evento (Kothari, 1985: 325; v. Bohr, 1961: 10). El interés e intento de Bohr de aplicar sus teorías físicas a las relaciones humanas congenian con el acoplamiento que busca la Postpoesía entre las nociones más abstractas con la vida ordinaria. Así sucede con el postpoeta sumergido en la percepción experiencial de la contemporaneidad en toda su diversidad.

En la escritura de este libro es evidente que me he internado, porque así lo exigían los textos tratados, en campos muy diversos en los que estoy lejos de ser una experta, en particular la física.[13] Para su entendimiento me he guiado, en primer lugar, por una atención intencionada en los textos, en su lenguaje y estrategias discursivas, leyendo con detenimiento para acceder a la imaginación y la memoria y, a partir de ese acercamiento textual, me he confiado a los escritos de expertos sobre materias que no son

Introducción

directamente de mi competencia, pero a las que vengo dedicando largos años de estudio. Estas palabras de aclaración no son una excusa o justificación por los errores que puedan darse en el texto. Son la respuesta a un acercamiento transdisciplinar donde el apropiacionismo de nociones e ideas procedentes de distintos ámbitos del saber ocurre en todas las disciplinas, sin que por ello se asuma un conocimiento pleno; supone una interactividad en la que los distintos campos del saber confluyen y se apoyan en dilucidar el conocimiento.

El plan por seguir en el presente estudio se abre en el Capítulo uno con el poemario *Joan Fontaine Odisea (Mi deconstrucción)* como ejemplo de poesía laboratorio donde se integra según el autor mismo apunta, el marco estético *poesía postpoética*. Como tal, su lugar al comienzo de este estudio se justifica porque, mediante un trueque muy imaginativo en el uso de estrategias postpoéticas, el postpoeta logra desacralizar la estatura de icono cultural de un film, aclamado como uno de los grandes logros de la cinematografía. A partir de esta puesta en práctica de su programa postpoético, el capítulo cubre las premisas de dicho programa sirviéndose como trasfondo de la noción de casa-cárcel del lenguaje de Fredric Jameson, de rizoma de Deleuze & Guattari, y del modelo de casa pragmática norteamericana del mismo Fernández Mallo. El capítulo expone y analiza sus distintas premisas sentando así las bases de la escritura pospoética y su programa de renovación.

El foco del Capítulo dos es el nomadismo estético que caracteriza la Postpoesía con sus derivas por áreas diversas como la mejor estrategia para orientarse en el laberinto de la contemporaneidad y poner fin a la esclerosis de la poesía ortodoxa. Los textos marcan sus derivas por principios y teorías de la física integrando los ámbitos distintos de poesía y ciencia y estableciendo entre ellos una relación que se complementa mutuamente. Los resultados son sorpresivos por su novedad al conectar nociones científicas de gran complejidad con temas del vivir y quehacer ordinarios. Las derivas confrontan distintas teorías sobre el tiempo (cíclico, entrópico, laberíntico según la propuesta de Wheeler y Feynmann) y sobre el espacio mediante la geometrodinámica cuántica, dejando atrás a Euclides y su quinto postulado en favor de Riemann y su geometría de superficies o geometría elíptica. La geometrodinámica ofrece una alternativa grata para la Postpoesía por abrir conexiones con todos los mundos posibles, particularmente con sus residuos o ruinas donde el saber del pasado se transmite al presente. Frente a las mitologías sublimadoras, los desechos son los configuradores del cosmos.

La importancia de la concreción para la Postpoesía reaparece en el estudio de la metáfora postpoética del Capítulo tres y su foco en el cuerpo y la fisiología frente a las trascendencias que suelen darse en metáforas de corte clásico. Los nuevos métodos médicos de diagnóstico (TAC, RMN, PET) son instrumentos innovadores al amalgamar signo y vida. La basura cobra relevancia metafórica en textos como el ensayo *Teoría general de la basura* y en los poemarios *Yo siempre regreso a los pezonlles y al punto 7 del 'Tractatus', Carne de píxel* y *Antibiótico*. Es así porque como residuo, la basura genera procesos orgánicos donde se mantiene la vida, semejantes a los objetivos que aspiran lograr las estrategias postpoéticas de retroalimentación, plagio, ensamblajes. La fisiología de ingerir, digerir y expulsar perfila lo que la Postpoesía entiende por metáfora como un hacer que versa sobre la intra-actividad de inmanencia trascendente y trascendencia inmanente. Un libro como *Carne de píxel*, gira en torno al vaivén o suspenso entre lo orgánico y lo tecnológico, mientras que en *Antibiótico* las curas o biota se marcan del veneno de su anti-. Los procesos orgánicos de la basura invierten el orden convencional al adoptar la perspectiva de estar "de vuelta" procedente del ojo del inodoro o ano y a partir de ahí proyectarse cosmológicamente a los agujeros negros o basura del universo.

El Capítulo cuatro elabora el Principio de la Complementariedad del físico cuántico Niels Bohr cuya lema, *coincientia oppositorum*, es fundamental para entender la epistemología postpoética de escritura en la linde entre opuestos. Según Bohr, la base de la ciencia se encuentra en la intersubjetividad y en la indivisibilidad del fenómeno cuántico entre observador y objeto observado, temas que se conectan directamente con la búsqueda de posición del postpoeta. La indivisibilidad cuántica abre las puertas a un nuevo modo de describir, el modo complementario cuando se trata de dos conceptos que se excluyen mutuamente, pero ambos necesarios para lograr el conocimiento más completo del fenómeno. El acercamiento postpoético a la complementariedad se enfoca en el binomio entre la musa ideal y varios tipos de mujeres como proyecciones distantes de ella, situados en el borde mismo del horizonte de sucesos de un agujero negro, estableciendo un intercambio con la musa ideal lleno de riesgo y de potencial creativo.

Introducción

La mujer emerge como horizonte a la vez analógico y digital para el escritor en su hacer con la musa de la escritura.

Dentro de la renovación como tema central de la Postpoesía, entra el fenómeno de la reproducibilidad predominante en la contemporaneidad y foco del Capítulo cinco. Según la Postpoesía, el simulacro que desarrolla Baudrillard caracteriza con acierto la reproducibilidad actual, pero cualifica su hiperrealismo afirmando que siempre queda un referente de lo real en el simulacro, ya sea una ilusión, ya sea un trazo. Lo real tampoco debe tomarse como valor absoluto ya que es en sí copia de algo anterior que, a su vez, es copia de otro precedente en un proceso de reversibilidad *ad infinitum*. La Postpoesía plantea la paradoja propia de la contemporaneidad entre lo que se entiende por lo real y la copia y cuestionando, en el proceso, la fe en la realidad que el Renacimiento proclamó victoriosamente. La identidad también se ve afectada por la reproducibilidad, como el postpoeta investiga en el poemario *Ya nadie se llamará como yo*. Y en el caso de las máquinas y robots como simulacros de lo humano, la Postpoesía encuentra correlativos en las teorías de Alan Turing y de Gödel y en las inserciones entre la tecnología y lo orgánico. Para la Postpoesía, el valor de las máquinas reside en ser redes de conectividad donde se afirma el carácter no lineal del mundo actual y sus constantes cruces de referencias.

La exploración postpoética sobre la realidad se continúa en el Capítulo seis a partir de las resonancias, la "polifónica cavidad resonante" que contiene la clave para descifrar el significado del cosmos. Junto a la inmaterialidad de las resonancias, la investigación se extiende a los objetos, considerados tradicionalmente como presencias matéricas inertes. Sin embargo, la Postpoesía se acerca a los objetos como entidades emergentes, nubes de sentido de donde emanan experiencias sensoriales que se comunican mediante ecos, olores y difusiones varias. Aplicando este entendimiento a objetos cargados de simbolismo, así los que se encuentran en el contexto de la muerte (losa, urna de cenizas, iglesia…), la Postpoesía desestabiliza el contenido simbólico en favor de la realidad tanto matérica como emergente del objeto. Y respecto al simbolismo asociado a los objetos y generalmente basado en la subjetividad, la Postpoesía desplaza la atención a la objetividad y cuando el simbolismo apela al misterio y/o a la trascendencia, despoja esas capas para revelar los enlaces del objeto con realidades de la vida ordinaria. En esta nueva manera postpoética de ver las cosas, la posición privilegiada del antropocentrismo tiene que dar paso a la otredad. Y en ese margen entre lo matérico y lo evanescente, es pertinente que el foco de la reflexión postpoética cuestione la solidez de la ontología del *Dasein* en la línea de Heidegger.

El Capítulo siete parte del análisis de un texto de *Ya nadie se llamará como yo* (2015) que contiene el legado del padre al hijo, el hablante postpoético. Sirve a modo de *compendium* de los distintos temas que se han venido explorando en los poemarios examinados hasta este punto. Todos ellos convergen en la advertencia central en el legado del padre, la de poner la fe en la materia "por encima de todas las cosas" y seguir la dirección del campo geomagnético. Las elaboraciones postpoéticas han girado en torno a la búsqueda del postpoeta de su posición en la Tierra, confrontando dos opciones opuestas: la de aislarse en la soledad de su escritorio, siguiendo la pauta de la soledad fermiónica o abrirse al exterior con los riesgos que la heterotopía comporta. Son opciones que el postpoeta ha planteado desde distintos ángulos de mira y que se encuadran en el binomio de la física clásica y la cuántica. El salto cuántico es el detonante para salir de la entropía a que conduce un aislamiento en un sistema de energía positiva y admitir el azar inverso donde se dan los desencuentros, es decir, donde entra la diferencia que es la fuente de la creatividad poética y de la vida. Tener fe en la materia por encima de todas las cosas implica seguir el camino de las pulsaciones y morfogénesis de la vida, porque el mundo natural, a pesar de los esfuerzos del lenguaje, pero también gracias a ellos, tiene un alcance mayor que el del discurso.

Este estudio se cierra con una sección cuyo título, "A modo de conclusiones" pretende incluir los aspectos más destacados de cada uno de los capítulos precedentes con respecto al proyecto de la Postpoesía y, a la vez, comunicar el carácter no conclusivo y definitivo que caracteriza dicha propuesta. Fernández Mallo ha desarrollado un camino para la escritura repleto de revelaciones novedosas, de referencias a una multitud de lecturas, autores y teorías de amplitud internacional y, en el proceso, invita al lector a participar de lleno en esas derivas asumiendo el reto que implica seguir sus soportes teóricos y las aplicaciones prácticas y a menudo incongruentes a que conduce su acercamiento pospoético. La recompensa, si así se puede llamar, es la de llegar a vislumbrar una manera inesperada, sorpresiva, humorística a menudo de ver que

Introducción

no pretende ser un descubrimiento de gran peso científico, pero sí de una nueva manera de percibir, pensar y conocer.

Capítulo uno

La casa de la escritura postpoética

Poesía postpoética:
Jean Fontaine Odisea (Mi deconstrucción)

En torno al poemario *Joan Fontaine Odisea (Mi deconstrucción)*, Fernández Mallo declara "Que el conjunto de esta obra está integrado en el marco estético *poesía postpoética*," y, a modo de corroboración, cita su artículo publicado en *Poética Española Contemporánea* y en *Lateral* en 2003 y 2004, respectivamente, donde elabora sobre los principios y premisas de la Postpoesía. Añade, con plenitud de detalles, que la ejecución de este poemario se llevó a cabo durante un año, del 27 de enero de 2001 al 27 de enero de 2002, y fue certificada con registro notarial en la ciudad de Palma de Mallorca, "a fin de materializar el concepto de nuevo cuño *poesía postpoética*, producto poético generado por la intersección de la lógica pura y el acto estético," que bien puede considerarse como una nueva formulación de la intersección $a \cap b$ discutida en la introducción. El valor documental de este poemario sobre la propuesta postpoética justifica que su comentario se sitúe al comienzo de este estudio. Y así lo corrobora el ejecutante al cierre del registro notarial (*Odisea*, 2015: 317, 323). A partir del citado poemario, este primer capítulo estudia las bases de la Postpoesía y sus enlaces con la arquitectura, en particular con el pragmatismo del diseño de casa norteamericana. La casa del lenguaje postpoético encuentra referencias útiles en las nociones de cárcel del lenguaje de Fredric Jameson y del *rizoma* de Deleuze & Guattari. Desde el ejemplo de deconstrucción postpoética a partir del film seguido de la elaboración teórica, el capítulo concluye con reflexiones sobre el carácter mixto de los cimientos de la casa postpoética, sosteniéndose sobre el vulnerable binomio de lenguaje y vida.

Capítulo uno

El documento que antecede al poemario proporciona datos muy precisos sobre el evento, incluyendo el "habitáculo" donde tuvo lugar y los muebles y objetos en él, y especifica que el objetivo de esta "performance" es "alcanzar un estado de disipación físico y mental de resonancias místicas por causa de la constante e ininterrumpida visión del film *Rebecca* de A. Hitchcock." El experimento tendrá éxito si se alcanza "el citado estado de disipación física y mental," y será preferible que el número de textos que el autor-ejecutante escriba durante ese año de aislamiento sea el menor posible (*Odisea*, 2015: 318–19, 320). Este experimento, como las distintas referencias a sistemas físicos donde mantener el estatismo, manifiesta el deseo "idealizante" de querer retenerse en la "tranquilizadora tradición" y evitar "la novedad inquietante" (*PP,* 2009: 66). En su aséptico cuarto, el hablante reproduce "un sentido de circularidad, de cosmos sin fin, en apariencia, y solo en apariencia, propicio" (*Odisea*, 2015: 322–23), que supone otra versión del "bucle de aquel / que se encierra / y solo mira por la ventana" (*Odisea*, 2015: 352). Su intento es crear un espacio y tiempo absolutos en la línea cartesiana para alcanzar un estado de exactitud asociado con el misticismo (o estado de tinte beatífico e irracional), intento abocado al fracaso, lo cual no extraña ya que era entonces cuando los desarrollos científicos repetidamente atestiguaban la brecha en sistemas de verdades absolutas. El bucle de este experimento revela su alto grado de autorreferencialidad y lo tiñe de un cierto humor deliberadamente inexpresivo que, burlándose de los esfuerzos propios, se burla también de las corrientes que siguen propiciando tales métodos y controles.

La precisión de los detalles se extiende al régimen de comidas, vestuario, actividades diarias a llevar a cabo durante ese año, y se explica porque para lograr el estado de disipación mística o "erótica del éxtasis," es necesario experimentar primero con el cuerpo. Se trata de un ejemplo de lo que Fernández Mallo considera la poesía como laboratorio. Por eso responde, según Julio del Pino Perales apunta con acierto (2015: 13), a la queja de Fernández Mallo de que la poesía ortodoxa "hace mucho tiempo que dejó de ser un laboratorio, un lugar de continua investigación, para mutar en un museo de naturalezas muertas, cuando no en un decadente meublé" (2009: 12). Paradójicamente, el laboratorio del postpoeta va a fracasar en sus intentos al boicotear su propio plan renovador tomando medidas que lo desbancan. La Postpoesía muestra la versatilidad de sus estrategias mostrando su variedad semántica según sea el contexto.[1]

Con estos preparativos el ejecutante se propone llevar a cabo su propia deconstrucción de la llamada Odisea de Jean Fontaine, protagonista de la película de Hitchcock. Denominar "Odisea" a la experiencia de la joven esposa de Maxim de Winter conecta con el verso al inicio de la novela de 1938 de Daphne de Maurier sobre la que se basa la película, y que Fernández Mallo cita tras la descripción del registro notarial del experimento de deconstrucción que se propone llevar a cabo: *"Anoche soñé que regresaba a Manderley"* (*Odisea,* 2015: 325). La joven esposa vuelve, como Odiseo, al lugar de su experiencia. La mansión Manderley es un ejemplo de naturaleza muerta donde espacio y tiempo han sido retenidos por Mrs. Danvers, el ama de llaves quien, guiada por su devoción a Rebecca, ha conservado todo en la mansión tal y como estaba cuando Rebecca estaba viva. El "salto" inesperado que fractura la planicie de ese estado se inicia cuando la joven esposa empieza a hacer preguntas sobre Rebecca y el pasado, queriendo aprender más sobre una mujer aparentemente adorada por todos debido a su ejemplaridad como mujer y esposa. Para agradar a su esposo, pues la joven teme que, en comparación con Rebecca, el Sr. De Winter se haya arrepentido de casarse con ella, decide presentarse en la tradicional fiesta de disfraces, que Rebecca había instaurado, con el mismo vestido que llevó Rebecca. La similitud de la réplica es solo aparente pues provoca una reacción negativa en el esposo que le obliga a cambiarse, y rompe el estatismo espacio temporal en que se había mantenido Manderley. La revelación de la maldad de Rebecca acaba por deconstruir el mito de su superioridad, a la vez que pone en evidencia la irreversibilidad del tiempo. El incendio que destruye Manderley confirma el final entrópico al que se dirige todo sistema mantenido en equilibrio de energía positiva.[2]

El objetivo del ejecutante, de deconstruir el famoso film de Alfred Hitchcock, *Rebecca*—aclamado como uno de los grandes logros de la cinematografía y ganador del premio Oscar al mejor film en 1940—al proyectarlo de manera continua por vídeo, tiene un efecto semejante al que sucede al insertar en un texto literario algún elemento de distinto tipo, como imágenes visuales, pues "el lector detecta un cortocircuito [gigantesco elipsis], y el orden simbólico, canónico y hasta semántico" de la obra donde se produce el inserto "salta por los aires." La visión continuada del film diluye jerarquías, puntos álgidos, énfasis en el argumento, resultando en una inmanencia continua y reversible donde la sucesividad de los signos, apareciendo y desapareciendo, disuelven el sentido. Todos los preparativos de imponer un control total del espacio y tiempo del experimento y aislamiento del exterior, como el objetivo de alcanzar un escape místico, se van al traste. Aquí entra la ironía postpoética pues lo que es fracaso a nivel de la lógica clásica y del escape místico , es logro en el marco de la Postpoesía, ya que debido a la elipsis que experimenta el ejecutante se da "la posibilidad de que surja una nueva e intensísima poética en virtud de ese error" (*Blog Up,* 2012: 29), que no es otra que la Postpoesía y su *remake* resultante, no el éxtasis erótico-místico, sino un producto híbrido donde las imágenes icónicas del film "como paisaje tipo ventanilla de tren" (*Odisea,* 2015: 322), quedan despojadas de toda trascendencia semántica, reducidas a su realidad material

Y así se confirma en la "cita-frontispicio a la totalidad del texto" procedente del cantante Antonio Vega que dice: "*solo me encuentro en mis papeles locos que piensan, salen de un circo inmortal y me enseñan lo que ignoro de ti*" (*Odisea,* 2015: 323). Los "locos papeles" evocan los de la Postpoesía saliendo o escapándose del encierro del discurso clásico que insiste en el mantenimiento de los grandes iconos de la cultura occidental y en la repetición de lo mismo. Gracias al fracaso del experimento, la "locura" y ruptura de cánones establecidos revela un potencial semántico que el orden ha mantenido bajo control. El postpoeta se ha metido y nos ha metido en la emboscada de un experimento llevado a cabo con una metodología sólida y cuidada y con metas excelsas para que su fracaso resulte ser más contundente. Y así parece confirmarse en un comentario de Fernández Mallo:

> No creo que pueda existir hoy un artefacto creíble que no lleve dentro de sí una refutación de su discurso en forma de autoconsciente ironía o parodia, porque ya no nos creemos algo que se defina a sí mismo como un absoluto. (2010: 9)

Y son los absolutos que el ejecutante impuso al experimento los que se dan de bruces con la teoría de la relatividad. La visión cíclica del film intenta distorsionar la flecha del tiempo de acuerdo con el fenómeno de la dilatación del tiempo, o su retraso relativo a un observador estático, como es el ejecutante. Su propio cuerpo tiene un efecto en el cuarto afectando la asepsia que con tanto cuidado ha querido mantener. Su cuidadosa preparación del experimento según premisas newtonianas choca con el visionado del film como un evento donde los elementos están interconectados; además el requisito de eliminar el mayor número posible de "aditamentos" es insostenible en un siglo con una enorme pululación de información, productos y publicidad.

El pareado que abre el poemario anticipa su final: "Horizonte recostado, tardes de sábado, / arde el sofá y lo que de materia le sobra al día" (*Odisea*, 2015: 327). A esa hora del atardecer la meditación es tan intensa que "arde," como el día y la creciente oscuridad en el crepúsculo, causando incendios semánticos y cognitivos que evocan el incendio final que acaba con Manderley y las certezas del discurso ortodoxo, abriendo las puertas a la Postpoesía.

Las citas directas del comienzo y final del film son pronunciadas por el personaje de Joan Fontaine, la joven esposa del dueño de Manderley. Al comienzo, la joven esposa vuelve a Manderley por el sueño, y aunque intenta entrar en la mansión, no puede porque el camino está cerrado. Tratándose de un sueño, la joven, "poseída por / un poder sobrenatural," atraviesa la barrera y entra (*Odisea*, 2015: 325). Al final, sin embargo, Manderley se le aparece como "un caserón desolado," de impenetrables muros al que solo es posible volver en sueños. Manderley es el sistema de un discurso ortodoxo y pasado que hay que dejar atrás, aunque, por su misma persistencia, siga presente en muchas de nuestra rememoraciones y sueños. Por eso, ambos textos de apertura y cierre del libro se interceptan en el medio con versos que aluden al mundo actual, según la práctica postpoética de conectar la elaboración teórica con la vida diaria, ya sea exponiendo la teoría primero seguida de su aplicación a la vida, ya sea al revés (*Odisea*, 2015: 325, 461). El primero da una estadística respecto a la vida de una mujer de no más de 23,7 años que, según se ha calculado, "podría cifrarse / en un código de barras." En ese paralelo entre vida y código de barras, la mujer queda enmarcada en un conjunto de líneas paralelas y espacios que contienen una información determinada, un tipo de prisión circunscrita por pequeñas cadenas de caracteres. Lo orgánico o analógico se digitaliza, intentando otro tipo de "remake" semejante al del film y el vídeo. Por eso en los versos entremedio de las citas del film en el texto de cierre, lo que se proclama es la salida de ese caserón desolado recurriendo a la letra de una canción del grupo *The Smiths* ("take me out tonight / because

Capítulo uno

I want to see people / and I want to see lights" [sácame esta noche / porque quiero ver gente / y quiero ver luces]. La intervención de lo tecnológico en lo orgánico y vital es un fenómeno recurrente en la actualidad. La Postpoesía lo asume, aunque evite pronunciar juicios de valor.

El experimento sobre el film de Hitchcock sirve de ilustración y puesta en práctica de la estructura arquitectónica del discurso en la Postpoesía, abriendo así la discusión de unas nociones abstractas que sirven de marco teórico. El conocido título de Fredric Jameson, *The Prison-House of Language* procede de una expresión de Nietzsche que le sirve al crítico de punto de partida para dar un recorrido por los presupuestos del formalismo ruso y del estructuralismo. El fundamento en absolutos y totalidades intelectuales en ambas escuelas sitúa la primacía en un modelo lingüístico o sistema de signos donde la naturaleza se ha elidido. Por tanto, el objetivo de Jameson es elucidar las posibles relaciones que puedan existir "between the synchronic methods of Saussurean linguistics and the realities of time and history itself" [entre los métodos sincrónicos de la lingüística de Saussure y las realidades del tiempo y la historia misma] (Jameson, 1972: x).

En los objetivos de Jameson hay muchos puntos que Fernández Mallo parece tener en cuenta en su Postpoesía, así, la búsqueda en ambos de equilibrio entre el cuidado y atención al lenguaje y el fallo de aislarse de la realidad del tiempo y de la historia. Además, la referencia en el título de Jameson al lenguaje como una cárcel evoca el papel fundacional de la arquitectura en la posmodernidad que, a su vez, responde a la deconstrucción posmodernista de la Postpoesía y al interés que tiene el mismo Fernández Mallo por las imágenes arquitectónicas que sirvan a la vida por ser pragmáticas. Pues el pragmatismo es uno de los principios más destacados en la *Postpoesía* como el mejor medio de resolver un problema, en este caso, el que plantea la creencia de que el lenguaje poético no es relevante en la actualidad. En la sección [1] de su ensayo, "Por qué ante todo pragmáticos" (2009: 33–34), Fernández Mallo distingue el modelo de "típica casa norteamericana" de la "casa deconstruida *posmoderna*" y de la "casa *racionalista* o positivista" porque, a diferencia de la estructura a menudo caótica pero estética de la *posmoderna* y la construcción según la razón y la experimentación de la racionalista, la típica casa norteamericana es *pragmática*. Aunque su apariencia sea caótica por los ensamblajes que presenta y dé la impresión de carecer de fundamentos sólidos, es una estructura regida por el principio de hallar soluciones a problemas específicos. No hay en esta estructura elementos que respondan solo al estilo o a la estética, más bien hay contrastes que Fernández Mallo explica mediante una analogía con los diferentes estados de la materia en la que un "fluido común pasa de sólido a líquido o a gas sin una clara continuidad." Se trata de *"cambios de fase"* que parecen darse entre cada uno de los componentes de la estructura, o las transiciones abruptas de un átomo o molécula conocido como salto cuántico de un estado a otro.

Esta elaboración arquitectónica responde bien al tipo de reconfiguración postpoética que Fernández Mallo se propone llevar a cabo y sus enlaces con la física cuántica: una estructura constituida por el ensamblaje de distintas fuentes, géneros, autores, áreas culturales y cognitivas, sin que haya una continuidad entre ellos, dando como resultado un conjunto que propone un entendimiento nuevo de lo que se considera coherente y congruente. La casa postoética se constituye según un modelo semejante al de los saltos cuánticos en la física, cuando un electrón pasa de un estado a otro súbitamente y sin una causa claramente definida. Sus distintos compartimentos no presentan un orden de continuidad lógica, sino que establecen enlaces con aspectos distanciados de la estructura, mezclan estilos y normas y producen configuraciones que continuamente parecen reconfigurarse entre sí. El término que describe la arquitectura postpoética es el de "rizoma" de Deleuze & Guattari.[3]

El rizoma, según el mismo autor, abarca la totalidad de su propuesta. Siguiendo a Deleuze& Guattari, es un modelo que se opone al del árbol pues se trata de una "planta que no echa raíces, sino que se desarrolla en un plano bidimensional, sin las clásicas jerarquías y estructuras fundamentadas típicamente en [...] núcleos de poder a partir de los cuales se iban ramificando de manera arborescente los diferentes micromundos que siempre dependían" de dichos núcleos (*PP,* 2009: 173–82). El rizoma es un sistema subterráneo dotado en cualquiera de sus puntos de conectividad y heterogeneidad. No hay puntos ni posiciones fijas en un rizoma ya que se trata de ensamblajes en enlace constante con el entorno. De ahí que el rizoma excluya el sistema binario pues sus entradas son múltiples y carece de comienzo y final al consistir en un entremedio o *intermezzo* del que emana y se dispersa.

Capítulo uno

El ensayo sobre la Postpoesía se abre con la reproducción de un huevo frito titulado "cartografía" o ciencia de trazar y estudiar mapas; se presenta, así, como la guía en la lectura del texto rizomático. Es inevitable reconocer el sesgo humorístico de este huevo en relación con el conocido motivo mitológico del huevo cósmico como signo de un tipo de comienzo cosmogónico. Al humor de este huevo frito iniciando un cosmos postpoético, se añaden las connotaciones populares de la expresión "estar frito" para referirse a algo o alguien que se halla en una situación complicada. Y así va a suceder, pues con este huevo nos adentramos en un cosmos que los textos aluden a menudo como laberíntico o rizoma, término que el mismo Fernández Mallo usa para describir su propuesta. El "huevo" es otro término que en Deleuze & Guattari procede de la mitología Dogon de África Occidental, y precede a su estudio sobre otra noción operante también en la Postpoesía, la del cuerpo sin órganos o *continuum* ininterrumpido anterior a la organización (1987: 149, 153). En dicha cultura africana el huevo es la forma que toma Amma o Madre con los cuatro huesos de su clavícula fundidos para demarcar los cuatro elementos (agua, tierra, aire, fuego) y las cuatro direcciones cardinales, reforzando el valor de guía de esta figura. Además, el motivo del huevo connota origen y singularidad, como en el *big bang*, facetas de las que Fernández Mallo se apropia para caracterizar lo singular de la Postpoesía.

Ese es el modelo para la Postpoesía, y al presentarlo como una cartografía, Fernández Mallo afirma su carácter modificable, reversible y anti jerárquico, un mapa que, según Deleuze & Guattari "must be produced, constructed" [un mapa que debe ser producido, construido]. El intermedio descarta la ontología y describe la naturaleza de la Postpoesía como un fluir sin principio ni fin (Deleuze & Guattari, 1987: 21, 25).

El huevo postpoético presenta, entonces, una cartografía de inmanencia continua donde la diferencia entre yema y clara supone más bien principios complementarios en intercambio constante. Y según señalan las líneas en la cartografía apuntando a los diferentes ámbitos en el tratado de la Postpoesía, estamos ante el mapa de la contemporaneidad como un espacio que se está autoconstruyendo continuamente (Deleuze & Guattari, 1987: 164, 165). De ahí el carácter de laboratorio, de experimentación que Fernández Mallo aplica a su propuesta (*PP*, 2009: 11). Los poemas se construyen a modo de "artefacto" donde el dualismo sujeto y objeto se diluye en la complejidad que es el poema / rizoma. El artefacto postpoético se mantiene en el estado flotante del presente, interactuando entre distintos planos y ámbitos de conocimiento, partiendo de la contemporaneidad para volver a ella (*PP,* 2009 174–75).[4] La Postpoesía no propone una ruptura radical con el pasado, pues considera que la tradición tiene valor en tanto en cuanto actúe desde el exterior como factor revitalizador. Se trata de aproximarse a un tema de manera reversible, sin contigüidad ni centro. La Postpoesía tampoco propone reducir a ruinas el edificio ortodoxo, sino abrirlo al exterior para que dé entrada a los aires frescos de la contemporaneidad con todo lo que comporta de diversidad, de avances científicos y tecnológicos, pero también de abusos ecológicos y de sistemas financieros, políticos y sociales, y así desplazar los principios absolutos y elitistas de la ortodoxia por otros más prácticos, más materiales y más al día con la realidad diaria. Su apertura es seductora y aparentemente fácil de adoptar, pero la emboscada es clara al conllevar incertidumbres e incompletitud, además de admitir que la preeminencia del yo identitario y del ser humano no es más que una ficción y que las creencias más establecidas no están lejos de ser puras mitologías.[5]

Y esta propuesta, según su autor, es radical y de necesidad urgente ante el estancamiento en que se encuentra la poesía ortodoxa pues, de acuerdo con Octavio Paz, es posible percibir la petrificación gradual que sufre el lenguaje por la cual deja de significar reduciéndose simplemente a decir (1974: 99–100). Apropiándose el ensayo "Singularidades" (2006) de Vicente Luis Mora, Fernández Mallo enumera las características que hacen de la ortodoxia la responsable del estado de "suicidio por anoréxica autodestrucción" (*PP,* 2009: 41, 42) en que se encuentra la poesía en la estética clásica (*PP,* 2009: 25). Sus poemas son sistemas cerrados, con claras delimitaciones en cuanto al formato y a los temas a tratar, su finalidad suele ser moralista y el tono es de contención. A la Postpoesía le toca llevar a cabo la deconstrucción de un sistema tan encorsetado, de ahí que sus estrategias se ubiquen en la yema o núcleo de la cartografía del huevo. Frente al sistema cerrado de la ortodoxia, la Postpoesía se plantea como un sistema abierto, una red de obras donde los nodos son los poemas mismos (*PP,* 2009: 159–63).

El pragmatismo de la Postpoesía cuenta con el lenguaje de uso ordinario para la comunicación, lo cual presenta un reto por hallarse estancado en modelos estereotipados y en premisas de linealidad y causalidad, generalmente asociadas con el hemisferio izquierdo del cerebro donde la información es compacta y bien diferenciada. Al insistir en el uso del lenguaje común, la Postpoesía confronta la misma paradoja con que se enfrentó el físico cuántico Niels Bohr cuando perseveró en la necesidad de servirse de dicho lenguaje para comunicar estados cuánticos cuando las características de dichos estados exceden sus elementos comunicativos. Esa tensión es, precisamente, la fuente de la que emerge la innovación y creatividad de la Postpoesía, así como de serios retos que debe confrontar, ya que sus motivos implican percepciones, recuerdos, experiencias y pensamientos de una complejidad que excede la expresión lineal y causal. Por eso con frecuencia el hablante postpoético regresa al punto 7 del *Tractatus* de Wittgenstein: "Wovon man nicht sprechen kann, darüber muss man schweigen" [De lo que no se puede hablar, de eso hay que callar], aludiendo al entendimiento del filósofo sobre las palabras como filos entre lo que designan en lo real y su distancia de ello que lo hace innombrable. Jan Zwicky analiza la situación desde la perspectiva de lo inefable, con ejemplos que hallan paralelos en Fernández Mallo. Uno de ellos, procedente de R.M. Bucke, el psiquiatra canadiense, concuerda con el legado que el padre deja al hablante poético de que el universo no es materia muerta sino presencia viva (v. Capítulo siete; Zwicky, 2012:198). Afirmar que nada muere es, según Zwicky, una experiencia inefable que se resiste a ser articulada en un lenguaje secuencial y lógico.

En la incubación de su Postpoesía, que Fernández Mallo parece llevar a cabo durante el año de aislamiento para la deconstrucción de *Joan Fontaine Odisea*, la propuesta confronta un lenguaje que, como la mansión Manderley, retiene formas fijadas por las convenciones y la repetición. Fue precisamente la "esclorotización" y excesivo "colesterol" de la ortodoxia poética lo que llevó al desarrollo de la Postpoesía, según explica su autor. La concepción del hecho poético en su propuesta de renovación implica la convergencia de distintas corrientes y fuentes del saber que no llegan a sintetizarse de manera hegeliana, sino que mantienen entre sí relaciones de seducción, en un estado flotante donde impedir o, al menos, retrasar el colapso que comporta la opción por una salida determinada. Por eso se exige que "los límites, los lindes de esa disciplina o género estén desdibujados, estén en continua vía de definición. Solo en esas fronteras híbridas se da el ADN" (*Blog Up,* 2012: 24). Los límites borrosos, la seducción relacional y las conclusiones diferidas propias de la Postpoesía se conforman con los enredamientos cuánticos donde las entidades se hallan conectadas no importa el tiempo o espacio. A la red o telaraña cósmica responde la noción de redes tan central en la Postpoesía, a la que no podía faltar la red de Internet: "nuestro paisaje," como admite Fernández Mallo (*Blog Up,* 2012: 10, 12).[6]

Y como ya se apuntó, hay que contar, además, con el lenguaje de la comunicación ordinaria en la contemporaneidad para, según Fernández Mallo, "ampliar y reconfigurar el dominio poético" y diseñar una nueva "arquitectura" para la poesía (2009: 69). La actitud de este autor ante la escritura es la de declararse escritor que se sienta a su teclado y recicla "toda esa información procedente de la baja y alta cultura," sin preocuparse del tipo de material que esté utilizando ni de su origen. Captar en palabras la contemporaneidad es, como ya nos dijo, zapear por los canales del televisor, seleccionando como se hace al ir de compras, hasta hallar un elemento conector que los relacione y conforme en texto (v. *Blog Up,* 2012: 155). La Postpoesía como Odisea de deconstrucción, nos remite de nuevo al poema homérico y a Helena como imagen de la poesía que hay que liberar de una Troya estancada en convencionalismos. El nombre de Helena significa "antorcha" o "tea," lo cual describe bien su papel como guía de la empresa postpoética. Sin embargo, Helena tiene otras connotaciones. Evidentemente, su belleza provocó el rapto de Paris y la guerra de Troya, pero cuando los griegos conquistaron Troya, Helena no estaba presente pues se hallaba en Egipto, y sabemos que reconoció a Odiseo, aunque no lo denunció cuando él penetró como espía disfrazado de mendigo. Helena es huidiza y recurre a la ocultación y ciertos trucos para lograr sus fines, y así es como se define en la escritura postpoética, no tanto por su belleza sino en resistirse a ser definida.

Un recorrido por los poemarios de Fernández Mallo revela las distintas estrategias postpoéticas para sacudir los muros de la casa del lenguaje, comunicar la complejidad de experiencias que la contemporaneidad acarrea y poder emerger, según dice Jameson "on the other side, into some wholly different and theoretically more satisfying philosophical perspective" [al otro lado, en una perspectiva filosófica totalmente diferente y teóricamente más satisfactoria] (Jameson, 1972: vii).[7]

Esa es la tarea de la Postpoesía. El término "paradigma" en el título *Postpoesía. Hacia un nuevo paradigma,* nos alerta a la noción de Thomas Kuhn de *"paradigmatic shift"* [cambio paradigmático] en su libro *The Structure of Scientific Revolutions* (2012). El cambio, según Kuhn, ocurre cuando los presupuestos básicos y las prácticas habituales en ciertas disciplinas se han vuelto obsoletos respecto a los retos que presentan los cambios en el ámbito o campo determinado del saber. En el caso de este hablante, el cambio debe ocurrir en el contexto de la ortodoxia poética en España y, de ahí, extenderse al ámbito de la creatividad y de la vida. Encorsetada en prácticas que han perdido valor semántico por la repetición a que son sometidas, la poética ortodoxa va camino de la extinción. El remedio a esta situación, según el hablante, es abrir las puertas a la contemporaneidad actual a la que la poesía oficial se resiste. La ortodoxia se ha alienado de la realidad, de la heterogeneidad y cambios que conllevan los avances de la tecnología, del dinamismo de los espacios urbanos y, en ese proceso, ha dejado de ser relevante para el impulso creativo y vital. La amplitud de la propuesta que plantea Fernández Mallo implica, como se revela en los distintos poemarios, un reto frontal a las actitudes establecidas en la cultura occidental, como es la de los binomios o dualismos con sus jerarquías de un polo por encima del otro, las premisas de causalidad, coherencia, orden secuencial, determinismo, certezas, y, en general, los valores que por estar establecidos no se cuestionan. El cambio postpoético es curativo, por dirigirse a evitar el final entrópico que amenaza a la ortodoxia de continuar en su mimetismo, y es también cognitivo, al remplazar modos que han perdido valor significativo por su repetición por otros nuevos que contribuyen al conocimiento; y el cambio es de urgente necesidad porque el estancamiento del orden imperante no es sostenible.

Es evidente, entonces, que el proyecto de la Postpoesía tiene como uno de sus móviles la heterotopía respecto a las nociones establecidas. Implica un lenguaje y pensamiento divergentes dedicados a una búsqueda de conocimiento a base de asociaciones que enlazan conceptos pertenecientes a categorías dispares. Hay en esos enlaces cambios súbitos e inesperados que se ajustan bien a la noción de "salto cuántico" y también al *"clinamen"* de Lucrecio, término latino para referirse al cambio súbito que ocurre en el electrón y la reorganización en la dirección entrópica. El viraje o *clinamen* de Lucrecio ocurre en el átomo espontáneamente y, de no existir, los átomos declinarían por su propio peso y la Naturaleza no crearía nada. Es ahí, en ese viraje donde se generan las formas nuevas de creatividad y de vida al identificar y reactivar correspondencias entre cosas hasta entonces consideradas dispares, de acceder a planos inclinados, a vórtices, a espacios liminales. La *heterotopía* es un término introducido por Foucault y alude a un "lugar alterno" que no es ni la utopía ni lo "*sistemático-lineal*" ni "*lo disperso,*" sino que se sitúa entre esos extremos, o en términos postpoéticos: "entre la tranquilizadora tradición y la novedad inquietante" (*PP,* 2009: 65, 66). Esta ubicación intermedia o de intersección juega un papel central en el proyecto de la Postpoesía.

El mecanismo para dar entrada a la divergencia es la ya mencionada transdisciplinariedad, un acercamiento epistemológico que tiende puentes entre distintas disciplinas y cuyo desarrollo corre paralelo al de la física cuántica en la segunda mitad del siglo XX.[8] Las reflexiones postpoéticas se mueven por ámbitos muy diversos del saber y de la cultura, estableciendo o identificando enlaces que a menudo resultan difíciles de reconocer pero que, en una inspección más detenida, revelan relaciones analógicas que generan nuevas perspectivas. Esta "lógica multidireccional," según Wittgenstein, se manifiesta en "derivas" en las rutas de pensamiento que producen saltos súbitos e inesperados en el curso del sentido, rompiendo la isotropía del texto y la continuidad tan propiamente identificadas con los sistemas de la física clásica (*TGB*, 2018b: 67, 68). Ya se indicó que la física es uno de los campos al que Fernández Mallo recurre con frecuencia como referente analógico pues, según declara en varias entrevistas, la física ofrece una rica fuente de metáforas nuevas.

Los ensamblajes, copias, plagios y retroalimentación sobre los que se sustenta la Postpoesía encuentran paralelos en Hanuman, ese simio ocupado en imitar sonidos y semes, "artista de las repeticiones," en *El mono gramático* de Octavio Paz—uno de los muchos autores de que se nutre la Postpoesía—(1974: 111). Las estrategias postpoéticas así lo corroboran al subscribirse a la analogía como "transparencia universal: en esto, ver aquello" (Paz, 1974: 137), el que todo es duplicación de todo. De ahí tal vez proceda la elaboración de Octavio Paz sobre el nombre, el significante, el "yo," la identidad y la escritura, motivos que también ocupan a Fernández Mallo. Este autor cita, en particular, la negación de la palabra original que se da en Paz, ya que "cada palabra es metáfora para otra lo cual es a su vez metáfora para otra y así sucesivamente.

Capítulo uno

Todas son traducciones de traducciones" (1974: 28). Igualmente, la premisa postpoética respecto al lenguaje es de tratarse de un sistema de nodos y redes, de cajas chinas o bucles donde la autoría y originalidad no tienen cabida. En el lenguaje los nombres se suceden y se trenzan entre sí conformando las cosas a la vez que, en el mismo gesto, las va desposeyendo de vida. En su avance, la escritura multiplica los nombres, pero también los "cadáveres" de cosas que el lenguaje va dejando en su recorrido. Y no es que los signos emerjan triunfantes, pues su misma inscripción se disuelve en el vacío. Frente a las proclamas de eternidad y veracidad de la ortodoxia poética, la Postpoesía admite con Octavio Paz que los signos son "una débil cascada de significados que se anulan" (1974: 50–52). Paz dice que la escritura es una ceremonia, un erigir torres de aire porque las palabras giran en un juego de aparecer y desaparecer.[9] En esa danza, el lenguaje y sus signos simultáneamente nos enlazan y distancian del mundo pues, conformando las cosas, las destituyen de su vida en el signo mismo (1974: 20, 114–15).

    Lo que salva de esa emboscada es que en los ensamblajes se dan convergencias novedosas e inesperadas de movimientos diversos, de encuentros / desencuentros que revelan el juego de analogías en el cosmos y su cristalización en los poemas (1974: 134–35). Sabemos que ese punto de (des)encuentro, su convergencia, es momentáneo, como repite Paz, pero, según afirmará Niels Bohr (v. Capítulo cuatro), con Fernández Mallo y Paz, la sabiduría reside en esa dialéctica, porque se trata de una transición, de un ir y venir (1974: 16, 17).

La Postpoesía y la vida

El lenguaje presenta retos difíciles de sobrellevar, como admite el mismo postpoeta:

> Lenguaje, una técnica que
> acepté confiado, me condenó
> a ensayar en mi carne la infinitud de la
> suya, un día deberé abandonar habiendo
> sido no más que su alimento. (*Odisea*, 2015: 348)

El intento de superar los dualismos manteniendo un balance entre opciones dispares implica un juego de referencias, reflexividad o retroalimentación atrapando al yo en una emboscada. El postpoeta se siente "devorado" por el lenguaje o prisionero en la cárcel de palabras. Citando a Tagore, "*mi mujer y yo jugaremos / al juego de la muerte*," y la canción del grupo Siniestro Total, "*Nocilla, qué merendilla. Mamá más,*" (*Odisea*, 2015: 349), el postpoeta reconoce con el poeta bengalí la perturbadora interconexión en los opuestos de sexualidad y muerte. Y en un modo más jocoso identifica, en la cancioncilla publicitaria para el producto Nocilla, una interconexión semejante en la naturaleza del producto que, cuanto más agrada el paladar, más exige su consumición (*Proyecto,* 2013: 428). Ambos ejemplos ilustran la interconexión de placer y dolor como una trampa que el poeta percibe en el lenguaje.

La reflexividad o retroalimentación implícita en la Postpoesía se ejerce en la misma carne del poeta que ve vaciarse su cuerpo "[1,83 m en 64 kilos]" hasta convertirse en "*lapicero sin grafito*" (*Odisea*, 2015: 350). Y así afirma que "*Toda lírica expresa una pérdida*" que el cuerpo refleja, por lo que se pregunta, "hasta cuándo" es posible mantener esa dialéctica "si la vida no soporta superávit]" (352). La vida no permite que lo que se invierte en ella supere lo que se gasta, de modo que la energía que exige la escritura, al no ser compensada en un lenguaje que logre articularla, supone una pérdida o, en otros términos, un colapso. Por eso el estado del artista es de "muerto resucitando o vivo / que ya nos ha dejado" y, como es claro, "ese punto es y no es la muerte" (*Odisea*, 2015: 357). Esta disyuntiva encuentra un curioso paralelo en el experimento mental del físico cuántico Erwin Schrödinger con un gato. Con el fin de ridiculizar lo que consideraba de absurdo en la superposición cuántica—que permite que un sistema cuántico se encuentre en múltiples estados hasta que la medición u observación colapsa la superposición—Schrödinger ideó un experimento donde un gato estaba simultáneamente vivo el 50% y muerto el 50%. Ese estado de suspensión es al que aspira la escritura postpoética y se logra con el método de la adherencia estableciendo enlaces laterales con otras entidades mediante estrategias como derivas, plagios, copias, ensamblajes y apropiaciones. El objetivo de esas distintas estrategias es "agredir la materia con huellas / [amor, carácter, desengaño] / que no existen" (*Odisea*, 2015: 357). La materia, con su supuesta solidez, y las huellas, con su evanescente presencia, suponen dos contrincantes opuestos pero que, sin embargo, se complementan. De ese modo la Postpoesía desafía las pretensiones del realismo de afirmar la existencia de lo que está patentemente "ahí fuera" confrontándolas con cosas que, aparentemente inexistentes, existen y permean la realidad.

La casa de la escritura postpoética va revelando su estructura arquitectónica sobre cimientos mixtos, con tendencias impredecibles en favor de un polo u otro. En suma, es una arquitectura sostenida sobre el frágil binomio de lenguaje y vida.

Se da el peligro de que una superabundancia de lenguaje o textualidad reduzca la identidad y la vida a pronombres—o palabras que se determinan en relación con otras palabras—o a meros morfemas sin referente fijo. Si eso ocurriera, los cuerpos se reducirían a su mínima expresión, pues perderían solidez, materia, carne al carecer de referente real; a su vez, la identidad del hablante se diluiría quedando reducida a un lápiz, como ya se apuntó. Por eso se entiende que el pronombre más pegajoso sea el tú, representante de la otredad de la escritura misma, en cuyos enredos es fácil perderse (*Antibiótico,* 2015: 551). La pregunta que se plantea el hablante, "¿Habrá pronombres en la Luna?" evoca la cuestión de Einstein quien, debatiendo el papel de la observación en la física cuántica, preguntaba si la luna estaría allí cuando no la mirábamos. La Postpoesía se mueve en la emboscada entre discurso y realidad, signo y vida, y el tú de la escritura es pegajoso porque, siendo la otredad es también la diferencia que el 'yo' requiere para sustentarse y salir de su bucle autorreferencial.

El Internet es el ejemplo más claro de los enredos a que conducen los signos pues su final "bolsa hueca, / espacio *curvo-poético*" no es claro, evocando la fascinación por lo hueco o caja de resonancias en su movimiento curvilíneo. El contraste lo establece la vida en esos pájaros cuyas alas "destilan / fotosíntesis y fuego," es decir, la biología por generar oxígeno al convertir energía de la luz en energía química (*Antibiótico,* 2015: 552, 567). La fotosíntesis es creación de vida como prevención contra un exceso de textualidad, o la esclerótica del sistema clásico. Por eso hay que prestar atención y descubrir en los versos "un eco de agua, una materia / arcaizante" comparable "a todas las huellas dactilares / que hay en las bolsas de basura" (*Antibiótico,* 2015: 565).[10] Hay que recurrir a la vida que persiste en esas huellas, en las evoluciones de la materia orgánica donde se encuentra la "salvación." Y, por eso, el hablante postpoético deja de escribir la palabra *alma* porque, desprovista de materia, no entra a formar parte del ciclo biológico de la vida: "la piel, membrana porosa, deja escapar el alma / por presión osmótica, no volveré a escribir la palabra *alma*, / siempre fracasa" (*Antibiótico*, 2015: 565).[10]

El peligro de que la textualidad, reciclaje y retroalimentación alcancen un exceso y se constituyan en un archivo.com sin masa ni color, se expone en la pregunta: si la herencia del mamut no es el elefante, ¿cuál es?, la respuesta es los "rascacielos de letras en su dominación del paisaje." La evolución genética que deriva a una acumulación de letras tiene mucho del lorquiano "Nueva York (Oficina y denuncia)" (del libro *Poeta en Nueva York)*, y supone la acumulación de la discursividad, de la burocracia, de un lenguaje que sin referentes en la realidad amenaza la vida. Hay aquí, por tanto, otra muestra del temor de que la textualidad se imponga a expensas de la carne, de la materia (pues ya dijo Derrida que "il n'y a pas de hors-text") [no hay nada fuera del texto]. Ese temor se compensa con la existencia de una arqueología de los textos que no es el abecedario, sino "el momento / en que los sonidos flotan en un punto del cerebro y sabes / que la herencia del mamut no son los elefantes" (*Antibiótico*, 2015: 565). La caída en una textualidad desprovista del hálito vital se supera en ese punto del cerebro donde se ilumina la fe en la materia. Hay que estar atento a esas palabras que avanzan sinuosa y viscosamente, insinuándose en lo vivo para acabar remplazándolo. Y la misma atención se debe aplicar al pensar cuando "genera oscuridad: / pensar la noche es redundante" y es un dar vueltas sin salida (*Antibiótico*, 2015: 567).

Conectado con la elaboración anterior sobre el discurso, el postpoeta cita el comienzo y final del artículo de Einstein de 1905, "La electrodinámica de los cuerpos en movimiento": "*es bien sabido que cuando se aplica a los cuerpos en movimiento, la electrodinámica de Maxwell conduce a asimetrías que parecen entrar en contradicción con los fenómenos observados*" (*Antibiótico*, 2015: 555). Este texto icónico donde Einstein plantea su teoría de la relatividad especial se presenta como poema pospoético numerado 0, y como ilustración de la teoría de Einstein, ofrece la retroalimentación que se establece en el yo moviéndose hacia la pulpa del tú pero acabando en el hueso. Entre el yo y el tú, el poema cita a San Juan de la Cruz, epítome del misticismo como el conocimiento más certero para aprehender el movimiento en el ejemplo dado, pues la razón y la lógica no podrían entenderlo: solo un acercamiento más allá de la lógica podría aprehender la asimetría entre el movimiento de acercamiento del yo al tú y su final en el "hueso." La cita del

Capítulo uno

final del ensayo de Einstein dice: *"estas 3 relaciones son la expresión completa de las leyes según las cuales debe moverse un electrón solo en el espacio vacío."*

La teoría de la relatividad especial explica el efecto de la velocidad en la masa, el tiempo y el espacio. Las tres relaciones mencionadas en la cita se refieren a las tres leyes de Einstein sobre el movimiento: 1. Los objetos permanecen en el mismo estado, parados o en movimiento, a menos que una fuerza externa los obligue a cambiar; 2. La fuerza ejercida en un objeto es igual a la masa del objeto multiplicado por su aceleración; 3. A cada acción le corresponde una reacción. Las tres leyes parecen tener lugar en el ejemplo dado: el yo ejerce una fuerza sobre el tú cuya respuesta es la reacción opuesta a la esperada por el móvil inicial del yo acabando en su soledad, como la de ese electrón *"solo en el espacio vacío."* O lo reducen al juego del yo-yo "que rueda sobre sí mismo a la vez que va a viene entre tu mano y la máxima extensión de la cuerda" (*Antibiótico*, 2015: 560). El postpoeta aplica teorías de la física a casos de la vida personal y fragilidad o "asimetrías" en las relaciones humanas. Lo que se mantiene es la vida y su manifestación en la naturaleza, en la tierra.

Igual sucede con la relación entre los dos cuerpos que poseemos, el visceral y el informático, unidos por el tacto que aplicamos al pulsar alguna tecla de alguna máquina o dispositivo: las máquinas están cada vez más fundidas con la organicidad, como Fernández Mallo viene notando en distintos lugares de su obra. Si, como dice Ian Curtis, el cantante y compositor inglés cuyos temas generalmente tratan de desolación, vacío, alienación, *"las palabras no explican nada, / los actos no determinan nada, / solo miro los árboles y las hojas caer,"* la fuerza de la naturaleza se sobrepone de nuevo por encima de palabras, de datos y de la soledad (*Antibiótico*, 2015: 564).

Al entregarse al amor, que es compañero de la escritura, el ejecutante sabe que la belleza y satisfacción que pueden obtenerse son, simultáneamente, el comienzo de su deshacer. Así lo expresó Rilke al escribir que

> [...] en un solo verso,
> *lo bello no es más que el comienzo de*
> *lo terrible* (*Odisea*, 2015: 366)

La casa de la escritura postpoética

Por eso escribir y amor son drogas, "alucinógenos / ilusorias refutaciones," efectos de la seducción / adicción de la escritura. El hablante, el escritor, el postpoeta, está sujeto al lenguaje como un adicto a la droga, víctima en el "cruce de dos líneas: la vertical del cuerpo con el horizonte" o cruce de la corporeidad y el mundo (*Odisea*, 2015: 365).

Según se va viendo, la casa de la escritura postpoética supone un proceso de gradual reduccionismo: de las cuatro dimensiones "[infinitas]" que tiene en el sueño, a las tres en la vigilia, a dos al ser transpuestas al papel y de ahí "a un hilo de tinta de dimensión única." Para compensar ese reduccionismo aprisionador, la metáfora "concentra lo escrito en un punto sin dimensión / y se propaga infinito sobre lo escrito" con lo cual se regresa "a aquellas dependencias del sueño" (*Odisea*, 2015: 377). La amplitud semántica que proporciona la metáfora compensa el sacrificio vital que implica la escritura. Aunque reconozcamos, como hace el postpoeta, que los versos tienen la función doble de ser "la forma más amable del desamor" porque se escriben cuando ya el contacto ha desaparecido, aunque, gracias a la distancia "dilaten / el dolor de la herida," aunque aceptemos que términos como "*amor, compañía, felicidad; incluso vida*" son invenciones inútiles que se vienen dando desde los tiempos de Altamira, a pesar de todo ello nos mantenemos "prisioneros" en la emboscada del lenguaje. Como ya dijo Woody Allen: "*la vida es como un campo de concentración. / Hagas lo que hagas no puedes salir de él sin morir*" (*Odisea*, 2015: 383).

Los rasgos constrictores del lenguaje no desaparecen, así como su tendencia a reducir las abstracciones en "coágulos" que retienen el carácter abstracto de lo que fueron. Además, sus logros son efímeros, "luce un instante sin futuro," mero recorrido "del incesto al nihilismo," sin proyección fuera de sí mismo. Siendo una prisión en el bucle de la mismidad, la escritura conlleva una caída en la repetición. Así sucede, por ejemplo, al levantar un mapa que "simultáneamente lo devora / su equivalencia en la Tierra" (*Odisea*, 2015: 4219, 430). O en el choque entre cosa e idea cuando "cada segundo nace una hierba, / simultáneamente la seca su idea." El postpoeta alza sus mapas, representaciones, ideas como los punteos de la función Delta, para verlos desmoronarse por la Tierra y su materia. Incluso en los casos de logro de más alta perfección, el arte "es un producto frustrado" mientras que la vida es "Obra

Maestra" (*Odisea*, 2015: 433). No hay comparación posible entre los signos y la vida, fuerza indetenible en sus ciclos que, incluso en su misma corruptibilidad, toma forma en la carne y su realidad. Figuras del calibre de Tertuliano y santa Teresa de Ávila fueron entre sus más grandes proponentes, el primero describiendo el cuerpo como "*fundamento de la salvación*" y para la santa, "*no somos ángeles si no tenemos cuerpo*" (*Odisea*, 2015: 441). Si los signos del discurso nada tienen que hacer ante la carne, incluso siendo está corruptible, la Postpoesía reconoce la emboscada que plantea el lenguaje y la dificultad de sustraerse a la seducción / adicción de su empresa abocada a continuar conformando la materia, la corporeidad y la vida.

Ejemplos concretos y bien conocidos de ese dilema son los "tres maníacos de lo inútil en el siglo pasado, Joyce, Borges y Kafka (JBK)" (*Odisea*, 2015: 442) que, a pesar de haber cambiado el curso de la Historia, se erigen en solitario y desconocedores de sus propios logros. Hay otros ejemplos de la misma situación, como el de los planetas que a pesar de su "zumbido orbital […] / desconocen ser / la música del mundo." El hablante admite la verdad de que, a pesar de sus grandes logros con el lenguaje, esos escritores no tuvieron efectos tangibles y concretos en mejorar la situación del mundo. Sin embargo, acepta lo que dijo el director y guionista de cine, Jean-Luc Godard, "*no es justo / pedirle cuentas a quien salta así al vacío.*" Aunque no se salvaran, autores como el trío citado se atrevieron a romper las expectativas y dar un viraje drástico y arriesgado en la dirección de renovar y salvar la escritura, incrementando la riqueza semántica y la creatividad.

Algunas reflexiones inconclusas sobre la Postpoesía

Es evidente el reto que presenta la Postpoesía tanto para sí misma como para la poética ortodoxa y para los lectores a los que presiona a considerar los textos desde inusitados ángulos de mira. Cuando el escritor postpoético lleva al extremo sus propuestas, estirando el lenguaje hasta el límite del silencio, no significa que se aproxime a lo místico, sino que, al investir el lenguaje con la mayor precisión posible, atisba dimensiones difíciles de circunscribirse con palabras (v. Steiner, 1998: 89). Fernández Mallo reconoce que lo que George Steiner llama la "life-force" [fuerza vital] del lenguaje se debe a

La casa de la escritura postpoética

su semejanza con la capacidad de absorción y crecimiento de un organismo vivo y también de decaimiento y muerte.

Cuando el hablante de Fernández Mallo teme caer en la discursividad practicando literatura en vez de poesía, recuerda a Kafka que veía en la publicación de sus obras llevada a cabo por su amigo Max Brod, y que para él eran meros bocetos privados, diversiones, una caída en hacer literatura (Steiner, 1998: 119). La casa de la escritura amenaza con petrificar la vida. Y la Odisea, en el papel que juega en la Postpoesía, es la épica de la persona desplazada, como lo es la joven "poeta" representada por Joan Fontaine en el film *Rebecca*. Frente a la imponente casa del lenguaje que es Manderley, su alienación es aguda (v. Steiner 1998:175), pero como en el caso de Odiseo, su logro reside en desafiar lo establecido con la experiencia de "estar de vuelta" de lo vivido. La vida es fuente de conocimiento. Reconociendo lo de falaz que existe en querer articular en palabras la realidad directamente, el hablante postpoético juega el juego del Odiseo homérico tejiendo una narrativa plena de connotaciones, derivas, extrarradios, ensamblajes. Con otro de sus autores más valorados, Wittgenstein, Fernández Mallo concuerda en ser consciente de la distancia entre percepción sensorial y signo, "ultimate tragic gap between what is apprehended and that which can be said" [la última y trágica brecha entre lo que es aprehendido y lo que puede ser dicho] (Steiner, 1998: 134).

Como lectora de la Postpoesía, sigo a F. R. Leavis para quien el crítico es la persona más responsable pues se acerca al texto con total atención. Así se exige y espera de la lectora de estos poemarios quien debe preguntarse sobre los significados del texto y la conexión con el resto de la obra, sobre si hay o no un lugar específico para cada texto en la organización total de la obra, y su posible relación a algún sistema teórico y al contexto, teniendo siempre en cuenta la ironía o parodia que conlleva la Postpoesía en su rechazo de los absolutos.[11] Pero la lectora crítica, además de considerar todos esos factores, sabe que su evaluación es provisional y susceptible de ser revaluada (Steiner, 1998: 222).[12] Fernández Mallo coincide con María Zambrano que el ser humano es una criatura situada en un medias res, moviéndose entre ir y venir, dentro y fuera, sueño y vigilia, ser y no-ser. El "entre" o intermedio entre sueño y vigilia supone una relación compensadora pues mantiene a la persona en la intersección de la atemporalidad y el fluir del tiempo, entre el movimiento y la inmortalidad (Maillard, 1992: 65, 80–81). Según este entendimiento, los extremos no responden a la condición humana por tratarse de planteamientos dogmáticos. Y, de igual manera, el lenguaje no es dogmático sino mediador en el sentido de que oculta parcialmente lo que pretende desvelar. Se entiende, entonces, que la ubicación del medio o intermedio, semejante a la linde o límite, en espaciotiempo y lenguaje, no se inclina ni por un lado ni por otro, sino que mantiene los extremos en flotación. De inclinarse por un extremo u otro se correría el peligro de reducir la realidad a conceptos, a esquemas ficticios, en correspondencia más a la articulación del propio pensamiento que a la realidad. Y, al otro extremo, la realidad en su cotidianidad nunca logrará enmarcarse en la abstracción del pensamiento por la sencilla razón de que lo que en ella está a la vista es solo el contorno; todo lo demás conforma un contenido latente, al que Ortega denomina "horizonte" (Maillard, 1992: 117, 119) y que, en Fernández Mallo, como se verá más adelante, se conforma con el "horizonte de sucesos" en la física de los agujeros negros. Zambrano reconoce ese peligro y por eso dice que el lenguaje debe tener valor potencial, debe ser lenguaje tensivo, denotando intensidad e intencionalidad. Poner toda la conciencia en lograr una lucidez permanente es insostenible pues los estados de lucidez nunca son duraderos. Cuando ocurren, son como fogonazos de epifanía que abren la posibilidad de crear / construir universos nuevos pero que, al adquirir solidez, se destruyen quedando de ellos la sombra (Maillard, 1992: 118, 134, 126). En otros términos, la epifanía acaba en el caos o punto de catástrofe.[13] Quizá por eso las estrategias de la Postpoesía producen, a la larga, el efecto de *déjà vu* y *déjà lu* debido al foco en la repetición y reproducibilidad que caracteriza la contemporaneidad. Y cuando se trata de un texto continuo, como sucede con *Antibiótico,* y con una novela como *Nocilla lab,* el texto está en automático—la sección se titula "Motor automático de búsqueda"—pues sus oraciones se suceden sin pausas ni párrafos por unas sesenta y cinco páginas, y lo que es superficie es fondo y viceversa.

Los elementos de caos, azar, acausalidad, indeterminismo que caracterizan la Postpoesía se reúnen en la noción de "inducción imperfecta" a la que el hablante postpoético confiesa gran afición: "esa es la base de la vida, la inducción imperfecta." El mecanismo mental de la inducción imperfecta parte de unos casos particulares para de ahí generalizar en leyes expansivas. Es "imperfecta" porque la decisión, por ejemplo, como en el caso dado en *Nocilla lab,* de optar por una de entre cuatro vías posibles, solo ofrece probabilidad de ser la correcta. A pesar de la escasa seguridad de dicha inducción, al postpoeta le atrae debido, precisamente, al elemento de azar que contiene. Después de todo, y como él mismo afirma: "toda la literatura universal está fraguada con inducciones imperfectas" (*Proyecto,* 2013: 438, 439).

Los ensamblajes postpoéticos se reflejan en las metáforas en las que, como el hablante menciona en *Nocilla lab,* se aplica lo que en su momento leyó en el libro de Octavio Paz, *El mono gramático* que ya se citó: "toda palabra es metáfora de otra y ésa de otra, y ésa de otra más, y así hasta la arbitrariedad de un núcleo no menos metafórico que siempre desconoceremos" (2013: 440).[14] La complejidad tipo bucle de la metáfora postpoética, como se aprecia en la anterior descripción, al igual que en las distintas estrategias, tiene correspondencias con las complejas interrelaciones que ocurren en la naturaleza a distintos niveles, y también en las ciencias de la computación donde se mezclan diversos aspectos de un sistema de procesamiento de información. Se entiende, entonces, que la Postpoesía pretende articular el residuo que queda de las experiencias vitales y su carga simbólica en tanto en cuanto complejidades semánticas más allá de subjetividades individuales. Pues de lo que se distancia la Postpoesía es de reclamos de autenticidad y originalidad. En su lugar, y siguiendo el referente analógico de la física, la Postpoesía se constituye en los enredos de sentido superponiéndose entre sí, apelando a otros sentidos no importa la distancia ni el tiempo, para articular, en el proceso, el hecho de las conexiones, de lo relacional desde y en la materia. Por eso puede afirmar sin duda que todo lo existente se repite según la ley del símil y de las semejanzas y que las coincidencias suceden (*Proyecto,* 2013: 463, 511).

Capítulo dos

Nomadismo y rizoma: Derivas postpoéticas

> Nel mezzo della nostra vita,
> mi sono ritrovato in un bosco oscuro
> dove si perdeva la retta via
> (Dante, Canto I, *Divina Comedia*)
> [En medio del camino de nuestras vidas
> me encontré en un bosque oscuro
> donde se perdía la recta vía]

La cita a Dante que sirve como epígrafe a este capítulo se aplica al hablante postpoético con cierta reserva, ya que la "pérdida" en medio de un bosque de confusión es la que él mismo se plantea con su propuesta postpoética. En todo caso, comparte con Dante que el camino ha perdido su linealidad y que, *in medias res,* se confronta con la encrucijada o intersección entre seguir con la flecha entrópica o arriesgarse en la cuerda floja, entre las certezas de un camino convencional y la incertidumbre de un azar pleno de riesgos, pero también de potencial creativo y vital. Y mientras se sabe que los animales poseen un cierto compás biológico que les permite orientarse sirviéndose del campo magnético de la Tierra, en el caso del hablante, su compás no le orienta a que elija una u otra de esas vías, lo que le lleva a internarse por derivas a menudo laberínticas. Pues se trata de lo que podría llamarse compás postpoético cuyo foco, de acuerdo con la premisa de apertura al entorno de la Postpoesía, es el espacio y tiempo de la contemporaneidad con su diversidad de incentivos—música, film, fotografía, artes, ciencias—. Para orientarse en este laberinto de opciones, hay en el hablante un cierto recurso a la "autonoiesis" en el sentido de que, al igual que las células vivas poseen un sistema que les permite mantenerse a sí mismas, el postpoeta, moviéndose en una pluralidad de opciones, desarrolla diversas perspectivas que le permiten ampliar sus parámetros y avanzar en el conocimiento (*PP*, 2009: 99). Fernández Mallo denomina este acercamiento transdisciplinar "nomadismo estético."

El nomadismo, foco de este capítulo, es la estrategia postpoética para combatir la esclerosis de la poética ortodoxa mediante la exploración de caminos / derivas donde el centro y su dogmatismo no se mantienen. Se trata de un foco sustancial a la Postpoesía por su atención al camino o proceso más que a los resultados finales y, como se verá al finalizar este estudio, será el padre del postpoeta quien señale la Tierra y su campo geomagnético como origen y destino del camino a seguir. Puede decirse que el postpoeta sigue el ejemplo de Odiseo, el nómada por excelencia, recurriendo a una serie de acercamientos que como los ardides del personaje homérico le sirven para distanciarse de toda tendencia a la identidad. Deleuze & Guattari califican este tipo de nomadismo de "hidráulico" por ser fluido, heterogéneo y en devenir, frente a lo que se erige como estable, idéntico y constante (1987: 360–61). Las derivas de los textos establecen un diálogo entre ámbitos tradicionalmente tan distantes como son las ciencias y la poesía, dando origen a metáforas donde la diferencia entre esas áreas se vuelve complementaria: la poesía descubre nuevos horizontes y los principios científicos revelan su valor poético. De ahí que el *nomos* es la opción deseada en lugar del *logos,* por su potencial creativo y también arriesgado al salir del refugio del cuarto propio y exponerse al exterior.

El nomadismo como estrategia postpoética concuerda con la transdisciplinariedad en su recorrido por la diversidad de áreas culturales que integran su visión, en particular la física. El acercamiento analítico en este capítulo tendrá como objetivo la explicación de los principios y teorías físicas a partir de su mención en los poemas sin banalizar su significado, y la aplicación o elaboración que sufren a partir de la Postpoesía. La novedad en este ámbito estriba en extraer la teoría de su espacio o campo semántico y trasponerla a otro enteramente distinto, generalmente del vivir ordinario, dando pie a una reacción inesperada y sorpresiva que invita a concebir la teoría desde un ángulo nuevo y a reconsiderar lo que se toma como "ordinario" y habitual. El nomadismo implica, por tanto, un trasvase e intercambio entre campos epistemológicos del que emana un conocimiento renovado. Como ilustración del reciclaje de materiales en su nomadismo estético, Fernández Mallo

Nomadismo y rizoma: Derivas postpoéticas

cita el pragmatismo irónico de Richard Rorty para quien "*se trata de volver a descubrir muchas cosas de una manera nueva*" (2010: 8).

El nomadismo se asocia con un espacio sustrato topológico que, como en el caso del tiempo topológico, tiene demarcaciones abiertas a la interacción con el entorno, facilitando las transformaciones de los objetos. Fernández Mallo identifica dos movimientos de interacción en particular, el *volver para contar (Ulises), y exiliar para que alguien lo cuente (Moisés)* (*TGB*, 2018b: 120). El nomadismo de Odiseo implica la vuelta, el viraje con carga cognitiva respecto al avance lineal entrópico en el cual, como es propio del nómada, no se da el enlace ni con el "colono," apropiándose de terreno semántico y epistemológico, ni con el exiliado en su movimiento contrario de alejarse de la escena para que otros lo cuenten (*TGB*, 2018b: 148). Su ámbito consiste en la interconectividad de filamentos de redes y sus múltiples enlaces con los medios de información, el Internet, en particular, interconectividad que, como el Internet, no tiene un final. De lo que se trata es de desconcertar lo lineal y todo lo que suponga un discurso único, de evitar instalarse ni de pertenecer a ningún lugar fijo. En sus múltiples enlaces el presente conecta con el pasado y se proyecta al futuro, creando superposiciones e intersecciones de las que emergen redes complejas de significado (*TGB*, 2018b: 143).

El autor mismo define la deriva postpoética propia de su nomadismo como "una técnica de paso ininterrumpido a través de ambientes diversos: poesía, ciencia, arquitectura, economía, publicidad, etc.," y haciendo eco de las *dérives* de Guy Debord, añade:

> El concepto de deriva postpoética está ligado indisolublemente a los efectos de la naturaleza psicopoética y a la afirmación de un comportamiento lúdico-constructivo que la opone en todos los aspectos a las nociones clásicas de poesía, ciencia, arquitectura, economía, publicidad, etc. (*PP,* 2009: 99)

Los movimientos migratorios de las derivas postpoéticas permiten explorar territorios mestizos y aprovechar la riqueza de oportunidades que ofrecen de generar sentidos nuevos. Y, como indica la cita, las derivas tienen en cuenta los efectos que las experiencias de esos lugares tienen en la psicología del receptor, en sus reacciones y en la cognición que emerge del proceso, así como el reconocimiento e incluso afirmación de la importancia de acceder a las derivas desde el ángulo del juego y su poder creativo. Este acercamiento difiere en gran medida del sistema clásico y su modelo según compartimentos estanco y dirección teleológica pues en las derivas el final queda inconcluso.[1]

Derivas por la ciencia física

Es casi inevitable que por su preparación académica y profesional una de las derivas de Fernández Mallo sea la ciencia, y la física, en particular. Lo que podría llamarse fórmula de poesía+ciencia se menciona en el ensayo *Postpoesía* como uno de sus extrarradios más frecuentado (2009: 104). Desde la perspectiva postpoética las ciencias suponen "una de las poéticas de este siglo, y la divulgación ha contribuido a que estén en la sensibilidad de nuestra época. La domesticación de lo crudo en lo cocido" (*Blog Up,* 2012: 190).[2] Se trata de una *colisión* debido a "las características afines y simultáneamente contradictorias" de poesía y ciencia donde, como "*zona mutante*" que es, ofrece un terreno fértil para la propuesta postpoética (*PP,* 2009: 119). De ahí emerge el artefacto o poema postpoético donde la sinergia de ambas y sus códigos resulta en un lenguaje nuevo (*PP,* 2009: 104).[3] Aunque, según puntualiza en la entrevista con Nuria Azancot en *El Cultural,* "La poesía si no se resetea…" (2015), su recurso al lenguaje científico es puntual pues se basa en "imágenes concretas en las que encuentra un hallazgo metafórico" (v. también Lacaffe, 2014), su interés por las ciencias es, como él mismo denomina, una obsesión que viene desde su juventud y se continuó en sus estudios superiores y en la profesión ejercida. En la física Fernández Mallo dice haber percibido, y lo sigue percibiendo "un misterio muy profundo, casi poético" (cit. en del Pozo Ortea, 2012: 137), y las ciencias, en general, le ofrecen la oportunidad de ser "sublimadas y llegar al elemento poético, sacando de quicio teorías científicas" (Corominas, 2011). Ahí, en ese "sacar de quicio" radica lo innovador y logro creativo-cognitivo del nomadismo postpoético.

"Sacar de quicio" es una expresión popular para describir la acción de fastidiar o enfurecer a alguien hasta que pierda la paciencia. Su punto de partida es la imagen concreta del "quicio," la parte de una puerta o ventana en que se inserta el madero o eje al que van unidas las hojas; al sacarlas, el equilibrio de la puerta podría venirse abajo. La "puerta o puertas" de la física que la Postpoesía se propone sacar de su quicio, es decir, del orden al que

Nomadismo y rizoma: Derivas postpoéticas

han sido asignadas, serían las fórmulas, teoremas, y principios establecidos con el fin de lograr que esos principios sean fuente de metáforas innovadoras. Para ello, habrá que sacarlos de sus "casillas" o "quicios," interpretándolos desde ángulos inesperados o aplicándolos a situaciones donde su presencia parece incongruente. Recurriendo a la premisa de invertir las expectativas y la linealidad de la ortodoxia poética, el postpoeta se propone "hacer de la ciencia una especie de poesía y de la poesía una falsa ciencia. Permutar sus funciones para crear un artefacto no muy definible, borroso" (*Blog Up,* 2012: 155). Y el guía para este trastocamiento es Jorge Luis Borges.[4] Fernández Mallo admira la manera en que el argentino toma una teoría científica y la estira hasta extremos absurdos y descubre en ese límite el hecho poético (*Diario de Mallorca,* 2011). Según declara en la entrevista con Corominas (2011), la lectura de Borges en su juventud le dio ánimos para perseguir su propia estética, pues le hizo ver que ya alguien había hallado poesía en las ciencias. En literatura, la ciencia no le "interesa como argumento de una acción o una peripecia—lo que viene a hacer la ciencia ficción—sino cómo un campo que convenientemente estetizado puede crear metáforas de carácter emocional." Y ahí radica también lo lúdico en el tratamiento postpoético de las ciencias.

En su ensayo sobre la Postpoesía, Fernández Mallo cita a H. M. Enzensberger y a Jorge Wagensberg porque ambos afirman el fundamento metafórico de las ciencias. Y añade que el espíritu emergente de muchos pensadores y artistas es

> considerar la ciencia la nueva y legítima poética del siglo que ahora comienza, ya sea de forma explícita o bien instalada implícitamente en los productos artísticos [...] la poética científica es lo que nutre directamente una gran cantidad de obras.

Ejemplos específicos de inspiración para la Postpoesía son las teorías de René Thom e Ilya Prigogine, y la simbiosis de arte y ciencia es el objeto de estudio en centros creados específicamente para ese fin (*PP,* 2009: 22, 23).

La física y su atención a la materia responden bien al objetivo postpoético de enlazar con la realidad hasta en sus formas más fundamentales. Por eso la materia es donde ambas áreas ubican su búsqueda de conocimiento, extendiéndose a la fisiología, a la corporeidad misma. Y para sustentar esa asociación y cumplir la misión de "sacar de quicio" a teorías y expectativas, el hablante postpoético recurre a dos figuras inesperadas en una discusión sobre ciencias. Se trata nada menos que de la misma santa Teresa, paradigma del misticismo, quien declaró que en la carne reside "el fundamento de la salvación," y, junto a ella, el temprano apologista cristiano, Tertuliano, quien dijo: "no somos ángeles si no tenemos cuerpo" (*Odisea,* 2015: 441). Con autoridades de ese calibre no queda por más que rechazar la distinción cartesiana entre *res cogitans* y *res extensa.* No solo Descartes queda fuera de lugar; Aristóteles y su teoría de que los objetos caen a una velocidad proporcional también se descarta porque "las manzanas nunca caen de la misma forma" (*Regreso,* 2015: 225), afirma el hablante, pues como señaló Galileo, no hay correlación entre el tiempo de la caída y las masas ya que los cuerpos caen con la misma aceleración.

Con el desarrollo de la física cuántica a comienzos del siglo XX se establece que los átomos que constituyen la materia visible se componen de unidades subatómicas llamadas protones y neutrones en el núcleo del átomo, y también electrones. Estas partículas están en colisiones constantes generando presión que, en el núcleo de la estrella, por ejemplo, evita que la gravedad provoque el colapso. Pero cuando se agota el hidrógeno en el núcleo, la gravedad aumenta, causando la contracción del núcleo de la estrella y la subida del calor. Según la propuesta del astrónomo Fritz Zwicky en 1933, las estrellas más masivas que el sol acabarán muriendo por implosión, colapsando debido a la gravedad. Los estudios de Ilya Prigogine e Isabelle Stengers prueban que la entropía se asocia directamente con la materia y que la materia adquiere nuevas propiedades y se vuelve más activa cuando está fuera de equilibrio (1997: 180, 65). En su indagación sobre la materia, Fernández Mallo sigue la pauta de los físicos del caos y considera el papel de la densidad y presión, así como su resistencia a la compresión (Thorne, 1994:153).

Cuando el hablante constata que la materia, la masa, lejos de ser algo sólido y estático es "efervescente de pies a cabeza," la analogía que se le ocurre es la de la carbonatada en las bebidas con gas donde todo se vuelve una "danza aérea / de moléculas" (*Antibiótico,* 2015: 533; v. nota 25). Y Octavio Paz lo confirma al afirmar lo inhabitable de la realidad más allá de los nombres que, a su vez, no es más que un "perpetuo desmoronamiento" ya que "no hay nada sólido en el universo" (1974: 54). Y por asociación, la analogía hace pensar en el aserto de Karl Marx de que todo sólido se diluye en el aire, corroborando la noción de una realidad distante de la consistencia que se le viene atribuyendo en la física clásica. El hablante es categórico en expresar su repulsa de "esa **m**," escrita en negrita, la—m—de su masa ya que reduce la fisicidad y presencia de su cuerpo a un puro burbujeo que pone en ridículo toda proclamación de identidad. Esa, digamos, ductilidad de la materia se refleja en la bien conocida cita de John Wheeler respecto a la actuación del espacio sobre la materia, diciéndole cómo moverse, y, a su vez, la materia reaccionando ante el espacio y diciéndole cómo curvarse (cit. en Barrow, 1988: 108); Fernández Mallo formuló la misma idea con la imagen de la carbonatada y el burbujeo como pura inconsistencia. Debido a las deformaciones del espacio por la masa del sol la relatividad general hace que la Tierra se mueva según una ruta elíptica en torno al sol. Masa y energía son equivalentes, como ya señalara Einstein en su fórmula $E=mc^2$. La interacción entre materia y espacio cualifica el entendimiento de la realidad y de la identidad, sacando de quicio las certezas mantenidas sobre su solidez.

Las nociones de heterotopía y heterocronía que Fernández Mallo discute en su ensayo (*PP*, 2009: 184), corroboran la concepción divergente de espacio y tiempo respecto a la física clásica. La "heterotopía" refiere a un "lugar alterno," como indicó Foucault quien fue el que introdujo el término. Difiere de la utopía y se sitúa entre lo "sistemático-lineal" y "lo disperso." Destaca aquí, como en otros lugares, la importancia para Fernández Mallo de esa ubicación intermedia, "entre la tranquilizadora tradición y la novedad inquietante" (*PP*, 2009: 65, 66), intersección que corresponde al presente y a la simultaneidad, donde los elementos están enlazados, moviéndose en círculos que van evolucionando constantemente en configuraciones complejas de enredos y bucles que cuestionan las nociones de identidad autónoma (*PP*, 2009: 187–88). Cada elemento está "haunted" [embrujado, obsesionado, encantado], según el término de Karen Barad (2010: 253), por su otro excluido pero constituido en mutualidad. La Postpoesía ejemplifica esos enredos en redes de donde emergen metáforas postpoéticas cuya incongruencia desorienta y retrasa el proceso de categorización (v. Tsur, 2003). El mismo Fernández Mallo reconoce que la Postpoesía funciona igual que los sistemas complejos no deterministas en la física cuántica (*PP*, 2009:190).

Capítulo dos

Las derivas y sus espacios difusos en proceso de formación forman parte de esas conformaciones complejas. Sus espacios son los "extrarradios," territorios fronterizos tipo palimpsesto donde las formas se liberan de los compartimentos donde han sido confinadas creando roces a modo de "seducciones" o "embrujos," en la terminología de Karen Barad, que afectan a cada forma. Las conformaciones responden a un proceso o "particular mezcla" (*PP,* 2009: 106) semejante al de la dialéctica hegeliana sin llegar a la síntesis,[5] pues las formas se rozan sin disolverse, resultando en un producto mestizo y extraño por novedoso. Los extrarradios en las derivas postpoéticas son lugares de encuentro, roce, colisión con un rico potencial significativo, espacios donde tiene lugar la "estética del límite" donde las referencias "ni se anulan ni se oponen, sencillamente se seducen las unas a las otras" (*PP,* 2009: 120, 125).

La ciencia proporciona teoremas y fórmulas a los que a menudo recurre el postpoeta como referente para la elaboración postpoética. Un caso es el de la función Delta de Paul Dirac que el autor propone "como autorretrato," e incluso inserta la fórmula en el texto, concluyendo con el críptico verso *"por qué la nada y no algo"* (*Odisea,* 2015:386). Este verso pertenece al poema numerado 32 del libro *Jean Fontaine Odisea* sobre el fin de la infancia cuando los padres parecen abandonar su papel de padres, "renuncian / los padres a la tribu" y no responden cuando los hijos les hablan. De esos silencios emerge la escritura como "tumoración en el Silencio, / órgano latiente de la Nada" y el leer e interpretar como "derivaciones metastásicas." Aun rechazando la nostalgia propia de la poesía de la experiencia, estos versos revelan precisamente la nostalgia por una infancia en contacto verbal y directo con los padres que con el tiempo es remplazada por actividades intelectuales, abstractas, metastásicas donde los sentidos claros se vuelven opacos. En todo este ámbito de ambigüedad quedará la función Delta de Dirac que el hablante transmite en el texto (386) como análogo de autorretrato.

La fórmula de Paul Dirac reaparece en *Regreso*: $(\partial + m)\,\psi = 0$ (*Regreso,* 2015: 287) y, según el autor, es el único caso de recurso al lenguaje científico que exige tener un cierto entendimiento matemático de funciones básicas. En la entrevista con Bermúdez, Fernández Mallo reitera el enlace de la función de Dirac con su autorretrato:

y en vez de poner Delta de X, pongo Delta de yo. Y ello lleva una serie de consecuencias de lógica: que en el cero es infinito, que fuera del cero vale cero, etc., y que tiene una serie de consecuencias con respecto a lo que es la identidad del yo. Ha sido un poema muy celebrado, pero es verdad que hay que conocer el trasfondo. (v. Bermúdez, 2018)

Este comentario trasluce el sentido de la función Delta como distribución sobre números reales cuyo valor es cero en todas partes excepto en el cero y cuyo íntegro en toda la línea real es igual a uno. Por su modo de puntear la función Delta recibe el nombre también de "símbolo del impulso." En el texto de *Regreso*, el hablante describe diferentes derivas o modos de hallar una respuesta o solución a alguna cuestión sustancial que, por lo anterior, parece ser la identidad:

Bordeo el asunto. Trazo círculos. Tropiezo con los círculos. Tampoco valen las elipses, ni esa trampa en movimiento llamada espiral. Ensayo otros accesos: la ecuación, la palabra, recuerdo a Wittgenstein: ni una sola palabra rozará su realidad sin que ambas ardan o estallen. (*Regreso*, 2015: 287)

Sus intentos de llegar al conocimiento se han movido por diferentes geometrías, fórmulas, ecuaciones e incluso en los efectos semánticos que ocurren entre palabras en el discurso, terminando con la función Delta de Dirac cuya fórmula transcribe añadiendo entre corchetes "[sin comentarios]." Para un lectorado no experto en tal función, la referencia permanece oscura y el hablante no ofrece ayuda excepto oblicuamente en la entrevista citada donde traspone la ecuación al plano de la identidad y la enlaza con el cero, haciendo eco de la función Delta definida más arriba.

Cuando en el poema, los esfuerzos por descifrar el sentido de la identidad no resultan, el hablante se aleja dejando tras sí su sombra que se alarga hasta llegar al centro de unos dominios igualmente fantasmales, sugerencia de los dominios de la subjetividad. Se añade que esos dominios han sido visitados por el "fantasmal" hablante "pictóricamente," quizá porque la pintura ha podido representar lo que él buscaba mejor que las palabras o, como se dice vulgarmente, una imagen vale más que mil palabras. Pero, en un rasgo propiamente postpoético, de inmediato y entre corchetes recurre a las palabras para expresar, ambiguamente, lo que antes dijo que solo podía expresarse en la pintura:

> También puedo decir, si quiero: cada margen tiene su margen, pero esto, por obvio, requeriría demasiados comentarios.

La referencia al margen en la cita nos sitúa en el borde, límite, roce como espacio cargado de complejidad, pero también de potencial vital que, aplicado a la identidad, sugiere los enlaces con la otredad frente a la solitaria autonomía.[6] ¿Por qué, entonces, la nada del cero y no algo? se pregunta el hablante en ese último y críptico verso donde la identidad pierde su solidez.

Una pérdida semejante de certeza ocurre en lo concerniente al autor y a los géneros. En el tema de las derivas, Homero es protagonista además del primer practicante de la *fanfiction*, un tipo de ficción basado en una obra de arte que alguien no profesional, un aficionado, lleva a cabo sin tener en cuenta los derechos de autor. Según Fernández Mallo, Homero se ajusta al tipo creando la primera *fanfiction* cuando insertó a Aquiles, personaje de la Ilíada, en el canto XI de la *Odisea* (*Blog Up,* 2012: 93). Lo inesperado de esa incursión es lo que hace de Homero el autor de la "improbabilidad" o de la "probabilidad cuántica," frente a las expectativas establecidas que son comunes en narrativas en la línea newtoniana y cristiana (*Blog Up,* 2012: 27, 93). Y lo que es más, para el postpoeta postmoderno y antijerárquico, no hay diferencias ni rangos entre el típico spot publicitario o corto de cine y un poema pues en todos los casos "se trata de un trabajo de seducción mediante algún mecanismo de representación" (78). La Postpoesía es la convergencia donde se dan los encuentros / desencuentros de muy diversas corrientes del saber que, con sus cortocircuitos en las expectativas, sacan las cosas de quicio dando pie a nuevos sentidos (*Blog Up,* 2012: 165).

Si la Postpoesía se identifica con esas derivas deconstructivas, ¿qué es la poesía, entonces? "¿una gangrena en la prosa / que la desguaza y esparce en torno a un epicentro / que no se ve?" (*Odisea,* 2015: 327), se pregunta. ¿Es la poesía una gangrena que deconstruye los presupuestos de un realismo ingenuo de ser réplica de la realidad y la creencia que el mundo que percibimos es el mundo que es? Y ¿fue la poesía "la Ecuación Unificada / deshecha a los 3 minutos de nacer"? Las preguntas cuestionan el ámbito

Nomadismo y rizoma: Derivas postpoéticas

de creencias clásicas en la realidad ahí fuera, sobre la identidad humana y el discurso, y apuntan al sueño frustrado de Einstein de hallar la fórmula que unificara las fuerzas todas en la Naturaleza. Si, adoptando un tono fatídico el postpoeta concluye que "Todo está escrito," escribir, entonces, "es ir quitándole palabras" hasta llegar a un núcleo o punto cuya inefabilidad se acerca al silencio. De nuevo se pone en entredicho la capacidad de las palabras para conformar realidades.

Quizá por eso cuando el hablante se decide a recorrer Norteamérica, la tierra generalmente asociada con las innovaciones, se dedique a acumular "todos los tópicos porque el alma requiere / del lastre de esos minerales" (*Odisea* 2015: 363–64). Aunque se reconozca la invalidez de muchos de los principios y tópicos precisamente por repetir nociones cuyo valor estriba más en la costumbre que en su veracidad contextual, se siente nostalgia por la certeza que aportan las cosas conocidas. Y así ocurre con la niñez y toda la mitología existente en torno a esa edad, mitología a la que nos aferramos en los momentos duros. Y, curiosamente, los tópicos pueden ofrecer atisbos de creatividad. Un ejemplo es cuando viajando por carreteras reasfaltadas y caminos repetidamente recorridos, el hablante pudo ver "los cuadros de Rothko" con toda su nueva perspectiva, generando poesía hasta en los lugares más comunes. Todo depende de la mirada, del referente de cómo se vean o se interpreten las cosas, y no de las cosas en sí. En la relatividad de la percepción se funde el mundo entorno y nuestra capacidad de verlo. Según Pascal, a quien el hablante cita: "*es bueno ver y no ver, ese es precisamente / el estado de la naturaleza*" (*Odisea,* 2015: 364). El filósofo francés entiende la naturaleza como el balance entre evidenciar y encubrir. Por eso la escritura postpoética, como la actualidad, se compara con el parpadeo de la bombilla en su ON / OFF, con el instante entre destellos, con la brecha entre pasado y futuro, con la luz que ya contiene la oscuridad. El signo postpoético conlleva su *erasure*. Y así lo ejemplifica el pájaro que, abriendo un surco en el aire, desaparece en su misma inscripción (*Odisea,* 2015: 328, 327). Las limitaciones del discurso ante la vida son patentes, y si la escritura consiste en ir quitando palabras, la dirección apunta al silencio.

Algunas de estas reflexiones tienen lugar en el contexto de un examen de mecánica cuántica el mismo día que estalló la guerra del Golfo (*Odisea,* 2015: 331). La mentira sobre las armas de destrucción masiva que condujo a esa guerra, por un lado, y, por otro, el examen donde demostrar la degeneración del electrón debido al tiempo, contradiciendo la fórmula de Laplace según la cual, conociendo la situación inicial, se puede determinar lo que sucederá, sitúa en paralelo un evento real pero basado en mentiras y una cuestión de la física llamada a desmantelar la mentira del supuesto realismo laplaciano (v. nota 12). En ambos casos, la realidad y la física se infiltran con y en la ficción, pues ninguna de ellas es un estado puro. En el mundo actual domina la mezcla de "intuición y física de mentira," donde "la poesía nos va diluyendo" (*Odisea,* 2015: 332). Hay que dirigirse por el principio postpoético de fundir "la lógica pura y el acto estético" (*Odisea,* 2015: 317). Por eso el hablante contradice a Ciorán quien dijo que *"vivimos mientras / continúen nuestras ficciones"* para afirmar, en su lugar, que *"se muere por exceso de metáfora"* (*Odisea,* 2015: 342). El exceso de impresionismo subjetivista, de tópicos, pueden ocasionar vislumbres de creatividad y cobijar con sus certezas, pero a la larga nos distancian de la vida.

La Postpoesía cuenta con René Thom pues, como dice el matemático, *"en el arte siempre ha regido mi Teoría de Catástrofes,"* y también en la teoría del caos formulada por Ilya Prigogine (*Odisea,* 2015: 342–43), con su emergencia de saltos inesperados, sorpresas súbitas que exigen cambiar el rumbo semántico. Recurriendo a más ejemplos de revisión de un realismo ingenuo, el hablante cita de nuevo a Rothko quien opina que los hechos *"son para el hombre las puertas / por las que se escapa / de los hechos."* La paradoja muestra que lo que se impone como hechos a menudo se evade de sus mismas pretensiones realistas, y permite la emergencia de la poesía y su huida de los reclamos de una facticidad basada en la conexión directa de cosa y evidencia: "Desvelo mi drama: / me veo en todas partes" (*Odisea,* 2015: 337). El drama en cuanto a la identidad reside en fijarla en un perfil determinado cuando su experiencia en la persona es la de miríada de reflejos, ecos, y fuentes que se superponen. Y para la poesía, el drama adviene cuando "la palabra es un hecho / y la palabra detenida un objeto." La concreción de la palabra no es sinónimo de fijeza semántica, pues su naturaleza es ser parte del dinamismo del discurso; solo si se detiene en automatismos verbales, deviene objeto. Los dramas del yoísmo y del poeta en la prisión de un lenguaje objetivista dan pie a la ventriloquia que caracteriza la Postpoesía.

Nomadismo y rizoma: Derivas postpoéticas

El signo [0.∞], identificado como "el auténtico drama" representa la infinitud o, en otros términos, la tendencia a la trascendencia, pues, como ya dijo W. H. Auden, *"nadie va / más allá / del final de las vías o del extremo de los muelles"* (*Odisea*, 2015: 337). Lo que pueda haber más allá de esos límites es pura idealización y, cuando eso ocurre, ya sabemos que el silencio es el diagnóstico de Wittgenstein. La trascendencia es una trampa pues "aunque todos [los caminos] conduzcan a lo mismo, cada camino / es la trampa que nos tiende lo inalcanzable mientras / el futuro / [revueltos los pájaros] / duerme." Y articulado de manera más expresionista, *"el corazón sin línea de horizonte / viene a ser un nido de ametralladoras"* (*Odisea*, 2015: 387, 393). Entendido como el centro y la sede de las emociones, el corazón excede sus parámetros en las entregas al sentimentalismo tan comunes en la literatura romántica y de la experiencia, por ejemplo. Mientras que hay que poner límites a esa plaga sentimentalista, hay que entender también que el cosmos es un *perpetuum mobile* en un proceso de constante expansión, una *"historia de horizontes en retirada"* (*Odisea*, 2015: 394, 441). La cuestión es encontrar el equilibrio entre la expansión cósmica como realidad física y los escapes hacia el sentimentalismo y la trascendencia.

La Postpoesía sitúa el proceso de metaforización en un fenómeno que se compara con el hipermétrope formando " imágenes / más atrás de la retina" (*Odisea*, 2015: 406). Según la neurofisiología de la visión, la retina supone un estadio o fase inicial seguida de un proceso complejo en el cual el cerebro debe extraer lo constante y esencial del torrente de información que le llega con imágenes que se superponen y mezclan, como le sucede al poeta en su escritura (Zeki, 1999: 11). En las zonas fronterizas, la percepción funde la captación del mundo entorno con el procesamiento cerebral. Es allí, en esas zonas limítrofes, de extrarradio, y no en espacios infinitos, donde tiene lugar el encuentro del desencuentro que es la metaforización postpoética. Ese espacio se describe como una zona de violencia que paradójicamente es "Armonía," aunque hay que entender que se trata de una Armonía distinta de lo que se entiende por tal tradicionalmente pues "Esta Armonía no es sumable, / tiene truco." La armonía de la metáfora postpoética no consiste en sumar elementos para que el resultado repita el código de la mismidad, sino en establecer desencuentros. Y, como sucede en el acercamiento de la Postpoesía a las experiencias de la vida y del hacer diario, esta armonía violenta es la misma que se encuentra en las radiografías "*entre una metástasis ósea / y un carcinoma de mama*" (*Odisea,* 2015: 406).

Se entiende, por eso, el papel que juegan Thom, Prigogine y Homero (*Odisea,* 2015: 342–43) en la emboscada de la postpoesía porque, mientras los dos primeros afirman que los puntos de catástrofe y caos siempre se van a dar en el arte por ser fuente del necesario cambio o viraje para la renovación semántica, Homero es "*el primer posmoderno*" por la multiplicidad de derivas y extrarradios y por la complementariedad entre realismo y mitología en su obra. Y, como es propio de la Postpoesía, en cuanto se llega a un encuadre donde todas las piezas se encajan, el cambio es necesario. Así ocurre con el haiku perfecto que han formado ese trío de autores pues, llegado su momento, se "escinden" como "las líneas / de un haikú excesivamente exacto" (*Odisea,* 2015: 343).

El recurso a la física ha servido para elaborar sobre distintos temas, como la identidad y el discurso, desde una perspectiva novedosa. La identidad desde la función Delta deja de ser un monolito, así como la escritura postpoética cuyos signos pierden la fijeza semántica. La improbabilidad o probabilidad cuántica encuentra en Homero su mejor representante, mientras que el realismo de Laplace, con manifestaciones en la Guerra del Golfo y la perseverancia de los tópicos y de las perspectivas prueban su falsedad porque hay cambios súbitos, como señalan las catástrofes de Thom y el caos de Prigogine, que no se pueden predecir. En cuanto al infinito y su papel en los sistemas clásicos y, particularmente en los temas del corazón, como el amor romántico, la Postpoesía recurre a la física cuántica de un cosmos en constante dinamismo, a la materia en la misma fisiología y a metáforas postpoéticas donde los encuentros de elementos son a menudo violentos.

Derivas espacio-temporales

En la adenda al tratado de la Postpoesía titulada "Altermodern y nomadismo postpoético" (*PP,* 2009: 183), Fernández Mallo cubre una exposición que visitó en la Galería Tate en Londres titulada "Altermodern" por los puntos de contacto con su propuesta postpoética. Nicolás Bourriaud, el comisario de la exposición, dice haberse inspirado en la idea de "archipiélago" para significar la atomización de territorios que sin embargo están unidos (*PP,*

Nomadismo y rizoma: Derivas postpoéticas

2009:185). Su libro, titulado *Relational Aesthetics* (1998), con su foco en los enlaces y relaciones humanas con sus contextos sociales es pertinente a la Postpoesía y su propuesta de apertura al entorno, de espíritu "intrínsecamente conectivo con cuanto la rodea" y de fluido de "fuera a dentro y de dentro a fuera" (2009:149). Tanto la exposición como la Postpoesía se oponen al excesivo comercialismo y producción masiva de la cultura actual, y entienden que la ubicación del artista es precisamente en la complejidad que ocurre en los cruces o brechas donde es posible llevar a cabo intercambios de valor cognitivo entre distintas culturas y épocas, tal y como lo articulan las derivas postpoéticas. Hay que aclarar que en la Postpoesía no es el autor quien determina los nodos o cruces sino los poemas en sí, poemas que se enlazan con otros poemas en distintas obras, no importa el origen, época, escuela, incluyendo la misma poesía ortodoxa (2009:162). En la "altermodernidad," y también en la Postpoesía, el tiempo no es ni el lineal de la física clásica ni el estrictamente circular, como en la postmodernidad de los años 80, sino el "tiempo del círculo que mirado en *zoom* está compuesto por unidades complejas aparentemente lejanas en el tiempo, en el espacio y las tradiciones, pero conectadas entre sí de manera que el círculo va evolucionando" (2009:188). Las referencias citadas comunican una visión de la Postpoesía de acuerdo con los enredos cuánticos en la red cósmica, en la cual las entidades se mantienen enlazadas no importa la distancia ni el tiempo. Se trata de lo que Einstein consideró "spooky actions at a distance" [acciones fantasmales a distancia], pues el físico no podía admitir que la cuántica permitiera que el comportamiento de dos objetos fuera afectado cuando la distancia entre ellos era vasta y sin ningún intermediario de por medio.

La importancia del espacio y el tiempo en física es indiscutible, como lo es también en la Postpoesía. Los distintos poemarios exploran nociones varias sobre el tiempo, principalmente como proceso lineal, cíclico y como un laberinto de opciones. Cuando se trata de una estructura cíclica, pasado y futuro son simétricos y la imagen postpoética que concretiza esta noción es la del atleta que al llegar al final de su recorrido constata estar de vuelta en el comienzo:

> qué paisaje o quién le espera al atleta tras batir la última marca batible por todos los atletas. Quizá Dios para decirle "y sin embargo no te mueves," o quizá yo para contarle mientras

> mirásemos por la ventana que tocar la meta equivale a volver al principio, que cuando una mujer se va […] siempre irrumpe un espontáneo que susurra "y sin embargo te quedas." (*Regreso*, 2015: 230)

En el ritmo cíclico el movimiento es realmente un no moverse. En ese círculo, el atleta adquiere una dimensión simbólico-alegórica del avance en el camino de la vida como un ciclo donde comienzo y final son simétricos, donde ir y volver, marcharse y quedarse funden su contrariedad en similitud y, creyendo que se va avanzando, realmente no hay movimiento. El mismo entendimiento recursivo se aplica, como se verá, a la relación del hablante con la mujer modelo, pues ambos ejemplos se conectan a nivel subyacente por el tiempo cíclico (v. Zwicky, 2012: 204).[7] De acuerdo con el proceso entrópico de la segunda ley de la termodinámica, en los dos casos el final es inevitable pues, según el caos determinista, las trayectorias de atleta y pareja van divergiendo exponencialmente en dos a medida que pasa el tiempo (Prigogine, 2003: 25). La flecha del tiempo en su avance lineal es irrevocable. Es igualmente irrevocable la opinión del hablante en *Nocilla lab*

> de que cuando la vida dibuja una línea que al fin se revela curva, exactamente curva, es decir, cuando regresa exactamente al punto del que partió, es que en ese punto existían dos posibilidades y elegiste la incorrecta, la que provoca que la contingencia se haya esfumado de tu vida para caer en un abstracto bucle determinista, en un atractor estable; hechizos de estabilidad que hay que romper. (*Proyecto,* 2013: 489)

Las constantes circunvalaciones a las que se entrega la pareja en busca de certezas que aseguren su relación, responden a ese bucle donde comienzo y final coinciden en el mismo punto creando un determinismo de falsa certidumbre que, como dice al final la cita, "hay que romper" porque ya nada vital puede emerger.

La insistencia en mantenerse en la seguridad que proporciona el bucle del tiempo cíclico tiene su referente analógico en sistemas físicos como el teorema de la Idempotencia. En la primera parte de las instrucciones para hacer un poema en el libro *Antibiótico* (2015: 570), se presenta un "teorema de descomposición temporal en factores idempotentes" donde se puede trocear la vida en pares temporales:

Nomadismo y rizoma: Derivas postpoéticas

> un momento
> en el que no se quiere seguir viviendo,
> y al instante otro
> [de idénticas dimensiones]
> en el que se desea más que nunca
> continuar.
> Así, la suma da cero.

El contraste entre estos dos momentos, a pesar de ocurrir en un tiempo muy breve y de idénticas dimensiones, prueba que su diferencia no es tan grande como parece al quedar anulada casi en el mismo instante en que se formula. Si se suman ambos instantes, el resultado es cero, el mismo al que se llegó en las reflexiones sobre la identidad en torno a la función Delta. La cercanía y similitud entre declaraciones obviamente opuestas anulan su diferencia.

Otro antibiótico contra el paso del tiempo sería el sexo donde recrear la plenitud de un presente utópico, semejante al sexto estado de la materia en el que preservar el estado fermiónico del bucle en temperaturas bajas para mantener la utopía de las certezas, ajustarse a una ontología estática en la línea de Parménides y evitar el Ser Devenir de Heráclito. Pero estos intentos no pueden mantenerse pues, como indica el físico Ludwig Boltzmann (1844–1906), la entropía aumenta en un sistema aislado del entorno (*PP,* 2009: 143). Lo mismo sucede con la ecuación que busca igualar los términos x=y con el beso, con la copulación, e incluso con el intento de llenar un vaso transparente de agua para igualar contenido y continente:

> He concebido una receta semigenial.
> Ingredientes:
>   1 vaso de 33 cm^3 absolutamente transparente.
>   33 cm^3 de agua. (*Odisea,* 2915: 347)

Los intentos de mantener el bucle repetido frente al dinamismo de la vida sugieren una conexión con el experimento de las dos ranuras [double-split experiment] en la física cuántica.[8] Allí los electrones interfieren consigo mismos; solo se comportan según las expectativas cuando son observados. Es como si poseyeran una vida propia, privada que se basa en estar superpuestos.

Capítulo dos

Mantenerse en el estado unicelular del bucle es negar la vida. Por eso, Fernández Mallo reconoce lo que en Prigogine y Stengers se denomina "caos determinista" (1997: 81) según el cual la dirección de la trayectoria acaba por volverse errática por conducir al azar. Ejemplos del caos determinista son la Transformación del Panadero y el Mapa o Desplazamiento de Bernoulli, ambos mencionados por Fernández Mallo como referentes analógicos de la situación existencial en el caso de la pareja queriendo mantenerse en la seguridad del bucle. En la discusión sobre la poesía en la ortodoxia y en la Postpoesía, los referentes analógicos son sistemas físicos de tiempo continuo, en el caso de la Transformación, y de tiempo discontinuo, para el Desplazamiento (*Antibiótico*, 2015: 536). Ambos son sistemas "*invertible, time reversible, deterministic, recurrent,* and *chaotic*" [invertibles, reversibles, deterministas y caóticos] (Prigogine y Stengers, 1997: 101), es decir, con propiedades que caracterizan muchos de los sistemas dinámicos en el mundo real. En la Transformación del Panadero se parte de un cuadrado para llevar a cabo una serie de transformaciones reversibles que, por distintas operaciones de estirar y contraer y contraer donde se estiró y pegar donde se cortó, se vuelve al sistema inicial. El caos entra en estas transformaciones cuando las trayectorias de dos puntos del cuadrado divergen por muy cercanos que sus puntos estuvieran al principio.

El Desplazamiento de Bernoulli es ejemplo de una transformación caótica, referida como "Bernoulli shift" [cambio Bernoulli] que, como en todos los sistemas caóticos, empieza con un parámetro, lo transforma y luego se sirve de esta transformación para la siguiente iteración. El cambio Bernoulli muestra tres características importantes de los sistemas caóticos: preservación del área, estado de acotamiento [bounded] y determinismo. La preservación del área es muy importante a medida que el sistema evoluciona en el tiempo; la transformación está acotada pues es el resultado de transformaciones lineales, y es totalmente determinista, pero, a la vez, muy sensible a las condiciones iniciales. Debido a esa sensibilidad, la transformación deviene imprevisible:

> Ahora abordaremos
> los sistemas **poéticos** inestables
> en los que el tiempo se presenta de forma **discontinua.**
> [Es la situación
> de la **poética** cuántica]. (*Antibiótico*, 2015: 536)

Nomadismo y rizoma: Derivas postpoéticas

Lo que realmente dice el principio de Bernoulli es que, dentro de un flujo de energía constante, su velocidad se acelera cuando el fluido fluye a través de una región de presión más baja, y viceversa, se retarda cuando la presión es más alta. Por lo tanto, el principio de Bernoulli se refiere a cambios en la velocidad y en la presión dentro de un campo de flujo.[9] Implica también *"la desaparición / de las trayectorias"* (*Antibiótico*, 2015: 537).

Es fácil identificar esas fases en el bucle que constituye la relación de la pareja: la intensidad por mantener su aislamiento unicelular excluyendo el entorno, los cambios dentro de su encierro acaecidos con el paso del tiempo y el distanciamiento de la supuesta "plenitud" inicial. En el ámbito de la termodinámica, se trata de un sistema en equilibrio cuyas magnitudes se mantienen inalteradas en el transcurso del tiempo. Otro modo de describirlo sería denominando la relación como un proceso adiabático en el cual el sistema termodinámico no intercambia calor con el entorno. Se halla en lo que en termodinámica se denomina equilibrio mecánico y térmico. Las fuerzas internas están en equilibrio entre sí y con el exterior, pero *"No puede haber rozamientos,* porque ya no se cumpliría la condición de reversibilidad que establece que *baste modificar infinitamente poco las fuerzas externas para que se invierta el sentido del movimiento."* El rozamiento "origina una pérdida de energía" (Arenas, 2016: 42). Hay que entender, sin embargo, que la transformación reversible es un ideal inexistente en la realidad pues "para que el sistema pase de un estado de equilibrio a otro tiene que producirse un desequilibrio" cuando todos los estados en la transformación reversible son de equilibrio. Una caracterización más acertada sería la de referirse a estas transformaciones como *"cuasiestáticas"* pues siendo transformaciones irreversibles, sus estados "difieren solo ligeramente del equilibrio exacto."

La pareja tiene que experimentar un salto de temperatura para que la relación siga funcionando, salto que, según el segundo principio termodinámico, supone ceder calor a una temperatura más baja que la temperatura a la que absorbió calor. En la pareja no hay dichos saltos, sino una repetición del sistema de energía. Su temperatura está llegando a ser tan baja que no logra transmitirse a otro cuerpo cuya temperatura sea más elevada. La temperatura se conserva, pero se degrada pues ha perdido su capacidad para producir trabajo. No hay posibilidad de volver al estado inicial. En el sistema aislado en el que se encuentra, la entropía, como medida de desorden, aumenta (Arenas, 2016: 119, 189, 190–91).

Capítulo dos

La repetición cíclica es un intento de adherirse a un ritmo de reversibilidad como escape de la muerte, pero la simetría temporal de pasado y futuro en el tiempo cíclico resulta insostenible. Lo lineal de la flecha del tiempo, a la que la pareja, como todo lo demás, se ve sometida, disminuye la energía hasta llegar a un punto cero del sistema denotando el tercer principio de la termodinámica: la degeneración del estado determina su final en la entropía. Como se cita en *Joan Fontaine:* "en el estado de más baja energía de un átomo de hidrógeno el potencial atractivo creado entre el núcleo y el electrón disminuye exponencialmente a grandes distancias" (*Odisea*, 2015: 331). Eso era lo que había que demostrar en aquel examen de mecánica cuántica donde el hablante se encontraba el mismo día "que estalló la Guerra del Golfo" (*Odisea*, 2015: 331). Muchos optaron por abandonar el aula, y el mismo hablante pensó en alistarse al silencio, siguiendo a Wittgenstein. En el caso de la pareja, lo que "fue una ecuación. Un acto de fe" (*Regreso*, 2015: 244) acaba en la desintegración, pues esos principios, ya se basen en un concepto matemático ya sea sin base racional, son construcciones que de algún modo intentan controlar la materia y encubrir su verdadera naturaleza. Querer mantenerse sobre la base de la mismidad, sin dar entrada al entorno, resulta insostenible.

La conversación telefónica que John Wheeler y Richard Feynman mantuvieron y que, según el hablante, hizo temblar "el siglo 20" (*Antibiótico*, 2015: 567–68), ofrece una tercera opción temporal a las del tiempo lineal entrópico y al cíclico, la del tiempo como laberinto con múltiples opciones y bifurcaciones a nivel cuántico debido a que todos los electrones tienen la misma masa y carga, porque son todos el mismo electrón moviéndose hacia adelante y hacia atrás. A esto modo de considerar el tiempo se le da el nombre de "sum over histories" [suma de historias]. Esta noción del tiempo conlleva todas las posibilidades, incluyendo realidades alternativas y vueltas al pasado. Las partículas interactúan de todas las maneras posibles, de modo que si se quiere obtener una visión completa de la realidad habrá que trazar todas las vías posibles (Halpern, 2017: 82).

Feynmann estudió la propuesta de Wheeler sobre el único electrón y, eliminando los protones para que los electrones actuaran directamente, determinó un 50% de avance hacia adelante y un 50% de movimiento hacia atrás. La causalidad no entraba en juego ya que no tiene peso en las interacciones de las partículas,

Nomadismo y rizoma: Derivas postpoéticas

y tanto las señales hacia adelante como hacia atrás parecían totalmente lógicas. Además, hizo notar que gran parte de las señales hacia atrás son canceladas por señales hacia adelante (Halpern, 2017: 68, 69). La multiplicidad de posibilidades acarrea incertidumbre e indeterminismo, sustituyendo las certezas clásicas por el dinamismo de un universo fuera del equilibrio, con divergencias y difusiones que rompen la simetría del tiempo. En este contexto la geometría euclídea da paso a la de Riemann y su geometría elíptica que posibilitó la formulación de la teoría general de la relatividad.

Según Wheeler (Halpern, 2017: 251): "the universe does not exist 'out there', independent of us" [el universo no existe "ahí fuera," independientemente de nosotros], pues estamos involucrados de un modo imposible de escapar en lo que está sucediendo. Somos actores y espectadores al mismo tiempo, con lo cual la realidad tiene que contar con nosotros. Querer cerrarnos en el estado unicelular es insostenible y tarde o temprano llega el colapso. Hay algunos sistemas que funcionan según el proceso cíclico, otros según el lineal. Pero hay un revoltijo de opciones: el Internet es su gran ejemplo. Y la óptica es el prototipo, según Feynman, lo cual es algo que Fernández Mallo apoya completamente. Aunque imaginamos que la luz viaja en rayos, rebota en los espejos y se curva en las lentes, todo eso no es "the real picture" [la imagen real]. Solo representa la cúspide de todo un revoltijo oculto de patrones de ondas interfiriéndose. Feynman aplicó el mismo concepto de un laberinto de componentes interactuando al ámbito de las partículas elementales. Lo que parece no es lo que realmente es.

La Postpoesía considera las diferentes nociones sobre el tiempo: su linealidad irrevocable, la simetría de los procesos cíclicos, las múltiples opciones del tiempo como laberinto, y propone la noción de Centro de Tiempos o topología, entendiendo por tal un tiempo relativo flotando entre dos opciones, ya sean partículas u obras literarias, sin que ninguna de ellas se imponga sobre la otra, sino que se retroalimentan en un tiempo que en nada tiene que ver con el reloj cronométrico (*PP,* 2009: 90). Se trata de una concepción del tiempo que participa del rasgo relacional que caracteriza la Postpoesía, ya que "se reinventa cada cierto tiempo de manera distinta y *sinergética*" (*Blog Up,* 2012: 25). En ese Centro de tiempo topológico, la ubicación del hablante es como la del jinete en un centro sin dirección temporal privilegiada, ya que no hay "ni delante ni detrás, ni anterior ni posterior, sino un sistema de dos

Capítulo dos

o más obras literarias que intercambian flujos literarios mientras giran las unas en torno a las otras" (*Blog Up,* 2012: 95). Como sucede con la teoría de Feynman-Wheeler, "sum-over-histories," el tiempo puede moverse en cualquier dirección ya que las nociones de antes y después, detrás y delante pierden sentido en el ámbito fluctuante del Centro de Tiempos. En vez del avance rectilíneo, el Centro de Tiempos concibe el tiempo a modo de superposiciones y entrelazamientos "de capas de momentos históricos […] Cada punto de la Historia es una superposición de toda la Historia."[10] El Tiempo topológico, en su tendencia a asociar distintas entidades de manera simultánea aunque se hayan originado hace siglos, no solo comparte la idea de los enredamientos cuánticos, sino también la del Internet y la del tiempo como "sum over histories": "Internet, espacio físico y simbólico en el que el tiempo parece realmente la suma de todos los tiempos, todas las capas de tiempo." En la red del Internet, nuestra identidad es claramente la de ser nómadas (*Blog Up,* 2012: 167, 168).

La flecha del tiempo persiste, pero "se curva sobre sí misma y es compleja" (*PP,* 2009: 92) porque supone una nueva manera de ver, un sistema de referencia distinto. En ese ámbito el tiempo del reloj que "se mueve linealmente y a intervalos idénticos" es falso, pues hay instantes que, como los cuerpos, son más densos que otros (*TGB,* 2018b: 157). La *Densidad de Tiempo* nada tiene que ver con el tiempo del reloj pues es el tiempo de la poesía donde se incorporan realidades invisibles—ecos, resonancias, olores, ambientes—que no es posible medir por tratarse de una "cifra incuantificable. Pero no es ni cero ni infinito" (esto se tratará en el Capítulo seis). Por tanto, se requiere un "Manifiesto Contra Relojeros" que se dice haber sido hallado en unas minas de arena en Rethymno, ciudad en Creta, pues la antigüedad de esa isla y su cultura sigue resonando, aunque haya sido olvidada en el tiempo cronométrico.

El Centro de Tiempos (*TGB,* 2018b: 90) es un estado que flota entre una concepción clásica de certezas, causalidad y secuencialidad y la concepción nueva que con la flecha del tiempo introduce la probabilidad, la incertidumbre y el indeterminismo. No hay absolutos en este Centro de Tiempos sino intercambios entre ambos sistemas—clásico y cuántico—donde las referencias mantienen un juego de constante retroalimentación semántica. Las historias se desenvuelven tanto hacia atrás como hacia adelante en el tiempo,

Nomadismo y rizoma: Derivas postpoéticas

las cosas y eventos se imaginan desde distintos ángulos y puntos de vista, sopesando diversas alternativas y contraponiéndolas para que el juego de la significación se mantenga. Se trata de un centro que como lugar atractor complejo no es ni estable ni inmutable, pues es ahí donde se producen los trasvases relacionales de materiales simbólicos y matéricos y sus retroalimentaciones; es un lugar donde la causalidad es borrosa (*TGB*, 2018b: 59). El espacio temporal topológico permite que los contrarios se mantengan flotando en un intercambio de complementariedad. La importancia del lugar intermedio o intersección se acentúa en este entendimiento postpoético del tiempo a partir de la topología. Lo que cuenta es la porosidad de un *medias res* donde todo se amalgama, donde eventos contrarios ocurren casi simultáneamente y la materia se metamorfosea sin manifestar junturas que revelen sus cambios. De ahí la asociación del tiempo topológico con situaciones liminales, fronterizas, mestizas donde todo se halla en proceso, franjas donde el tiempo queda suspendido (*PP,* 2009: 95, 96).

La época actual se diferencia de las anteriores (Edad Media, Barroco, Modernidad) por enfocarse en los cruces entre distintas vías en vez de reafirmar totalidades y certezas. Los absolutos en el sistema clásico se suplantan por los márgenes de encuentros / desencuentros entre realidades opuestas y con virajes súbitos en la flecha del tiempo (*TGB,* 2018b: 92). El final entrópico a que conduce la flecha del tiempo en el segundo principio de la termodinámica conlleva una autoorganización gracias al desvío del *clinamen* de Lucrecio, o cambio inesperado e impredecible de la materia; incluso la emergencia de la Tierra tiene que ver con un viraje o desvío, también llamado "salto cuántico" (*Carne,* 2015: 479, 485). Según Lucrecio, todo llega a ser como resultado de un viraje, un movimiento apenas perceptible que, sin embargo, provoca una cadena de colisiones con incesantes combinaciones y recombinaciones. En dichas combinaciones reside la libertad y la experimentación como facetas inherentes a la Naturaleza, así como lo inapropiado de pensar en un origen prístino ya que todo se encuentra en incesante movimiento relacional (Greenblatt, 2011: 165–67).

En la misma línea, la Postpoesía propone un "azar inverso" (*TGB*, 2018b: 317–18) que desplace la mecánica clásica y el determinismo causal de Laplace, esa idea de que una cosa pueda ser la causa de otra que según Cioran solo puede satisfacer "un goût médiocre pour l'intelligible" [un gusto mediocre por lo inteligible] (1993: 25). Aquí entra el Principio de Incertidumbre de Werner

Capítulo dos

Heisenberg con el azar y las probabilidades, ya que es imposible medir los dos polos de posición y movimiento al mismo tiempo pues la observación de uno afecta al otro. La predicción de Laplace y su "demonio" alude a una inteligencia que foránea a la incertidumbre, es conocedora de todas las fuerzas del dinamismo del cosmos, así como de las posiciones de todos sus elementos, no importan las dimensiones que tengan. El azar inverso desplaza lo previsible de ese demonio por lo imprevisible introduciendo todo un potencial poético y creativo que para Cioran se resume, sorpresivamente, en la sonrisa por su incompatibilidad con la ley de la causalidad por ser de esa sonrisa, precisamente, de donde emana todo lo que la inutilidad tiene de fascinante (1993: 25). Si se trata de cosas que solo son aprensibles "en un cruce de sueños" (*Creta, 2015:* 153), no hay un polo de lógica o realidad, por lo que no hay tensión y lo que queda es el bucle de la soledad, apenas un espacio "entre los hilos justo para una soledad al límite de la asfixia." Por tanto, ni el ritmo lineal ni el onírico mantienen la tensión del hilo que es necesaria para generar conocimiento y vida.

En una isla como Creta, en el libro *Creta Lateral Travelling,* los hallazgos arqueológicos son frecuentes y dan prueba de que es posible efectuar ese viraje o "elipsis milenaria," recobrando para el presente el saber del pasado. Aunque esa civilización es hoy "espuma cristalizada," es decir, solidificada debido a la organización burocrática a que se le ha sometido, es necesario interrogar esas ruinas, "ya que son el argumento del tiempo" (*Creta,* 2015: 139, 142). Y la manera de llevar a cabo esa interrogación no depende solo de la vista, sino de los sonidos. Y aquí entran de lleno las resonancias de Henri Poincaré (v. cap. VI) y su enlace con la no integralidad de los sistemas (Prigogine, 2003: 29). La antigüedad de Creta está encuadrada en programas administrativos y museísticos, pero si prestamos la necesaria atención, lograremos percibir el dinamismo que todavía contiene.[11] Así, cuando el hablante acerca el oído al suelo, escucha un "bisbiseo de hombres y mujeres" que le informan de "que el tiempo cuando es Tiempo nunca escoge para viajar la línea recta, pero tampoco la curva," sino que "se anuda sobre cualquier objeto [una taza, un pulmón, una idea, un pigmento] y ahí permanece" (*Creta,* 2015:142). De ahí la importancia de las ruinas y los objetos por la densidad temporal que comportan. En ellos, como en los nudos o cruces del entramado cósmico y de las redes postpoéticas, convergen significados varios, generando nuevas percepciones. Las ruinas, como las resonancias, ecos y demás elementos en la "polifónica cavidad resonante" constituyen el discurso del tiempo (*Creta,* 2015: 145).

Deambulando por las salas del palacio Knossos, el hablante reflexiona sobre los enlaces de esa civilización con la cultura moderna, y se pregunta, "¿Acaso que no fue Teseo quien desanduvo el hilo sino el Minotauro disfrazado de Teseo y que por eso heredamos este mundo metastásico e inverso?" Si el cáncer del consumismo capitalista, el desorbitado progreso, el desastre ecológico y la exacerbada injusticia social son el efecto de un falso liberador del laberinto, un monstruo que, como tal está fuera del orden natural, cerrado en sí mismo al no poder reproducirse (Serres, 2018: 170), se entiende el efecto cancerígeno que produce. Si sobre él se asienta la cultura occidental, las respuestas no se hallan en continuar incrementando el progreso y avance de un orden lineal y repetitivo de los mismos pasos, sino en el viraje de vuelta al pasado, reconocer su influjo y reactivarlo en el núcleo del tiempo. Las ruinas, como los objetos, en general, contienen todo un vórtice de líneas de comunicación que se abren en múltiples hélices fluctuando en sentidos varios (Serres, 2018: 79). La riqueza de sus infinitas capas contradice la repetición en el orden racional del Occidente y el recurso a una tradición que, en vez de ejercer una fuerza renovadora, anquilosa. Porque, según señala Juan Benet, "los códigos son redactados por la razón, un aparato al que apenas le interesa lo que el hombre es y desea […] una serie de principios de forma elaborados con abstracción de la naturaleza" (1974: 139). La génesis de nuevos sentidos se produce en el cambio de sentido (Serres, 2018: 127, 133, 175). Nada más lejos de la noción postpoética del tiempo es considerarlo como una secuencia de instantes exentos de duración. Se trata más bien de duraciones superpuestas cuyas estructuras son dialécticas, no "aritmomórficas," según el término de Nicholas Georgescu-Roegen (1971: 130), las cuales, como entidades analíticas y discretas son incapaces de captar el cambio. La Postpoesía concuerda con Lucrecio en no aceptar la realidad como un hecho dado, en entender que hay que girar la flecha del tiempo y moverse en un tiempo relativo entre el pasado y el presente de modo que la obra original no se imponga sobre la nueva, sino que ambas se retroalimenten (*PP,* 2009: 90).

Otra amenaza al estado flotante del tiempo topológico es cuando el tiempo en torno a algún objeto o incidente-nudo relaja su intensidad y se mineraliza, es decir, se estanca, deja una costra "de domingo"—sugiriendo "costra de pereza"—en el fondo de su recipiente y emite un olor a óxido, como cuando se lanza el tiro y no se encuentra el centro de la diana ("el óxido de los cuchillos lanzados al mar [diana sin centro] y al de la tierra") (*Regreso*, 2015: 241). Es fácil y casi tentador caer en ese estado y, de hecho, es donde se encuentra el hablante en la isla de Creta, sorbiendo el óxido de un tiempo mineralizado en una isla donde todo está cerrado. Solo le queda aguardar a que pasen los días y, en esa espera, "las horas nacen peculiares, convergentes, presagiando asuntos importantes y delicados que no llegan." Las expectativas de que algo ocurra, de que los nudos generen vida, se frustran porque "lo hermoso no se calcula," ya que "se pisa una sola vez y ya se gasta, aunque, eso sí, no se olvide, nunca" (*Regreso*, 2015: 241). El estado mineralizado del hablante es el efecto de "estrangular" el hilo que debería mantener la tensión con la vida y el juego de la significación. Cuando la pareja se separó, fue como romper "el tallo del tiempo" en su manifestación arbórea: "uno se lleva a los que vinieron y otro a los que vendrán," de modo que esos polos se ven condenados "a buscarse para siempre" (*Regreso*, 2015: 282).

La misma separación se produce "al caer sobre el papel una gota de tinta." Y eso lo sabe perfectamente la pareja de amantes pues la escritura marca la distancia de la experiencia vivida y, paradójicamente, es lo que "proclama" al hablante como el laureado por su escritura.

> El viento arrastra hojas, polvo de octubre, papeles a la panza de los coches, agita la flota y ya no queda nadie salvo yo en la ventana del Hotel Port Maó. Quién conoce mejor que nosotros lo que el beso, corsé de la expansión, expresa. Quién conoce mejor que nosotros la perfección rota al caer sobre el papel una gota de tinta corona sobre mi cabeza. (*Regreso*, 2015: 283)

La oficialidad concede ese tipo de reconocimiento por una obra donde la vida queda, de algún modo, solidificada. Es el tiempo y su paso lo que tensa ese nudo entre signo y realidad hasta exprimir lo vital y acabar desanudando la tensión de los hilos (*Creta*, 2015: 153).

Georgescu-Roegen destaca dos conceptos respecto al tiempo, ya sea escrito con una T mayúscula o minúscula. El Tiempo con mayúscula representa el fluido de la conciencia en el sentido de ser una sucesión de momentos, mientras que el tiempo con minúscula representa la medida de un intervalo mediante un reloj. En los ejemplos postpoéticos, el tiempo con minúscula correspondería a la gran línea que recorre los textos como un vector que "avanza en el tiempo" donde se marcan la vida y sus actividades diarias, como *"no te olvides de la compra."* El tiempo del reloj responde a leyes mecánicas que son invariables y, por tanto, atemporales, es un tiempo impermeable al cambio y su avance entrópico (Georgescu Roegen, 1971: 135). Por tanto, la exactitud del tiempo cronométrico no tiene valor cuando diferencias sustanciales se amalgaman, sobre todo, en cuestiones vitales. Por eso, el tiempo que se invierte en escribir un poema no cuenta; lo que sí importa es

> que parezca
> haberse creado en un instante y solo, que
> solo te atraviese,
> que solo desaparezca. (*Antibiótico*, 2015: 570)

El instante de mayor concentración e intensidad del sentir y el sentido es lo que cuenta.

El Tiempo con mayúscula sería el que retrocede con la memoria, como en la expresión *"mengano de tal (1930–2001), descanse en paz"* (*Odisea*, 2015: 359). Presente y recuerdo se entremezclan en rizomas varios donde los sentidos se amalgaman. La nostalgia sería el deseo de aferrarse al pasado para que no se borre (*Odisea*, 2015: 361), o incluso más atrás del pasado, que equivaldría al Ente de Parménides, a algo sólido, estático que lo penetra todo. Pero creer en el futuro es otra idealización a la que nos guía un afán metafísico. El futuro duerme; lo que hay es el presente, y el presente se hace y deshace simultáneamente: "el tiempo […] se consume / en el centro de su instante," y el futuro "son reflejos / de lo ya ocurrido" como se revela en el *déjà vu*. Y siguiendo la práctica postpoética de proporcionar ejemplos concretos para ilustrar nociones abstractas, el hablante menciona "La ginebra [que] olvida haber sido agua. / El agua mineral [que] olvida que fue y será piedra. / El beso [que] olvida que fue y será idea" (*Odisea*, 2015: 363, 375). Si llegamos al futuro, por ser una materia "que no está hecha de lo que fuimos," lo olvidamos. Por tanto, en el avance temporal vamos "tragando" el futuro en el presente, devorando ese tiempo para reciclarlo al volver. En la caverna platónica de la realidad solo vemos sombras, reflejos.[12] El paso del tiempo tiene el efecto de transparentarnos, de disminuir nuestra densidad (*Odisea,* 2015: 363),[13] de convertirnos en carbonatadas y perder presencia, a la vez que el tiempo va consumiéndose "en el centro de su instante." En la muerte el tiempo cuaja y adquiere "la exacta forma" en ese último instante, fijándose en el epitafio, discurso estático exento de dialéctica. Es irónico pues "Solo la muerte nos actualiza," solo ahí sostenemos la forma al devenir fósiles y guardar en cada centímetro de nuestro cuerpo las huellas de seres y formas de vida, culturas y civilizaciones anteriores, todas ellas "vestigios" donde resucitamos de algún modo (*Creta,* 2015: 198). La escritura lleva a cabo un proceso semejante, pues sus signos contienen improntas de anteriores obras y, no tanto ni solo de obras cumbre sino de muchas otras que se resucitan modificadas en la nueva obra.

Los libros, la escritura, en general, se proponen "la sísifa tarea de ir reagrupando mis pedazos." Un ejemplo específico de la disolución que sufrimos en el tiempo es patente en el simple gesto de mudar las sábanas de la cama y ver la mancha cada vez más oscura que deja el cuerpo, incluyendo los cabellos que se caen, las huellas dactilares, la tos: "El rescoldo de pelos, uñas, y todo cuanto vamos dejando atrás constituye el límite borroso de nuestros cuerpos" (*Creta,* 2015: 137, 174). Y es una tarea a la escala de la de Sísifo porque al conformar la experiencia en signos, el texto se debate en la emboscada de evitar la caída en verdades lapidarias y mantener la atención abierta a diferentes horizontes metafóricos, a derivas que mantengan la viveza del texto. El consejo del paleontólogo Jay Gould es que pasamos por este mundo solo una vez y por eso, "Pocas tragedias pueden ser / más vastas que la atrofia de la vida" (*Odisea,* 2015: 388). Y la injusticia, como señala Jay Gould, es que se nos niega la oportunidad de competir con la muerte. El valor principal que emerge de estas reflexiones es la vida.[14]

La muerte, en general, y la del padre, en particular, se reflexiona en el marco de la teoría del caos de Prigogine donde un sistema, según la segunda ley de la termodinámica, se dirige en trayectoria lineal entrópica. En este contexto es iluminador el intercambio entre el hablante y su padre. El hijo le hablaba de la segunda ley de la termodinámica con el padre rebatiéndolo con el tercer principio, "*el trabajo se anula en el cero absoluto de temperatura*" (*Ya nadie,* 2015: 83). Esta ley tercera de la termodinámica, también llamada de la aceleración o postulado de Nernst, para referirse a Walter

Nomadismo y rizoma: Derivas postpoéticas

Nernst, el químico que la desarrolló en los años 1906–1912, afirma la imposibilidad de alcanzar el cero absoluto en un número finito de etapas pues, al llegar al cero absoluto cualquier proceso de un sistema físico se detiene. El padre estaría diciendo que su muerte supone ese cero absoluto. El hijo, sin embargo, alza una objeción pues si bien ese principio se aplica a cosas, como "la cabeza de un tornillo, la firma de un contrato de trabajo," no así con el espermatozoide del padre "que aun siendo ceniza / suda agua de río." De nuevo, lo que este hablante postpoético distingue es que las leyes se cumplen cuando se trata de procesos mecánicos, pero no así cuando se trata de la vida (*Ya nadie,* 2015: 84).

> Y hacemos lo mismo cuando
> buscamos en quien amamos
> señales infalsificables, mentiras ciertas que nos salven,
> al hacer el amor un resplandor ilógico que anuncie
> un nuevo estado [6^0] de la materia
> *presente instantáneo,*
> esa inmensa utopía. (*Odisea,* 2015: 426)

Lo más difícil de narrar es el presente pues "Su instantaneidad no admite proyecciones, fantasías, desenfoques," que es lo que se suele hacer al rememorar (*Odisea,* 2015: 469). Por eso el presente es una utopía. Nos engañamos a nosotros mismos cuando queremos hallar en el otro u otra una réplica de nosotros. Pero todos esos deseos evasivos de fundirse en lo mimético, en lo igual, se descartan en la física misma: el agujero negro no es un final sin salida pues hay luz, como ya dijo Wittgenstein que "*el negro es también una especie de blanco*]" (*Carne,* 2015: 467);[15] y en cada átomo hay "una noche disímil" y "Llegar a ser es llegar a perderse de uno mismo / [ni que decir tiene, en uno mismo]" (*Odisea,* 2015: 427).[16] Cuando la integralidad se rompe se da un número infinito de grados de libertad con interacciones persistentes, por lo que hay gran analogía con sistemas termodinámicos. En esta situación la mayor entidad es la probabilidad, con lo que la simetría del tiempo se rompe (Prigogine, 2003: 38, 39). El futuro ya no es dado, como le dice al hablante la voz del tú en los recuerdos y el mundo deviene un proceso en construcción. En los procesos irreversibles no hay periodicidades sino fenómenos con un decaimiento exponencial (Prigogine, 2003: 58).[17]

El cosmos es un entramado, y suponer que haya algo más allá de ese juego chinesco de sombras es una ilusión (*Odisea,* 2015:

354). Por eso entre nacer y morir no hay distancia: "Somos al nacer un proyecto acabado. / Vivir, ir arrasando" (*Odisea,* 2015: 341). El tiempo del reloj se vuelve inoperante al constatar la casi coexistencia de vida y muerte: "la muerte se parece al nacimiento," ya que en un mero segundo algo nace y algo muere. En ese mero segundo en que vida y muerte coexisten, "todas las cosas imaginables" están al alcance (*Creta,* 2015: 162). La imagen concreta que se encuentra en los textos de la Postpoesía es la del tren de alta velocidad, lo cual hace que la cabina frontal y la última coexistan más que distanciarse. La muerte no está más cercana de un anciano que de un joven pues "es equidistante respecto a cualquier punto, su velocidad es infinita" (*Creta,* 2015: 162). La nave que a los 80 días regresa al punto del que partió, como el último día del año coexistiendo casi con el primero del año nuevo, partida y regreso como partes de lo mismo, ilustran movimientos opuestos pero complementarios (*Odisea,* 2015: 357). Y es ahí, en ese punto de superposición entre ir y regresar donde se identifica el artista, porque el artista es un muerto resucitando o vivo que ya nos ha dejado. El cruce, ese segundo en que muerte y vida se yuxtaponen o, en otras palabras, la intersección, es el punto del arte, de la creatividad, es el punto de la superposición, del riesgo, es el punto de la emboscada postpoética.

Fernández Mallo concuerda con Deleuze en rechazar la noción nietzscheana del tiempo como eterno retorno de lo mismo para, en su lugar, reconocer el tiempo como retorno de la diferencia. El tiempo se percibe como un hacer deshaciéndose donde "se pisan minutos y cada uno / es una trampa" (*Odisea,* 2015: 356). La trampa del tiempo nos refiere al fraude del Minotauro disfrazado de Teseo, y también a la emboscada en la que vivimos en la cual la vida humana evoluciona en el mismo espaciotiempo que acabará por diluirla. El postpoeta reconoce la diversidad de caminos o derivas que se pueden seguir y también "la trampa" que nos tienden haciendo creer en la posibilidad de que haya algo más allá al alcanzar la meta (*Odisea,* 2015: 387). "Lo inalcanzable," que para el alemán Eckhart Tolle es sinónimo con Dios, para Heráclito es lo que deberíamos lograr para así salir del sueño de creer que hay algo detrás. Aunque el postpoeta comparta más la visión heraclitiana, aun así, reconoce la tendencia humana de querer representar lo que es imposible de captar en su totalidad porque simultáneamente la Tierra nos ofrece su equivalencia: "cada segundo nace una hierba, / simultáneamente

Nomadismo y rizoma: Derivas postpoéticas

la seca su idea" (*Odisea,* 2015: 430). La vida elemental, orgánica y el pensamiento que la racionaliza se confrontan en un reto donde la victoria es de la Tierra. El tiempo nos vuelve a atrapar en creer que la razón puede superar a la Naturaleza.

Cuando "El tiempo es la casa de quien no tiene otro lugar" (*Ya nadie,* 2015: 119), el "deslugarado" que encuentra su casa en el tiempo es un "sin cobijo" por haber entregado su vida al tiempo cronométrico. Y parece que nos encontramos con el mismo tipo cuando, defraudado por el tiempo mecánico y cronométrico, recurre, de nuevo, al tiempo como su lugar de protección. En cualquier caso, el tiempo es la casa y el espacio es tiempo, lo cual no significa que sean una misma cosa, según se suele afirmar al hablar de la relatividad de Einstein. Georgescu-Roegen nos recuerda que el espaciotiempo es "a purely formal matter" [un asunto puramente formal] que en nada puede abolir los aspectos cualitativos que diferencian esos elementos (1971: 130). El fotógrafo es otro ejemplo de persona cuyo oficio le obliga a funcionar de acuerdo con el tiempo cronométrico al fijar el espacio y el tiempo en un "momento decisivo." Lo que hay, sin embargo, es el intermedio, "un intervalo de tiempo cualquiera," esos instantes superponiendo su duración en esa mezcla de fluido y de presente.

Cuando el padre le deja al hijo como legado "un bosque y algo más vivo dentro," lo que le deja es la vida en su realidad nomádica, el cosmos en su núcleo vivo de movimiento constante y a la vez siempre presente. Y se lo deja con la seguridad de que la carne, la realidad de nuestro cuerpo cambia ["de que la piel envejece porque somos un horno"]; le deja con la seguridad y evidencia de que la noche no es cerrada e inescrutable, sino que en su misma negrura "la noche tiene agujeros que conducen a otra noche" en una infinitud de capas donde la oscuridad es iluminadora y el corazón es poroso, abierto al exterior ["el corazón es entonces un órgano poroso"]. Envejecemos porque vivimos y el horno de la vida donde vivimos es el mismo horno donde nos consumimos. Del legado del padre se deduce lo que se ha venido observando en las reflexiones anteriores, que "lo ilimitado nace de las limitaciones" (*Ya nadie,* 2015: 109), porque en esas limitaciones, como en las dificultades de descifrar el tiempo, el cosmos, sus secretos y múltiples derivas, no en escapes trascendentes, es donde se hallan atisbos de las respuestas.

Capítulo dos

El sistema de Euclides se deconstruye dando paso a la geometría de Riemann y a la gravedad, como sucede con la geometrodinámica. Y para proveer mayor concreción a esta perspectiva, el libro *Creta Lateral Travelling* incluye un gráfico de la geometrodinámica y su definición. Curiosamente lo que destaca en ella es la concepción de "un espacio-tiempo formado en su totalidad por agujeros gusano" (2015:182), referencia al laberinto de Creta en su avance lateral, ya que nos rodea con toda la podredumbre seca de su estructura "cuyo fin es conectar todos los mundos posibles, esponja liviana como las heces, que también flotan." Esa carcoma o podredumbre procede de fórmulas y teoremas matemáticos cuyo logicismo ha caído por tierra, mientras que las conexiones geometrodinámicas constituyen un cosmos de residuos, excrementos, heces (v. Capítulo tres). Frente a las mitologías sublimadoras, emerge aquí la visión de los residuos como elemento configurador del cosmos y sus múltiples derivas y vericuetos pues, en última instancia, en ellos residen las morfogénesis que conforman la realidad.

El matemático Jan Zwicky explica el papel de la geometría en el ámbito poético debido a que ambas disciplinas comparten el interés en la forma (2012: 204–05). El acercamiento postpoético a la geometrodinámica señala la importancia que tiene una perspectiva concreta respecto al lugar y posición frente a la abstracción de nociones sin clara localización. Además, hay en la perspectiva postpoética un reverso pues en vez de partir de la interioridad hacia el exterior, se mueve desde el exterior al contexto de la intimidad, deshaciendo jerarquías entre los polos del dualismo en favor de un proceso de retroalimentación entre ambos. Las matemáticas, como ya afirmaron figuras del prestigio de Henri Poincaré, elaboran sus fórmulas en base a unas creencias de su veracidad y exactitud que los descubrimientos del siglo XIX, con las geometrías no euclidianas y el teorema de Gödel, hicieron que la solidez de su edificio tambaleara. Y el mismo postpoeta quien, encerrándose en un cuarto aislado de todo contacto con el exterior, rigurosamente medido con cálculos racionales y control de todos los detalles incluyendo comidas, vestuario y el habitáculo en sí, esperaba lograr un estado de "disipación físico y mental" en la deconstrucción de *Jean Fontaine Odisea*, acaba por admitir su fracaso. Los absolutos de espacio y tiempo han caído por la borda junto con las predicciones de Laplace y la geometría de Euclides.

Capítulo tres

Metáforas de la cognición postpoética

> La diferencia entre la poesía clásica y la postpoética radica en las tan diferentes metáforas que se pueden establecer entre ambas poéticas y el cuerpo sano / enfermo (*PP,* 2009: 134)

> Siempre se encuentran cosas interesantes en la basura. El mundo más bello es la basura esparcida al azar (*Blog Up,* 2012: 149, 172)

A partir de los libros *Creta Lateral Travelling, Yo siempre regreso a los pezones y al punto 7 del 'Tractatus', Carne de píxel* y *Antibiótico,* y del ensayo *Teoría general de la basura,* el foco en la metáfora postpoética en este capítulo se explica por constituir una herramienta de gran eficacia para el postpoeta en su hacer caminando por el espacio del lenguaje hacia el logro de esa ansiada novedad, que más que estética es cognitiva. Así se confirma en el ensayo sobre Postpoesía donde leemos que la actividad del poeta es como la de un artesano, un científico, un filósofo o un cocinero ocupado en "inventar metáforas verosímiles mediante un nuevo lenguaje," y citando a Rorty, "en volver a descubrir muchas cosas de una manera nueva." El punto de partida es la perspectiva de la red donde los elementos todos entran en juego, interactuando de acuerdo con la transdisciplinariedad que le es propia a la Postpoesía (*PP,* 2009: 36–37).

Uno de los lenguajes de que se sirve el postpoeta y que se explora en este capítulo es el de los nuevos métodos de diagnóstico médico por los cuales enlazar lo que tienen de signos visuales con lo biológico, con la vida. La relación entre lo analógico y lo tecnológico es central en la exploración de la meáfora postpoética como reflexión sobre la realidad y la vida, y sobre la tecnología como algo que no es externo al cuerpo sino presente en su misma interioridad. Otro aspecto por tratar es la basura (excrementos, detritus), como otra zona para la creación de un lenguaje metafórico nuevo por el carácter rizomático de los procesos orgánicos de la basura, extendiendo la reflexión a los agujeros negros como analogía, a nivel cósmico, del agujero anal y ojo escatológico del que emerge la perspectiva desde atrás. El reciclaje de la basura y procesos orgánicos equivale a las estrategias postpoéticas de retroalimentación, ensamblajes y copias donde los signos se funden en un discurso postpoético pleno de novedad.

El foco de este capítulo revela una metáfora postpoética en búsqueda de la Vida en los signos que la distancian. Por eso y debido a su organicidad, la basura y otros desechos ocupan un puesto central en el entendimiento metafórico de la Postpoesía. Como procesos orgánicos, la basura y los desechos materializan la intra-actividad de inmanencia y trascendencia de la metáfora postpoética, revierten el orden lineal y favorecen la perspectiva de atrás, potenciando lo fisiológico, lo relacional sobre lo original y un significado que se mantiene en suspenso.

Lenguaje, corporeidad y los nuevos métodos médicos

Fernández Mallo y la Postpoesía identifican el cuerpo como "el *tema* de nuestro tiempo" (*PP,* 2009: 134) y, en la misma línea, sitúan su foco de atención en la materia, en la inmanencia, distanciándose de los tradicionales dualismos sobre cultura alta / baja, cuerpo / espíritu, materia / sublimación. La Postpoesía se sitúa en los extrarradios donde el cuerpo, la materia y sus residuos son descontextualizados de los polos binarios para convertirse en "otra cosa" diferente de los binomios (*PP,* 2009: 115). En torno al cuerpo, la Postpoesía construye metáforas apropiándose de los nuevos métodos médicos de diagnóstico por imagen y del residuo de cuerpos y otras materias orgánicas (basura, desecho, excremento), elaborando un ámbito metafórico insólito pero cargado de valor cognitivo. En un libro como *Creta Lateral Travelling* (1998), el estado de abandono en que se encuentra el personaje se presta para escribir un tipo de poesía sentimental, nostálgica y decadente en línea con el romanticismo. Sin embargo, el poemario da prueba de un cambio de dirección o viraje propiamente postpoético en la actitud del hablante y su escritura al redirigir la atención desde el subjetivismo intimista al cuerpo, a la materia y, en última instancia, a la vida.

Como ya hizo en la *performance* sobre la Odisea de Joan Fontaine, el postpoeta en *Creta Lateral Travelling* se recluye en una habitación de hotel en la solitaria isla después de la ida de los turistas al final del verano. Su soledad adviene después de haber terminado una relación amorosa con una mujer a la que identifica como una modelo retirada. Evocando, hasta cierto sentido, el estado del poeta romántico abandonado por su amada, este hablante rememora las experiencias pasadas, se sumerge en la nostalgia de lo que se perdió y se lamenta por su soledad. En tal estado los niveles de energía van reduciéndose con la posibilidad de alcanzar temperaturas cercanas al cero absoluto, que en física son propias de un estado superfluido formado por partículas fermiónicas también llamado sexto estado de la materia. Además, en el escenario de Creta y su famoso laberinto, el hablante se confronta con un pasado cuya carga cultural se superpone a las experiencias en su relación amorosa cuando visitó con la modelo muchos de los lugares más icónicos de la isla. Su manera de navegar entre recuerdos y experiencias personales y su conformación en palabras, le convierte en un tipo Teseo confrontando el Minotauro del lenguaje y su laberinto de capas culturales que entretejen lo vivido en una red rica pero compleja. No basta dejarse llevar por una subjetividad afectada por la nostalgia de la relación perdida—como se daría en el entorno romántico—cuando el exterior y su carga temporal e histórica marcan las experiencias. Como sugiere el título del libro, *Creta Lateral Travelling,* el avance en su empresa tiene que ser horizontal, evitando escapes tanto en las alturas de la trascendencia como en las profundidad de la interioridad subjetiva. Según su amigo Poulos, "el quid de la cuestión [...] es retraerse a tiempo de las propias huellas, alejarse, oírlas latir desde lejos" (*Creta,* 2015: 204), en suma, distanciarse de la subjetividad para poder considerar las experiencias con cierta perspectiva y tener tiempo para evaluar los recuerdos, asumiendo la tendencia de la memoria a mitificar el pasado, a recordar "solo lo que no pudo ser" (Benet, 1974: 115). El buen consejo del amigo Poulos es difícil de seguir cuando se trata de un estado de encierro en el laberinto de la propia subjetividad. De ahí que los objetivos teleológicos de alcanzar algún tipo de cierre y resolución para la relación amorosa acaban siendo una mera "representación teatral" (*Creta*, 2015: 140). Lo ideal sería poseer un "lenguaje inalámbrico" donde no se percibieran las costuras que unen los signos del lenguaje con los recuerdos, exponiendo su artificio.

Un texto revelador en *Creta,* en cuanto al proceso creativo de la Postpoesía se estructura en seis secciones señaladas por números romanos. Se desarrolla en torno a un "rayo de luz" que bien podría aludir al conocido topos de la aurora, del *eureka* epifánico y / o incluso al *big bang* cósmico (2015: 153). No hay aquí un yo cuya subjetividad ocupe el centro del desarrollo textual: la agencia está en el fenómeno mismo. La aparición "de repente" de ese rayo de luz se marca casi instantáneamente del acoso nostálgico de la Oscuridad, y connota el dilema del deseo como motor hacia lo que no se tiene. Pero el rayo no es consciente de desear lo contrario de lo que es pues aún no sabe "deletrear" la Oscuridad. La autoconciencia no ha llegado en este estadio. En *La mirada imposible* Fernández Mallo desarrolla el dualismo de oscuridad y luz en torno a dos elementos en la casa, el ojo de la mirilla conectado con la luz, y el ojo del inodoro asociado con la oscuridad, y su humorística acuñación del término los "obscuritones," "hipotéticas partículas de oscuridad […] por analogía con sus opuestos de luz, los fotones" (2021: 89). Según explica el autor, la mirilla conlleva el deseo no logrado de una mirada completa, mientras que el inodoro es un ojo dirigido a un plano subterráneo al que no tenemos acceso. La casa de la escritura se mueve entre esos dos ojos: ingiriendo percepciones y experiencias que a través de la mirilla se deforman en el embudo de esa visión o perspectiva de "ojo de pez." Ahí la vista se distorsiona al agrandarla de manera panorámica para procesarla por la casa del cuerpo y acabar expulsándola por el ojo del inodoro, cuyo recorrido queda fuera de nuestro campo de visión. El proceso va desde el ojo que capta la experiencia sensorial de la luz al ojo anal que la expele en su opuesto, marcando la interconexión de opuestos de luz y oscuridad en el conocimiento, de igual modo que el cuerpo procesa los alimentos que ingiere para su mantenimiento. Lo que se "percibe," o se supone por ese ojo del inodoro, es una materia orgánica constituida por obscuritones que configura el ir y venir entre polos opuestos pero complementarios a que, en general, se someten las percepciones y la cognición. Este proceso evoca el principio de deseo mimético en la teoría de René Giscard por el cual se busca apropiarse de lo que tiene el otro—el rayo de luz ansiando la oscuridad—. Supone también una nueva versión de lo que tradicionalmente se entiende por epifanía o inspiración iluminadora pues, como bien se describe, la luz aquí procede de la oscuridad y, en vez de asociarse con el plano intelectual, es un proceso fisiológico: el cuerpo es el ámbito donde tiene lugar el ir y venir de las percepciones desde "ingerirlas" a "expulsarlas." Lo curioso de esta elaboración es que viene a coincidir con el misticismo en reconocer el valor iluminador de la oscuridad—la noche oscura del alma de San Juan de la Cruz—así como el papel que juega el cuerpo en un proceso cuyas vías conducen nada menos que a la transcendencia. En la escritura postpoética el cuerpo es el motor receptor, conductor, procesador y expulsor de materias cuyos detritus, basura y excrementos contienen información y conocimiento que van tanto hacia el pasado como hacia el futuro: "la luz es una línea, pero la oscuridad es una esfera" (2021: 91, 92).

Esta articulación inesperada de la escritura como proceso corporal y biológico es, según Fernández Mallo, el que se repite en todas las representaciones artísticas, ya sea en el lenguaje poético como en el teatro, pintura, música… El autor hace hincapié en lo corporal y vivo de la poesía hasta el extremo de afirmar que la creación se origina en un proceso fisiológico que el humano comparte con otros animales. Y al describir la casa de la escritura con su mirilla y ojo del inodoro, la imagen que emerge es la de un agujero gusano. La estructura cosmogónica, por tanto, se parece al proceso de ingerir/digerir/expulsar, sugiriendo la inédita perspectiva de un cosmos cuyo funcionamiento mimetiza el del cuerpo humano, o viceversa. Este entendimiento apela a una escritura pre-representativa y subsimbólica. Y así sucede en el texto procedente del libro *Creta* que venimos analizando.

En un aparte entre corchetes el texto ubica el trabajo de "aquél que redacta infinitos versos" en la hipófisis, la glándula de secreción interna en la base del cráneo encargada de controlar la actividad de otras glándulas y de funciones del cuerpo, como la actividad sexual (2015: 153). La labor creativa se emplaza claramente en la base fisiológica de un cuerpo implicado en un *blending* psicofísico, y la infinitud de versos que escribió aquél—posible referencia al postpoeta mismo—se reduce considerablemente cuando la copiosidad verbal confronta esa palabra "nunca revelada" que más adelante resulta ser la palabra "Vida." El lenguaje admite su incapacidad de hallar los medios de expresar algo que lo supera, como es la Vida.

Capítulo tres

Para aprender a deletrearla debe pasar tiempo, y muchas veces son cosas solo "aprensibles en un cruce de sueños." Cuando eso ocurre, el hilo que conecta esos signos tan elusivos con la realidad se tensa en un nudo donde la realidad no tiene espacio y la soledad alcanza el "límite de la asfixia."

Deseoso de una Oscuridad que desconoce, el rayo "se anuda sobre sí y nace un cuerpo." En ese bucle de solipsismo, el instrumento del rayo es la percepción visual como la herramienta para "cubicar" la realidad sabiendo que "Los otros sentidos vendrán más tarde." "Cubicar" es un verbo con un significado muy objetivo de determinar el volumen de un cuerpo según sus dimensiones y apunta a la visión como un proceso activo que conlleva la creatividad. Y así parece ser el intento del rayo de luz al cubicar "belleza, fealdad, invisibilidad en lo neutro." Repetidamente Fernández Mallo identifica la percepción, la mirada como la "cosa susceptible de generar poesía" (v. Lacaffe, 2014), y el texto que nos ocupa parece estar recreando una escena de configuración o constitución de la realidad por medio de la percepción visual y la luz. Curiosamente en el proceso, ese rayo de luz descubre que lo silenciado u oculto es superior a lo nombrado, constatación "agridulce" por ser paradójica. El silencio se impone según lo que se puede y no puede decirse, y nos remite a Wittgenstein y el punto 7 de su *Tractatus*, referencia que aparece frecuentemente en los escritos de Fernández Mallo y que se da cuando el lenguaje ha llegado a su límite para expresar una experiencia inefable, como parece estar sucediendo aquí.

El aislamiento y distancia del ámbito exterior se traduce en el solipsismo del cierre / bucle articulado como el "beso" por un lado, y la "bala" lanzada hacia el exterior, por otro:

> IV-. Y pasa el tiempo y cosas sólo aprensibles en un cruce de sueños tensan el nudo; tan solo dejan entre los hilos el espacio justo para una soledad al límite de la asfixia. Entonces, entre el beso y la bala buscará los significados de una palabra [es Vida: no sabe deletrearla]. (2015: 153)

En el intermedio entre esos dos polos—beso y bala—es donde se halla el significado de la palabra Vida, la que se va revelando gradualmente, aunque aún no se sepa deletrear. La tensión se establece entre la unión (beso) y el alejamiento hacia el otro (bala) con su carga de violencia y agresividad, y se afloja con el tiempo cuando las hebras del laberinto "sucumben al tensado" y el cuerpo "halla en torno a sí la propia sombra": la unicidad se proyecta en la sombra, como sucede con el presente en su instantaneidad, para de ahí llegar a la "Historia o algo así." Cuando el tensado se deshace y "un humano muere," el deseo de aquel rayo de luz se sacia al complementarse con la Oscuridad. La sombra que es ceniza que es Presente que es Historia, es el Tiempo en su avance, y es también el "residuo" de la unicidad cuyo nudo se disuelve, pero sin desaparecer por completo.

> VI-. Tarde [siempre más tarde de lo esperado] el nudo se deshace, un humano muere, y un rayo de luz sacia aquella sed de Oscuridad en la sombra que ya lo acompaña. Ya es Tiempo.

El texto ha articulado el proceso creativo y de la vida como un estado de deseo tensado entre polos contrarios: luz / oscuridad, cuerpo / sombra, beso / bala, verbo / cuerpo, vida / muerte que pide mantenerse "flotando" en un espacio intermedio, "Entre el profuso bosque del Edén […] y la mineralizada ciudad del Apocalipsis" (*Creta,* 2015: 138). No hay una posibilidad de fuga ante un "horizonte perpendicular" contra el que uno acaba por darse de bruces. La única fuga posible pero final es la del discurso de los epitafios, "sintagmas sin dialéctica, avanzan lineales, aerodinámicos, afilan sus dientes en el mármol sin conseguir traspasarlo" (*Creta,* 2015: 167). La vida implica el tensado de las hebras del discurso. Los bucles de solipsismo y el avance lineal son marcas que solo conducen al final entrópico y que es necesario mantener "a raya" y contrarrestar con la tensión flotante entre opuestos, los enlaces con el exterior y las curvas y giros que, al provocar fracturas y virajes en la linealidad, dan pie a la creatividad y la vida.

El aprendizaje del lenguaje y su funcionamiento es gradual: "Yo no sabía que hablar es una batalla contra las palabras en busca de algo que jamás se halla [bendito Wittgenstein]" (*Creta,* 2015: 172). El lenguaje no resulta ser el refugio que esperaba este hablante solitario, pues las palabras aspiran a articular algo que es inapresable con sus medios. Spinoza con su frase: "The concept of dog does not bark" [el concepto de perro no ladra], ofrece un ejemplo básico y eficaz del error común de creer que nuestras representaciones coinciden con la realidad. Por eso Wittgenstein es bendecido al ofrecer el silencio como recurso en el punto 7 de su *Tractatus*. De ahí que el postpoeta concluya que "la sustancia

Capítulo tres

poética habita allí donde las palabras no llegan a entenderse" (*Creta,* 2015: 180), confirmando que la estructura lineal y causal del lenguaje, su naturaleza categórica, disociativa y discriminante no se apresta a articular la divergencia, el conocimiento intuitivo y pre-categórico. A medida que el postpoeta va entendiendo la dinámica de los signos, el número de ejemplos concretos que confirman su conocimiento aumenta. Un ejemplo es la historia sobre un vigía cuya labor de vigilar la realidad sirve de alegoría del poeta mismo en su captación del entorno para configurarlo en el lenguaje. Sin embargo, se nos advierte de que los vigías " no son fiables" (*Creta,* 2015: 179), pues al tener que mirar con fijeza y constancia el entorno, al tener que navegar en esa doble hélice del lenguaje, acaban por delirar. Es precisamente esa necesidad de atención que el postpoeta comparte con el vigía donde reside la seducción del arte y su emboscada. Y así sucede cuando el vigía y su deseo de captar la porosidad de la realidad, acaba por devenir el osificado discurso de los guías turísticos repitiendo los mismos estereotipos sobre los lugares históricos. El hablante constata la facilidad con que el lenguaje se osifica por la repetición de los mismos signos y la dificultad de romper esas barreras fuertemente mantenidas por la tradición (*Creta,* 2015: 180).

El postpoeta, sin embargo, tiene el cargo de trabajar con el lenguaje y hacer que asuma el dinamismo de la realidad y del cosmos. Si cuando se creía que la Tierra era plana el hilo entre signo y cosa era un nudo compacto, la prueba de su esfericidad inicia la curvatura, la rotación y la distancia entre escritura y realidad (*Creta,* 2015: 186). Paradójicamente, esa divergencia es la fuente de creatividad y conocimiento. Y como ejemplo típicamente postpoético, esa distancia entre palabra y cosa se compara al choque con el entorno que sufre el recién nacido al salir del líquido amniótico "y un latigazo de aire lo despierta": el aire es signo de la otredad de la vida cuyo "choque" es necesario para la supervivencia. Otro ejemplo aún más inesperado es el del hombre que anudó en el membrillero del jardín de un hospital "finísimos hilos a cada rama, a cada hoja, a cada uno de los frutos," y en el extremo opuesto colgó bajo el árbol pinceles que "apenas rozaban un lienzo" (*Creta,* 2015: 189). Si el intento del hombre fue que los pinceles marcaran sobre el lienzo de la forma más directa posible la vida de ese árbol, es decir, si trató de conciliar los contrarios de signo y naturaleza, el paso del tiempo afectó todo el experimento dejando como prueba "inexplicables asuntos que salpicaban el lienzo." Al registrar el movimiento del viento, del árbol y sus hojas, de la realidad en su dinamismo, los pinceles acabaron por marcar todo un grupo de formas curvas, "ortografía que repele el lenguaje del centro," lenguaje nuevo que desafía el raciocinio. El hombre se va con el fracaso de no poder pintar "aquel sol del membrillo," porque esa "ortografía" se resiste a ser fijada en un lienzo. Tal intento parece un tanto descabellado, pero cuadra en el contexto donde tiene lugar: el jardín de un hospital con enfermos, interesantes espectadores allí internados, testigos alienados de la realidad quienes quizá comprendan mejor la imposibilidad de hacer que el lenguaje sea uno con la realidad.[1]

En algunos momentos se produce la fusión, o la ilusión de fusión entre signo y realidad, así cuando el hablante algunas tardes mirando el horizonte se abisma en las letras de la palabra "horizonte": "hacheoerreizetaoenetee," que repite dándoles concreción al paladearlas. Otras veces es un cuadro, como "Los girasoles" de Van Gogh lo que permite lograr esa apariencia de fusión de signo / representación con lo real (*Creta,* 2015: 192, 199). El efecto de esa experiencia es tal que el hablante tiene dificultades en respirar, apuntando al carácter psicofísico del conocimiento pues la sensación es de tal grado inefable que el cuerpo mismo da fe de ella. En su extremo opuesto pero equivalente del cuadro en su representación de la realidad es la radiografía donde las flores de Van Gogh se transmutan en los órganos, "lóbulos y bronquios de un pulmón ocre amarillo" afectado posiblemente de cáncer. La radiografía exterioriza lo que se ha mantenido oculto en el interior del cuerpo, tornando en reciprocidad el dualismo de exterior / interior. Las "flores del mal" en la radiografía impregnan con su potencial mortífero la obra de arte de Van Gogh y, viceversa, su representación artística en el cuadro añade ambigüedad a la radiografía resultando en un intercambio de vida y muerte, arte y realidad.

En su continua exploración de las posibilidades que se abren en el binomio lenguaje y realidad, signo y vida, el postpoeta ha pegado una radiografía en la pantalla del televisor encendido mientras escucha un CD de Johann Sebastian Bach (*Creta,* 2015: 201). Como en el ejemplo anterior, los órganos interiores en la radiografía—pulmones, pleura, bronquio, tráquea, esófago…—interactúan o se yuxtaponen con imágenes exteriores de publicidad y programas televisivos, a lo que se añade la armonía de la música de Bach y otra capa con representaciones del palacio de Knossos en Creta. Estas superposiciones de diversos planos semánticos propias de un nomadismo postpoético sobrepasan las demarcaciones y jerarquías entre las áreas de anatomía, historia, publicidad, música, e invierten la trayectoria lineal propia de la ortodoxia poética poniendo al descubierto el simplismo de su significado. La realidad no es una línea recta sino el engranaje e intra-actividad de elementos varios, lo que quizá explica el comentario del locutor de que en los saltos y pinos de los acróbatas y saltimbanquis en los frescos de Knossos se "invierte el campo gravitatorio" y "allí Occidente dio una pirueta." Consideraciones tan graves como el cáncer en la radiografía se superponen con la belleza de escuchar la música de Bach, la popularidad a menudo chabacana de los programas televisivos y el arte de un palacio como Knossos, obliterando la separación entre las llamadas cultura alta y baja, el pasado y el presente, lo interior y lo exterior. La visualización del interior del cuerpo hasta entonces inaccesible se yuxtapone a la sensorialidad del mundo actual configurando intercambios complejos. El cuerpo humano aparece aquí enmarañado con la diversidad de experiencias propias de la contemporaneidad.

El cuerpo en la actualidad ha dejado de ser un obstáculo a la mirada gracias a los nuevos métodos médicos de diagnóstico: "por TAC, por resonancia magnético-nuclear (RMN) y por tomografía por emisión de positrones (PET)." La materia ya no se resiste y por medios no invasivos es posible penetrar en lo que hasta recientemente permanecía impenetrable a la vista. Ver el cuerpo en una pantalla o escuchar sus sonidos es hacerlo transparente, de igual modo que la poesía postpoética es la superficie en la que se articula lo que tradicionalmente se ha mantenido oculto. Además, es posible analizar el cuerpo por "rebanadas" que al agruparlas permiten una imagen "en 3D" (*PP*, 2009: 138).[2] Este cuerpo a disposición del profesional médico se despoja de misterio ofreciéndose en su materialidad.

La infiltración de tantas imágenes y mapas de tránsito entre distintas disciplinas, espacios y tiempos tiene un efecto real cuando el hablante compra los billetes para ir de Creta a Madrid: "Sin saber que mañana iré a reservar el billete, sé que mañana iré a reservar el billete."[3] La inconsciencia o confusión de la memoria y el conocimiento se amalgaman en un "saber" cuya interfaz es el cuerpo. La superposición de saber y no saber en ese laberinto de imágenes desafía el cartesianismo de un pensamiento racional basado en causas y efectos. Y el cambio de lugar de Creta a Madrid refuerza la noción de superposición, amalgamiento y enlaces cuando en el patio del hospital de Madrid "habrá unas ruinas y un laberíntico palacio" (*Creta,* 2015: 201, 205). El laberinto de Creta es ahora el hospital y su Minotauro es el cáncer, supuestamente, del padre. Pasado e Historia se superponen con el presente y la realidad, y el hablante sabe que quien saldrá de ese laberinto será "el monstruo disfrazado de muchacho, porque no se puede vencer lo que es igual a uno mismo. Por eso tampoco uno puede curarse a sí mismo." Siendo intrínseco al cuerpo, el enfermo no puede agenciar su cura ya que carece de la distancia y la divergencia que podrían introducir un cambio. El cuerpo enfermo se encuentra en un bucle gödeliano, incapacitado para combatir su dolencia con sus propios medios por estar ellos afectados. Y, por eso, Teseo no es quien sale triunfante del laberinto, sino "el monstruo disfrazado de muchacho." Monstruo y héroe se superponen en su contrariedad: siendo el cáncer parte de la propia andadura, no hay intersticio donde insertar su cura. De igual modo, los automatismos del lenguaje ortodoxo desconocen las divergencias que evitarían la metástasis de repetir los mismos modelos.

La circularidad de los pezones ofrece otro bucle que se identifica con el silencio, como en el título *Yo siempre regreso a los pezones y al punto 7 del 'Tractatus'*. A ellos regresa siempre el postpoeta ("Yo siempre regreso a los pezones," *Creta,* 2015: 206) como si de un refugio se trataran, tal vez porque su forma los hace ser "islas dóciles: perpleja espiral: origen del disparo: sobados ojos: primerísimos átomos…," es decir, un sistema donde "manda el Punto 7" de Wittgenstein, por no haber un lenguaje que articule una forma cuya docilidad y perplejidad supera cualquier definición analítica y conclusa. Su forma se corresponde con una página en blanco donde "dos puntos anudan silencios," la única ortografía desde la que el hablante apela al nombre e identidad del tú para verse atrapado de nuevo en la autorreferencialidad del sistema: "donde yo siempre vuelvo: a las islas dóciles: única ortografía: los pezones: grito tu nombre: el eco:." El signo ortográfico de los dos puntos refleja en el discurso los pechos: lo que sigue a los dos puntos es caso o conclusión de lo que antecede y de quien habla, función que hace de los dos puntos el signo gráfico de la circularidad del pezón, donde pasado y futuro son simétricos en interacción o retroalimentación y la referencialidad y recursividad dominan. A diferencia del punto

Capítulo tres

final, los dos puntos no indican que se termine la enumeración del pensamiento completo, sino que el discurso llama la atención sobre lo que va a continuación, que siempre está en estrecha relación con el texto precedente. Por esto, la decisión de los teólogos de Roma de abolir el Infierno—otro ejemplo en apariencia incongruente propio de la Postpoesía—supone la desaparición del Paraíso al romper la necesaria tensión que sostiene ambos puntos. Así ocurre con la llegada de los turistas a la isla de Creta en busca del paraíso sin saber que persiguen un mito. Los turistas envidian a los nativos de la isla por vivir en un lugar tan aparentemente edénico y desean imitarlos cuando, según el hablante, son "hombres de papel que al nacer el paraíso condena a errar en busca de la tinta que lo escriba o dibuje" (*Regreso,* 2015: 261, 264), inconscientes de vivir en el paraíso hasta verlo destruido al ser representado porque, como ya señala Octavio Paz, "La crítica del paraíso se llama lenguaje" (1974: 96). Como construcción mítica, el paraíso ejemplifica el desconocimiento que existe incluso en lo que se firma como prueba de autoría: "no termina de conocer el hombre aquello que rubrica." Las pruebas de autoría a veces son meras marcas sin referentes reales. Como uno de esos "hombres de papel," el hablante aislado en el cuarto del hotel tiene ante sí "la prosa y mi reflejo en esta ventana, ambos con sus insoportables defectos de forma" (*Regreso,* 2015: 271). La circularidad del paradisíaco pezón permanece ensimismada en su bucle y el escenario de la escritura, perdidas las mitificaciones, queda "a oscuras y en silencio." Pero la seducción del lenguaje, a pesar de sus círculos indecidibles e inconclusos, afecta al hablante quien admite que escribe "con el único fin de reconstruir el infierno de tu paraíso, y volver a fundarlo, si es posible, para esta vez derrumbarlo yo solo" (*Regreso,* 2015: 261). La escritura es una tarea de Sísifo en la que construir y derrumbar se complementan: el poeta elabora signos sobre realidades que se diluyen en la misma página donde se inscriben.[4]

Y al igual que el paraíso, el mito de la perfección tampoco se sostiene, según ya se citó, "al caer sobre el papel una gota de tinta: corona sobre mi cabeza" (*Regreso,* 2015: 283). Si la referencia es a la corona de laurel concedida a los consagrados, la del hablante va mancillada por la misma escritura postpoética cuyos signos ya marcan la distancia de mitificaciones idealizantes. En vez de persistir en la búsqueda de una perfección completa y definida, el hablante propone enfocarse en trazos, bocetos, frases, penumbras, silencio, en "rebanadas" del cuerpo textual, en gestos que desafían la completitud o la premeditación, como en el beso cuando los labios se separan o en el espacio y tiempo anterior al conocimiento al morder la manzana, es decir, en estados disolviéndose (*Regreso*, 2015: 286). Escribir consiste en intentar accesos diversos, apostando a palabras cuya fusión deseada con la realidad se reduce a construir castillos en la arena (*Regreso*, 2015: 287).

Basura y otros residuos

Fernández Mallo ha escrito extensivamente sobre el tema de la basura en su *Teoría General de la basura*, y de manera destacada en sus poemarios *Yo siempre regreso a los pezones y al punto 7 del 'Tractatus', Carne de píxel* y *Antibiótico*. El valor que el autor atribuye a la basura en estos distintos textos es conceptual y se asocia con la cognición.[5]

Yo siempre regreso a los pezones y al punto 7 del 'Tractatus' contiene textos de prosa poética sobre un hombre que ha sido abandonado por su amante. Los recuerdos de la relación permean la escritura que se desarrolla en un diálogo con la mujer quien representa, además, la escritura y una proyección del autor mismo. El enlace de estos textos con la basura se lleva a cabo por mediación de un personaje insólito, el monigote que suele aparecer en las puertas del W.C. en restaurantes y otros lugares públicos. Su ubicación en el retrete comunica la perspectiva de los desechos y excrementos o vuelta del procesamiento de alimentos, en analogía con el del lenguaje "(según ya se vio) y la situación del hablante quien, de vuelta de su relación amorosa, se encuentra en un estado de ánimo deshecho y de desecho.

Carne de píxel gira en torno al binomio de lo orgánico y lo tecnológico, como su título indica, y sobre dos aspectos relacionados con la basura: los agujeros negros y los pixelados. Por diferentes derivas postpoéticas varios textos del libro, intercalándose entre otros, tratan del fenómeno de los agujeros negros, conectando ese fenómeno cósmico con la caída de la relación con la mujer cuando ella lo abandonó. Los pixelados representan exploraciones sobre la materia que son, en sí, exploraciones en los residuos y suponen la inscripción más apropiada para articular la basura y su enlace con el proceso de la escritura postpoética. *Antibiótico* es un poema descrito como "superficie continua" pues sus versos se extienden por páginas sin claras demarcaciones, saltando de unos temas a otros en un dinamismo aparentemente caótico, aunque una mirada atenta logra detectar enlaces entre motivos que se repiten, aunque generalmente no sean contiguos. A diferencia de los libros anteriores, el hablante en *Antibiótico* apenas se deja ver, pues lo que impera es la formulación postpoética de una amplia gama de temas y motivos, la basura, entre ellos. En el *continuum* de este texto impera lo indecidible pues según indica el mismo título del libro, *Antibiótico,* hay cosas que carecen de formulación lógica al reunir elementos contrarios: un remedio para salvar la vida (biótico) y su opositor (anti).

Cada uno de estos tres libros tiene un efecto distinto en la lectora, aunque los tres suponen un reto debido a la complejidad de sus imágenes. Por eso, además de la lectura detallada que exigen los textos postpoéticos, se espera un tipo de concienciación "alterada" en el sentido de tener que sobrepasar las expectativas y explorar escenarios semióticos nuevos. Exigen pensar en libertad, no precipitarse en llegar a hacer categorizaciones y abrirse a la ambigüedad y la incertidumbre (v. Tsur, 1997).

En el sentido de vuelta que se implica en la basura hay las conexiones ya mencionadas con la figura de Odiseo volviendo de sus aventuras para contar lo vivido; en ambos casos se trata de un tipo de tiempo inverso (*TGB,* 2018b: 17), de retroceder para ver mejor y lograr mayor concienciación. La noción de volver se da en la interacción y superposición de materias que constituyen el núcleo de la estética de la basura y, como en la Postpoesía, implica el entendimiento de que todo lo que ocurre, vuelve, que las nociones de unicidad, absolutismo, originalidad no se sustentan cuando se observa la materia y sus metamorfosis. En la vuelta el discurso incorpora residuos generadores de nuevas metáforas que incrementan el conocimiento (*TGB,* 2018b: 120, 137). En sí, dar la vuelta se identifica con el viraje o *clinamen* lucreciano o desviación apenas perceptible donde se aborta, al menos por el momento, el avance lineal entrópico (Serres, 2018: 5, 6, 14). La carga epistemológica de estos procesos es la misma que se da al volver al pasado y sus ruinas, no por un mero deseo museístico, sino para hallar en esos residuos facetas epistemológicas para informar el presente (*TGB,* 2018b: 12).

La basura representa las partes blandas de las cosas con las que se entablan enlaces y redes con el entorno, en un proceso semejante al de los poemas mismos y su formación de redes "de obras" que se crean entre sí, más que en escuelas o en los poetas (*PP,* 2009: 153–63). Y es así porque el estar de vuelta de la basura y del poema comparte la noción de Deleuze de un Cuerpo sin órganos (CsO) o desterritorializado, exento de límites, sin organización determinada e impuesta, libre de automatismos, en suma, una morfología nueva y cambiante. Por eso Fernández Mallo insiste en "la capacidad creadora de los residuos" (*TGB,* 2018b: 95–96, 30). No hay cierre ni clausura en la basura y, en esta apertura de bordes y demarcaciones, la basura deviene una metáfora postpoética. La característica de esta metáfora es que en ella los elementos se desencuentran, no porque se refuten, sino porque se mantienen en una suspensión dialéctica que no se sublima en síntesis sino en retroalimentaciones (*TGB,* 2018b: 138). Son partes que compiten pero que, precisamente porque compiten, se entretejen en un juego de recursividad (*TGB,* 2018b: 141).[6]

Según se indica en la sección "Aclaraciones" al final de *Yo siempre regreso a los pezones y al punto 7 del 'Tractatus'* (2015: 311), este fue el primer libro que Fernández Mallo publicó en 2001 como una colección de poemas en prosa que, como ya quedó dicho, trata principalmente del abandono de la mujer con quien el hablante parece haber tenido una intensa relación en una isla. Y quien vaticinó el abandono es el monigote, la voz del W.C. que "Ahora que ya no estoy entre vosotros," según dice, puede profetizar al estar de vuelta de todo (*Regreso,* 2015: 245). Doble de la figura en las puertas de los W.C., el monigote se describe como de "cuerpo neto y arquetípico" (*Regreso,* 2015: 238, 270), que ha sido "condenado a morir y a no morir aquí crucificado [atornillado le llaman ellos]" (*Regreso,* 2015: 245). La cita sugiere la curiosa noción de este monigote como figura paródico crística que vuelve de la "muerte" para redimirnos, y así lo confirma su estado que puede caracterizarse de flotante entre vida y muerte, estado que recuerda el del felino en el experimento de Erwin Schrödinger, vivo y muerto simultáneamente hasta que es observado. Schrödinger desarrolló este experimento para probar lo absurdo del estado cuántico de superposición, estado que, según se verá, es fundamental en la estética de la basura.

En el caso del monigote, la sutil conexión de su estado flotante con un cierto tipo de trascendencia revela lo que la Postpoesía entiende por su metáfora y, en sí, por la escritura: un hacer o *poiesis* que se mueve en la intra-actividad de inmanencia trascendente y

Capítulo tres

trascendencia inmanente, estado ambiguo y paradójico que hay que mantener pues la opción de uno de los estados, descartando la intra-actividad, provocaría el colapso del juego de la significación. Y es el monigote, una voz tradicionalmente rechazada o ignorada del discurso oficial y mucho más de la poesía, la voz del lado trasero y sus funciones fisiológicas más bajas, que el orden de la cabeza ha marginado al retrete por haber escrito "groserías en la pared de los lavabos," el conducto para recordarnos de la base fisiológica de nuestro hacer o post-*poiesis*.[7] El monigote es el ámbito del residuo o basura que, a su vez, son elementos del extrarradio ya que en ambos casos se trata de estados híbridos o en proceso de cambios orgánicos, de un limbo, en suma, donde los típicos dualismos occidentales no tienen cabida. Hay mucho de superposición en los residuos y sus territorios "de formas, colores, olores y sobre todo crecimientos orgánicos propios" (*PP*, 2009: 110), sin optar por un estado determinado. Y, en el caso del monigote, su voz escatológica articula un saber que en lo vivido vaticina lo por venir. Su discurso proporciona un inusitado punto de vista sobre lo que ocurre en el bar,—un tipo de microcosmos—interpretando el comportamiento y reacciones de la gente que allí se congrega. Por eso funciona a modo de voz de la conciencia o alter ego del hablante quien se siente igualmente desechado.

La voz del monigote suena plena de experiencia, pues está "¡de vuelta de todo!", situando el desecho "en el centro de la mirada caleidoscópica del universo" (Fernández Porta 204) y, según señala su monólogo como cierre del libro, se representa con los dos puntos, signo de puntuación que indica, como ya se vio, que lo que le sigue es la consecuencia o conclusión de lo que le precede. Esos dos puntos configuran ortográficamente el proceso de ingerir y defecar, así como el reflexionar sobre la experiencia anterior para poder entender la que sigue.[8] El monigote y los dos puntos son el discurso de lo recursivo. Por eso el monigote es un muerto vivo o vivo muerto, porque al haber vivido, su voz es la de un discurso que, aunque ya ha pasado, sigue afectando lo de por venir. Su estado de superposición o "crucifixión," según su misma descripción, es un cruce o yuxtaposición de estados o direcciones contrarias, es una encrucijada donde se ubica la basura entre la descomposición y la reutilización. Por eso se le puede llamar discurso tipo "rebote" en el que las palabras / alimentos vuelven como una voz que "regresa invertida para recordarnos que afirmar algo equivale a fundar su contrario." Si gritamos Vida al nacer, el rebote de Muerte nos alcanza algún día, de igual modo que la ingestión implica la expulsión (*Regreso,* 2015: 240). La "sabiduría" del monigote es la de la inherencia en los contrarios, como diría Wallace Stevens ("Connoisseur of Chaos," v. cap. V) o, en otras palabras, su juego complementario, el que se lleva a cabo en la Postpoesía y, específicamente, en el libro que estamos leyendo / comentando.

El monigote es quien vaticina, como Casandra en el poema homérico sobre el final de la guerra, que la mujer sentada en el café lo abandonará porque sabe, por haberlo vivido, que una pareja como sistema aislado no puede mantenerse. Es también quien le insta a preguntarse el por qué sigue sentado a la ventana observando "cómo el amarre de una barca se rompe, verla reducirse a lo lejos, y no hacer nada mientras son tus dedos los que se trenzan" (*Regreso,* 2015: 289). Impedir que la barca se vaya a la deriva, como parece sugerirle el monigote, sentaría cierta dirección a la vida y a la escritura, evitando el desmoronamiento de seguir aislado. Y así parece haber sido la actitud del hablante pues, sabiendo que la mujer modelo se divertía con otros hombres por la noche, él se "iba arrinconando en el extremo más decadente de su [mi] escritorio" (*Regreso,* 2015: 224). La postura de observar y no actuar, de aislarse y no relacionarse con la vida, es el estado que el monigote, la voz del lado inverso, le fuerza a confrontar.

El monigote es también quien le dice que cuando sus amigos le oyeron comentar sobre Wittgenstein lo tomaron por loco, y sus ideas como "visionaria locura" que causaba admiración mezclada con incomprensión y burla. Ahí reside cierta justificación del aislamiento del hablante pues, según señala el monigote, la tribu de amigos no podía o quería reconocer su brillantez y versatilidad. Se va perfilando una imagen de este postpoeta alienado por una sociedad que no comprende ni admite la diferencia, pues lo que cuenta es asimilarse y repetir los cánones impuestos. Su alienación evoca la de Wittgenstein, uno de los pensadores más citado en los poemarios, también alienado por sus amigos mientras escribía sus *Investigaciones filosóficas* en Cambridge "ante la incomprensión de compañeros y alumnos" (*El hacedor,* 2011: 96). Sin embargo, hay en el tratamiento postpoético un humor negro al poner en boca del monigote la consigna en contra de la tribu convencional y su incomprensión de las miras del hablante.

La mirada del otro, de los otros, según le informa el monigote, está llena de incomprensión acompañada de esa burla que ya Antonio Machado identificó como la de la ignorancia y que, de atisbar la valía del otro, se tiñe de celos. Por eso no extraña que la reacción inicial del postpoeta fuera retraerse y sumarse "a la mediocridad de todos," vano intento pues su influencia y magnetismo eran innegables y como dice el monigote, el postpoeta posee un poder de seducción "que va más allá de lo arquetípico" y que radica posiblemente en ser un tipo de iluminado (*Regreso*, 2015: 307). El aspecto positivo de la soledad fermiónica se encuentra, según el monigote, en posibilitar "el primer paso para la mística de la que derivará más tarde o más temprano, la poesía." El monólogo del monigote al final de *Yo siempre regreso…*, nos informa que el hablante tuvo el proyecto "de expulsar su locura porque, quieras o no, ya estabas loco." Con el monigote en el inodoro, "expulsar" es el término apropiado para referirse a la escritura pues, al igual que los alimentos tras ser digeridos se expulsan del cuerpo, el hablante deberá "expulsar" de su interioridad los desechos de todas sus experiencias, emociones, pensamientos, elucubraciones para poder avanzar. La escritura postpoética saldrá a la luz desde la obscuridad del interior del cuerpo a modo de "obscuritones" (vs. fotones, Fernández Mallo, 2021: 83–93), en un proceso entendido en términos corporales y fisiológicos.

Desde la perspectiva inversa del monigote, los obscuritones "iluminan" las epifanías postpoéticas, y por su sistema de torsión se corresponden con el viraje o *clinamen* lucreciano o cambio súbito en la dirección lineal entrópica, facilitando una reorganización del sistema. Se presenta así la versión postpoética del misticismo donde la iluminación de la "noche oscura del alma" viene realmente de la oscuridad subterránea bajo el inodoro. Los obscuritones, como opuestos correlativos de los fotones, viajan a la velocidad de la luz con la diferencia de que, en vez de seguir un orden lineal, los obscuritones son una esfera. Mientras que la luz es "un vector que se deshace a los pocos instantes de aparecer," la oscuridad "es una superficie tridimensional que crece en un ángulo sólido de 360 grados, y que se mantiene gravitante, latiente, con todos sus obscuritones a la espera de asaltar cualquier espacio disponible y hacerse representación. Hacerse escritura." La oscuridad, en su cobertura de todas las direcciones posibles, cubre "todo el rango de lo esférico-panóptico" (Fernández Mallo, 2021: 92–93). Sin embargo, y el mismo hablante así llegará a constatar, el estado de oscuridad iluminadora no es permanente mientras que la naturaleza y su movilidad son indetenibles. La implosión interior es inevitable, como sucede con las estrellas cuando su presión es inferior a la exterior y pierden hidrógeno deviniendo agujeros negros que, en base de lo anterior, bien podrían interpretarse como inodoros cosmogónicos.

La ida de la mujer es, por tanto, casi perentoria para introducir el desequilibrio en el aislamiento de la pareja que lleve a un cambio creador. Y por eso el monigote le dice al hablante que ese abandono le permitirá acceder "a un lugar inconcebible hasta entonces, como pulsar simultáneamente las teclas Enter y Escape" (*Regreso*, 2015: 245). La capacidad de ejecutar dos funciones contrarias simultáneamente es el estado que caracteriza la superposición cuántica de partícula y onda; es, además, el temor de la ciencia, como venían prediciendo Heisenberg y Gödel, de caer en una proclama que fuera verdadera y falsa al mismo tiempo, pero es también el objetivo de la Postpoesía en su intento de lograr un discurso flotante donde los elementos mantengan una danza que evite el colapso, danza continua a la que contribuyen sus estrategias de ensamblar textos y fuentes diversas, de reproducir y retroalimentar. Con los desechos de la relación se conforma la Postpoesía, de igual modo que la porosidad de la basura da pie a configuraciones varias.

Y así se explica en *Teoría general de la basura*: "para hacer obras no nos fijamos en la excelencia de los demás, sino en las partes oscuras, despreciadas en su día o no comprendidas de quienes nos precedieron [...] toda gran obra literaria es el resultado de rebuscar en los residuos de las tradiciones anteriores" (López, 2021: s/p). La etimología de la palabra "residuo" apunta a lo que detiene el dinamismo de la realidad y, sin embargo, como analiza Fernández Mallo, ese límite etimológico del residuo "se ve constantemente cuestionado por el reciclaje de los residuos," por eso es posible declarar que "El residuo es un caso especial del desplazamiento del borde y de la clausura de los objetos, de su naturaleza" (2018b:135).[9] Los bordes y clausuras se desplazan en las morfogénesis de la basura que como residuo no desaparece. Las excreciones son voces que, como la del monigote, vuelven aportando conocimiento. En este sentido, el residuo se vuelve activo al servir de "material de reapropiación y, por tanto, de creación" (*TGB*, 2018b: 12, 17, 134–35).

El residuo pasivo parece ser el de las hojas, polvo y papeles que el hablante, tras la ruptura de la relación, observa desde la ventana de su hotel en la isla casi desierta al finalizar el verano (*Regreso*,

Capítulo tres

2015: 243). Lo que queda de esa estación y de las experiencias vividas son residuos que el viento se lleva (algo, sin duda, hay en esta imagen repetida de un guiño al famoso film americano *Lo que el viento se llevó)*. "Siempre que nos besábamos en la playa," rememora el hablante, "Había un infinito numerable." En términos matemáticos se trataría de un beso como experiencia de un infinito de felicidad que, paradójicamente, es numerable. Así se refleja en el contexto o exterior de esta escena de amor, una playa convertida en un depósito de trastos y basura: "Una lavadora entre las rocas. Una bolsa desteñida de hipermercado. Una botella de agua mineral criando algas. Un enchufe de pared transformado ya en canto rodado. El cerco móvil del petróleo. Una maroma deshilada. Etcétera" (*Regreso,* 2015: 250). La basura de esos aparatos domésticos es lo que numera la infinitud del amor romántico y presagia el final de la relación de la pareja. Los contrastes o contradicciones en la escena—entre los amantes besándose y la basura que los rodea—se explican, según Fernández Mallo (*TGB*, 2018b: 72), por la aparición de "puntos de salto" o puntos atractores constituidos por "distintas fuerzas competitivas" que van generando morfogénesis por las cuales lo que fue competitivo se vuelve cooperativo y viceversa. En este caso se trataría de la "cooperación" que se establece entre el medio natural de la playa con los amantes y la basura en el entorno, cooperación que balancea e interrelaciona el idealismo de una escena típica de amor romántico con la realidad de un entorno en proceso de descomposición. Y ahí interviene el apropiacionismo creativo del residuo pues, al igual que los paisajes de la naturaleza no emergen de la naturaleza misma, sino que son construcciones culturales, creaciones de la pintura, según apunta Fernández Mallo (*TGB*, 2018b: 124), los elementos naturales de la arena, el mar, el sol, las rocas se van fundiendo con los desechos que, a su vez, ven crecer hierbas entre sus fisuras: la morfogénesis descarta los absolutos para mostrar la interacción entre elementos contrarios (*TGB*, 2018b:127). La basura "florece" al contacto con la naturaleza y esta, a su vez, la reintegra en sus procesos elementales. Cuando al final de la escena en la playa el hablante interpreta la basura en el entorno como "Mensajes [todos] de amor que no llegaron" (*Regreso*, 2015: 250), se sugiere la incompletitud de ese infinito numerable del amor, pero también de la naturaleza y de los desechos en el entorno: "la basura carece de naturaleza propia en tanto su clausura puede ser constantemente desplazada, re-

Metáforas de la cognición postpoética

definida, y así es también eso que llamamos metáfora." La naturaleza porosa en constante transformación de la basura, abierta a la metaforización, supone un discurso que no se cierra y que, como tal, no logra la culminación.

La taza del retrete es el lugar desde el que el monigote emite sus advertencias y observaciones que, por venir de atrás, se asocian con la memoria. Walter Moser habla de la basura como vehículo o huella que siempre nos conduce al pasado, por eso la basura apoya la dialéctica de recordar y olvidar.[10] El monigote advierte de la infidelidad que afecta el destino de la memoria pues enfrascados en recordar "un viejo amor desandamos el trayecto [exactamente el mismo], [pero] encontramos otra cosa [pero no nos damos cuenta]." La memoria, además, "desenfoca las mentiras" de modo que se acaba por llegar a una verdad tan "cristalina que no deja nombrarse" (*Regreso,* 2015: 225, 257). Entre el recuerdo que precede al olvido o viceversa, se crean pozos pequeños pero profundos siendo la taza del retrete uno de ellos, ese "abisal charco del retrete," que, como más adelante aclara el monigote, se trata del pozo o "fosa común a la que llamamos tiempo" más allá del cual "no hay más" (*Regreso,* 2015: 263).

En el pozo del retrete, fosa común del tiempo al que todos estamos condenados, todo ser humano "es un nudo deshaciéndose. A veces completamente." Por eso el monigote le echa en cara al postpoeta de hablar siempre y mucho de "únicas verdades, de conclusiones definitivas, de sentencias lapidarias [etcétera]," en vez de enfocarse en los procesos de hacerse y disolverse (*Regreso,* 270, 276). Y su consejo, entonces, resulta sorpresivo y perplejo. Le dice que "más vale ser punki que maricón de playa." La expresión parece incongruente en el contexto ya que ninguno de esos dos tipos tiene un enlace claro con lo que se está discutiendo. Como mera suposición, una posible diferencia entre esos dos tipos contrastados en la frase es que, mientras el punki es ingenioso en su manera de vestir, aunque también se le critique de "*gran estafa* de la sociedad de consumo" (Fernández Porta 84), el maricón de playa suele llevar una indumentaria muy cuidada y su mayor preocupación es exhibirse. La opción en favor del primero sugiere un juicio favorable sobre la apertura al entorno y las cuestiones ecológicas frente al narcisismo que exhibe el otro tipo. Viniendo del monigote, este consejo reitera su compromiso con el tiempo y las morfogénesis frente a sistemas estáticos.[11]

Capítulo tres

Una de las imágenes destacadas en *Antibiótico* es la bolsa de basura, pues algo que de primeras parece inerte, se manifiesta como entidad porosa; por sus aperturas el contenido conecta con el entorno dando pie a una reorganización: "emite sus residuos / y reordena el mundo." Este enlace y su efecto en el entorno es semejante al del átomo cuando "emite un electrón / y reordena el mundo" (*Antibiótico*, 2015: 588, 530). En la teoría del caos un proceso tal recibe el nombre de estructuras disipativas, designación que sugiere la unión paradójica en estas estructuras de orden y disipación (v. *TGB*, 2018b:173). Según el físico Ilya Prigogine, hacen su aparición como estructuras que se autoorganizan en sistemas discontinuos, alejados del equilibrio. En la evolución hacia el desorden, la pérdida de energía y materia se convierte en fuente de orden. En un átomo de hidrógeno la energía depende de la energía del electrón. Si el electrón cambia niveles hay un bajón de energía y el átomo emite fotones. Por tanto, el fotón se emite con el electrón yendo de un nivel de energía alto a otro más bajo. La basura y sus residuos suponen un bajo nivel de energía de la materia; la reordenación que efectúan es imprevisible, pero en el marco postpoético, como se va viendo, constituye el núcleo de la realidad y del lenguaje.

El vertedero de basura en Nigeria, descrito por el arquitecto Rem Koolhaas quien dijo haberlo visto desde una avioneta, es "gigantesco y humeante," reiterando la porosidad de la basura, y, además, "*es la forma más baja de organización espacial. Pura acumulación, es informe, su localización y perímetro son inciertos…es fundamentalmente imprevisible*" (*Antibiótico*, 2015: 563). Su bajo nivel energético y la ausencia de forma, de bordes o demarcaciones hace imposible predecir lo que podría emerger de un sistema tan fuera del equilibrio. Se trata de una configuración más espacial que temporal, computable e infinita, de características totalmente inciertas donde domina el azar. Supone, entonces, un tiempo y espacio topológicos sin secuencialidad ni jerarquías. El camión que transporta la basura de la que solo vemos la punta de su "iceberg" se extiende, sin embargo, hacia el interior en más capas que existen, aunque no se vean (*Antibiótico*, 2009: 560). Según manifiestan las elaboraciones anteriores, la basura se perfila como una metáfora conceptual pues siendo residuo, excremento, genera procesos orgánicos donde se mantiene la vida.[12] La ausencia de bordes y clausura sitúa la basura en un estado de suspensión donde la generación de significados es continua.[13]

Metáforas de la cognición postpoética

El regreso de lo que fue tiene huellas en todas partes: el "papel con grasa / del primer bistec de la Creación, latas / de Fanta aplastadas…" que, procedentes "de un espacio tomado / por la sordomuda expansión / de las costumbres" se desechan por esa fuerza "sordomuda" que poseen las convenciones. El resultado de ese modo de actuar respecto a la basura es un "vertedero / de imágenes vacías más allá del desierto." En el marco de la Postpoesía, la basura es el desecho ecológico del lenguaje ocasionado por la cultura dominante. Si esas imágenes se unieran, "dibujarían una confusión de cuerpos / sin órganos internos" (*Antibiótico,* 2015: 530–31, 537–38), semejante al "cuerpo sin órganos" (CsO) o desterritorializado de Deleuze & Guattari. Se menciona en el ensayo *Teoría general de la basura* (2018b: 95) para referirse a la intensidad o diferentes magnitudes y a la ausencia de bordes, así como cuando se produce un *clinamen,* viraje o cambio de sentido cuyo flujo o dinamismo resultante posibilita la emergencia de una forma nueva (v. Deleuze & Guattari, 1987: 153–54, 158–59, 160–61, 164–65). Como cuerpos sin órganos, dichas formas nuevas son libres de automatismos, de proclamas territoriales, de jerarquías; constituyen una poética cuántica sin causalidad ni absolutos.[14]

Un ejemplo de regreso y reutilización creativa de los desechos está en la figura del escritor postpoético que ha trabajado toda la noche y al amanecer sale a la calle y encuentra "el sentido de su obra" en los vómitos con que se topa a su paso (*Antibiótico,* 2015: 551). Como desechos de comida, los vómitos son el pasado que vuelve o, en términos postpoéticos, el postapocalipsis del Apocalipsis de la comida, su más allá, apuntando a la ausencia de bordes o demarcaciones en los residuos (*TGB,* 2018: 138). Y, según se señala en *Teoría general de la basura* (2018: 139), la conexión entre apocalipsis y post-apocalipsis no es dialéctica sino de retroalimentación donde el final no existe. La basura, por tanto, suplanta el aura del original por lo relacional; representa las interacciones, los intercambios físicos y simbólicos de cuyas recombinaciones emergen conocimientos nuevos (*TGB,* 2018b: 248, 254).

La escritura postpoética se alimenta de residuos de múltiples fuentes en un proceso comparable a las piedras "que en la orilla caminan / hacia delante y hacia atrás, espectros de la marea," gestionando entre pasado y futuro. Como la basura y esos cantos rodados, la escritura postpoética supone un avanzar y retroceder, y en el cruce de esas direcciones descubre nuevos ámbitos semióticos. Cuando un significado se atrofia siguiendo un curso lineal, la renovación acaece en el cruce y mezcla con otros significados. Vomitar o regurgitar en la escritura se corresponde con el viraje que previene el final entrópico semántico y del cual emerge el poema, en sí, otro residuo: "instrumento óptico perfecto / al servicio del vacío" (*Antibiótico*, 2015: 551). En esta analogía con la óptica, el poema abre perspectivas nuevas que, sin embargo, revelan el vacío a que se reduce todo ese reciclaje:

> metabolizamos palabras en vacío, el residuo es el poema,
> el eco, las líneas que dibujan un cero
> sobre el que dan vueltas las palabras. (*Antibiótico*, 2015: 548)

El bucle de la metáfora postpoética en su ir y volver tiene su análogo en el reciclaje de la basura. La repetición del reciclaje se traduce en un poema contenedor de alimentos / palabras empaquetados al vacío, entidades muertas sin significado. Igual que la comida procesada, tenemos poemas procesados cuyas líneas giran y giran en torno a un cero [de sentido]. Y en todos esos giros, "las incógnitas de una ecuación se deslizan / sobre sus raíles $x=y=x=y=x=y=x=y$ irresolubles para siempre," alusión a un significado que continuamente se evade (*Antibiótico*, 2015: 548).

Una salida de esa situación está en reconocer que somos materia de *reset*: nos podemos "reiniciar" y así funcionar como un antivirus contra el reciclaje en vacío. Pero el hecho de que somos copias de otras copias y que podemos "reiniciarnos" imposibilita adjudicar autoría, por eso: "no conoce el ser humano aquello que rubrica" (*Antibiótico*, 2015: 562, 563), y por eso la hoja en blanco aparece encabezada con la frase: "*este poema es invisible, ni su autora lo conoce*" (*Antibiótico*, 2015: 549). Con el tiempo discontinuo de la poética cuántica, cambios inesperados pueden ocurrir que pongan en marcha el proceso de la significación de modo que lo inscrito y lo borrado se den la mano, como en un parpadeo, o en un pixelado o en el ON / OFF.

La memoria que conlleva la basura hace que la pregunta "¿un desecho sin memoria es un desecho?" reclame una respuesta negativa (*Antibiótico*, 2015: 546). En el reciclaje la memoria se borra: "reciclas para borrar," lo cual dejará a los arqueólogos "sin nuestras heces de domingo," borradas las huellas. Por eso el reciclaje se asocia con el olvido cuando afecta a la forma del objeto hasta dejarlo irreconocible (Moser, 2007: n/p); el reciclaje conducirá al silencio, "un *archivo.doc* sin masa ni color." Sin embargo, Moser distingue entre el reciclaje de basura donde se llega a un "punto cero" de destrucción del objeto, del reciclaje cultural donde nunca se llega a ese punto cero pues siempre hay residuos, huellas de memoria inscritas en el aspecto material de los objetos reciclados. Ahí reside la morfogénesis de la Postpoesía: el "mismo" material persiste a través del tiempo junto con la emergencia de algo nuevo a través del proceso de transformación y metamorfosis. Según indica Moser, en todos y cada uno de los procesos de reciclaje cultural hay una producción o significado nuevos, un rechazo del desarrollo lineal y las proclamas de comienzos absolutos, de la noción de la tabula rasa o del incinerador de basura que promete deshacerse de todos los residuos y crear un momento cero de la basura (2007: n/p).

Hay, por tanto, medios de contrarrestar la desaparición de huellas: "deslizar el rayador del queso por las heces, / comprobar que sangran, encontrar en los coágulos / la respuesta a preguntas eternas" (*Antibiótico*, 2015: 546, 549). Las heces, desechos, basura dan testimonio de que nada desaparece totalmente y, como indicó Moser sobre el reciclaje cultural, la forma no se borra. Una labor semejante de "rayar" heces es la que lleva a cabo el escritor postpoético trabajando con los "residuos" de obras, ensamblándolas y, en el proceso, manteniéndolas vivas, "sangrando" y en la formación de nudos o coágulos nuevos procedentes de las varias transformaciones, hallar cognición o, en otras palabras, la capacidad de percibir no tanto lo crudo, lo cual supone una idealización, sino el objeto procesado. Entonces, lo que es gangrena, cáncer, metástasis en la ortodoxia por repetir y copiar formas, en el reciclaje se renueva, como ese hilo que se saca del jersey tricotado con todas esas copias y con él se confecciona algo nuevo.[15] Por eso, parte central de la basura / poema y de su morfogénesis es que nada de lo que ha existido puede desaparecer, ya que

[(…) lo que fue molécula en un estómago de un dinosaurio es ahora carne de nuestra garganta]. (*Antibiótico*, 2015: 556)

La conexión de todo lo existente que proclama la Postpoesía revela su ecología poética y social mediante las estrategias de copiar, ensamblar, apropiar, retroalimentar. En vez de borrar, el reciclaje mantiene constante el proceso de recreación, el potencial transformativo de la basura. Es como si ese objeto reciclado entrara en un proceso de devenir que es en sí la escritura para Fernández Mallo:

Capítulo tres

reciclaje de formas, proceso fluido de devenires, palabra / basura constantemente transformándose, conjunto de significados metafísicos y metafóricos "with a host of unexpected interconnections" [con un montón de interconexiones inesperadas] (Henseler, 2011: 239). Así, aunque el papel en nada se parece a un árbol, procede de él y ejemplifica las morfogénesis y su carga creativa de nuevas formas, y si se pasan las heces por un colador y se las lava con abundante agua, "quedarán objetos de colores" (*Antibiótico,* 2015: 557–58). Los desechos se rehacen en multitud de posibilidades, las morfogénesis son continuas, reteniendo el colapso. La basura emerge como metáfora de la cognición postpoética por su dinamismo analógico, porosidad, apertura y azar. Y quizá se halle aquí la clave para entender la noción de Postpoesía como un Proyecto que se crea para destruir y generar ruina y poder así ser soñado (*Proyecto,* 2013: 441–42).

Como se viene apuntando, la porosidad de la metáfora conceptual de la basura tiene en la física cuántica su equivalente en el experimento donde las posibilidades de partícula y onda están en suspenso antes de ser observadas. Es la cronología o irreversibilidad de la flecha del tiempo que entra con la observación la que colapsa el suspenso. La "sorpresa cuántica," el que una cosa pueda estar en dos sitios al mismo tiempo hasta que se hace la medición, tiene un representante en la basura y su constante devenir, en lo que Fernández Mallo llama "tiempo topológico" donde se buscan: "associations between objects, ideas or entities existing simultaneously in a present moment, forming a system of spatial interrelations" [asociaciones entre objetos, ideas o entidades existiendo simultáneamente en un momento presente, formando un sistema de interrelaciones espaciales] (Henseler, 2011: 243). El tiempo topológico donde se mueve la basura se corresponde con la relatividad especial y la geometría contingente y dinámica de espaciotiempo que implica el campo gravitatorio. Las ecuaciones de Einstein no son ni euclidianas ni lineales. Si es posible hablar de un punto en espaciotiempo, ese punto puede transformarse en otro, lo cual implica que no hay distancia o diferencia entre observadora y objeto observado: los dos están unidos. La continuidad y la visualidad caracterizan a la topología donde las figuras pueden deformarse y estirarse, pero se mantienen. Los más destacados representantes de esta rama de las matemáticas son Henri Poincaré y J. H. C. Whitehead y resulta de abstraer de la geometría conceptos que tienen que ver con la conectividad, los bordes o límites y lo circundante sin tener que contar con la medición (v. Hodges, 1983: 90).

Parte del escenario del monigote, y de articular en signos la poética de "estar de vuelta," son siete pixelados que el hablante lleva a cabo escaneando papel higiénico de distintos hoteles. El píxel [*Picture Element*] es el "mínimo elemento de imagen que contiene toda la información visual posible" (*Carne,* 2015: 465). Sus indicios son, por tanto, visuales y buscan captar la mayor información posible sobre la relación con la mujer modelo retirada. Los pixelados funcionan a modo de "manuscritos" de esta nueva "cognición" procedente de la perspectiva de atrás, al considerar la experiencia desde el presente después de vivida. Por eso los pixelados implican un "ver manar en la pantalla del PC el azar ordenado en un surtido de puntos negros sobre blanco, mapa de píxeles en los que leer una cifra, un vacío que, siendo profano, en cierto modo es sagrado" (*Carne,* 2015: 478). El moteado exhibe una visión desmenuzada de la materia, un "paisaje proteico," cambiante con "parpadeos" que contrastan con la fijeza de otros medios visuales de investigación, como son las fotografías, los rayos X, las ecografías, por eso son de una "transparente opacidad" (*Carne,* 2015: 467) pues parecen comunicar un "silencio sacro" que se mueve entre presencia y ausencia, ser y no ser, visión y ceguera o silencio.

Los siete pixelados, un número de por sí significativo para designar, entre muchos otros sentidos simbólicos el de un período o ciclo completo (v. Cirlot 330), suponen un compendio que, como el píxel, contiene la mayor información posible de lo que fue la relación de la pareja, cubriendo lo analógico o "carne" y lo digital o "pixel" o, en otros términos, su evolución temporal y espacial. En el primer píxel la pareja es "dos Replicantes en busca de una vida más convencional, oxígeno de mortal que no los asfixiara," es decir, son humanos artificiales quizá por haberse recluido en un encierro unicelular enemigo de la vida, marcados por lo artificial y tecnológico propio de la contemporaneidad, de ahí el reto que confrontan al salir de ese encierro y tener que respirar el oxígeno de los humanos. Los siguientes pixelados mencionan aspectos de la "carne," como la sortija y lentillas de la mujer, y la reacción también "carnal" u orgánica del hablante para quien esos objetos son símbolos imposibles de explicar porque le sobrepasan debido, posiblemente, a dar cuenta de la presencia concreta y carnal de la mujer (*Carne*, 2015: 480). Hay referencias temporales a una habitación en algún lugar de Italia cuando la relación aún no se había consumado y cuando la mujer le pareció una imagen "atravesada por haces" (*Carne*, 2015: 483), es decir, una mujer plena, encrucijada donde múltiples corrientes se cruzaban como haces o manojos que, con el tiempo, sin embargo, se fueron disolviendo. El hablante describe la noche que pasaron juntos como "puramente analógica" o de plena sexualidad, y precisa que "la más bella analogía fue la contraída entre aquellos dos objetos que abandonaste y los dos horizontes de tu cuerpo: el vivo y el muerto. Así hasta el amanecer trabajó tu sexo" (*Carne*, 2015: 480). En la percepción del hablante la mujer en el acto sexual se dividió entre su lado de vida ordinaria de sortija y lentillas dejadas de lado y su cuerpo entregado a la sexualidad en el aspecto más surrealista de ser "la petite mort." Pero ya en la cúspide de la relación anida la temporalidad pues el sexo de la mujer, "que era víscera y flor" pasa a ser un "paisaje digital, sin referencias" (*Carne*, 2015: 485).

Las repetidas circunvalaciones de la pareja, que los pixelados reflejan en moteados en negro, son una "sucesión de acontecimientos idénticos" donde ambos le dan vueltas a su relación, encerrados en el ciclo temporal entre carne y píxel. Lo repetitivo del moteado, con "la página llena de puntos suspensivos," sugiere un intento de correr para atrapar el Mundo, de la pareja tratando de adelantarse al avance temporal hacia la entropía de la relación, pero el Mundo es una "forma de desaparición." El Mundo es irrepresentable porque, al estar en movimiento, carece de una forma sólida y estática (se explica que a continuación el texto en cursiva se ocupa de los agujeros negros en cuyo entorno *"el espacio-tiempo / se curva y rota"* (*Carne*, 2015: 482). Como los horizontes en expansión según la visión de Hubble, poco puede hacer la pareja para detener el final de la relación. Y en el pixelado cuatro, con la pareja persistiendo en detener el curso lineal del tiempo, se constata, citando a Ernesto Sábato en *El Túnel*, que *"el mundo es un lugar horrible"* (*Carne*, 2015: 481, 484). La promesa de una sexualidad visceral deviene una ecografía, "antesala del feto y de la vida que imaginamos, pero no tuvimos" (*Carne*, 2015: 485).[16]

El tiempo tiene el efecto de "descarnar," de dar al traste con lo analógico de las personas mutándolas en "personajes descarnados," mucho más si hubo drogas de por medio. Incluso afecta las acciones de aspirar y expirar hasta el punto de revertir sus funciones vitales, volviéndolas impulsos suicidas (*Carne,* 2015: 486). "Buscan quienes se aman un final patético," constata el postpoeta, a pesar de la apariencia de solidez de la mujer vistiendo todo *el glamour* de sus "botas de punta." Y, precisamente en esa punta de las botas como espacio de gran intensidad, el *glamour* deviene veneno, según el pixelado número seis (*Carne,* 2015: 487, 489), volviendo a la temible realidad de afirmaciones que son verdaderas y falsas al mismo tiempo. Los escaneos han perfilado un proceso para la relación en la superposición cuántica de analogía y digitalización, de vitalidad y veneno. Por eso es pertinente, aunque no lo parezca de primeras, que el hablante haya pasado horas observando "el ascenso vertical de las burbujas del agua con gas en un vaso" por su analogía con la relación.[17] La ascensión en la pareja supuso una verticalidad nula, por lo que no hay palabras para explicar el moteado que se observa en el pixelado número siete, "del cual *no se puede hablar y hay que callar* como dijo el maestro en el Punto 7" (*Carne,* 2015: 491).[18] La referencia a la constancia de la velocidad como nula en la relatividad se relaciona con la ascendencia mística en la línea de San Juan de la Cruz acabando en la tierra. Todo queda reducido a ese "moteado cuántico en la pantalla" equivalente del silencio. Marta del Pozo Ortea cita a Javier Moreno para quien el título *Carne de píxel* tiene un significado como el del ouroboros mordiéndose la cola, al plantear la pregunta de quién fue antes la carne o el píxel. La relación ouroboríca describe la interconexión de esos contrarios en un punto límite donde, como señala Javier Calvo, se sitúa la escritura de Fernández Mallo (ver del Pozo Ortea 2022).

Como "cuadriculada superficie que contiene toda la información visual posible, [el pixelado] agota su sentido" en un juego de ver y no ver, de ahí que el píxel, siendo "una cifra, está vacío." La "metafísica" digital de los pixelados tuvo un efecto analógico pues, según el hablante, "ganó tu sexo en nitidez" aunque el resto fuera "ficción: pura espectroscopia" (*Carne,* 2015: 498).

Los agujeros negros: Basura cósmica

Paralelamente a los escaneos el texto *Carne de píxel* intercala segmentos sobre los agujeros negros tomados, como indica Fernández Mallo, del artículo "Los agujeros negros, constructores del cosmos" de Mónica Salomé, publicado en *El País* (2/11/2005).

Capítulo tres

La asociación de los agujeros negros con la relación de la pareja sugiere que ambos casos sufren en su recorrido una deformación y degeneración debido a la presión y densidad de su masa. Cuando la energía de una estrella se agota, el fenómeno resultante es el desecho cosmológico de un agujero negro y el final de una relación de la que solo quedan residuos en la memoria. Respecto al discurso, la Postpoesía considera los agujeros negros como metáfora de la poesía ortodoxa en su función de atractor del poema a zonas estables donde se le constriñe según premisas sólidamente establecidas (*PP,* 2009: 169).

Según Lord Kelvin (William Thomson), la entropía del universo va a aumentar gradualmente en el tiempo, reduciendo la cantidad de energía que se puede usar hasta que el cosmos llegue a un estado completamente inerte llamado "heat death" [muerte por calor] (Halpern, 2017:84). Los hornos que calientan los núcleos de las estrellas cesarán, sus capas exteriores se evaporarán y explotarán dejando tras sí interiores inertes: las estrellas llamadas enanas blancas, estrellas neutrones, los agujeros negros. Incluso esos remanentes, también referidos como basura, residuos, desechos, gradualmente cederán su energía al espacio hasta que el universo entero quedará frígido y sin vida.

Tal y como Arthur Eddington y Subrahmanyan Chandrasekhar se vieron obligados a admitir, la masa de las estrellas enanas blancas gradualmente se va comprimiendo o encogiendo hasta acabar en un agujero negro. Lo que nos dirige a ese final es la flecha termodinámica del tiempo. Y se sabe que se llega a tal densidad debido a un fenómeno cuántico nuevo: la degeneración de los movimientos de los electrones que tiene lugar cuando los electrones llegan a los niveles más bajos de energía. La degeneración de la energía y la formación de los agujeros negros—conectados, como ya se señaló, con la relación de la pareja—se dice ser consecuencia de la dualidad onda y partícula cuya superposición, según sucedió con la pareja, llega a degenerar con el tiempo (Thorne, 1994:142, 145, 146). En sus circunvalaciones la pareja se mueve en un marco de referencia relativo del uno al otro por lo cual, y según la relatividad de Einstein, comparten parte del espacio y del tiempo en una simultaneidad que en el texto postpoético a menudo se articula con la imagen del beso (Thorne, 1994: 73). Cuando esa dualidad degenera en el proceso temporal: "que el tiempo pasa y nos vamos descomponiendo, es algo que está muy claro," como concluye el hablante, no logra comprender, sin embargo, que "el beso sea una célula elaborada necesariamente en silencio" debido, quizá, a que no hay palabras en el lenguaje que puedan articular su plenitud inefable (*Carne,* 2015: 499). La flecha del tiempo se clava en el aire donde se disuelve provocando la caída del telón "del teatro del mundo" (Carrión, 2021: n/p), caída que, como la de la manzana en el Edén y en el jardín de Newton, conlleva el conocimiento sobre la gravedad retirando los velos que encubren la realidad. Lo que queda de ese teatro es polvo, como bien dice la Biblia de que somos polvo y en polvo nos convertiremos, el mismo polvo en que, según la concepción marxista, todos los sólidos se diluyen, apuntando al hecho de que todo es construcción. Hay que tener en cuenta, sin embargo, que del polvo, de las cenizas, como de todo desecho, emerge el Fénix de la materia reconfigurándose. Si, como bien dijo el postpoeta por boca de su padre, el gran misterio es la materia, Fernández Mallo se plantea la misma cuestión sobre el estado de la materia que se plantean los físicos considerando la densidad y presión, así como su resistencia a la compresión y sus efectos en las relaciones humanas (Thorne, 1994: 153).

La ecuación que predijo la existencia de agujeros negros, ondas gravitatorias y singularidades de espaciotiempo es la *Einstein field equation* [la ecuación de campo de Einstein] según la cual "mass and pressure warp spacetime" [la masa y la presión deforman el espaciotiempo] (Thorne, 1994:118, 119). En la teoría de Einstein, la masa es energía que propulsa la curvatura de espaciotiempo hasta agotarse y acabar en un agujero negro. Se ha comprobado que hay agujeros negros en el centro de cada galaxia. Lo que solo recientemente era una hipótesis teórica, se ha convertido en una realidad perceptible: "el espacio-tiempo / se curva y rota en torno a un agujero negro" (*Carne,* 2015: 482). Los agujeros negros suponen una concentración de masa enorme en un pequeño volumen, por lo que tienen un campo gravitatorio igualmente enorme que atrae todo lo que se acerque, lo que se denomina *el horizonte de sucesos* (v. Arenas, 2004:167–68; v. Capítulo cinco).

Si en un principio los agujeros negros se consideraron meras construcciones teóricas, ahora se conoce su verdadera existencia mediante la avanzada tecnología de los telescopios, especialmente los telescopios espaciales, con el requisito de una lente diferente para poder apreciar estos fenómenos. El congreso "El universo en rayos X," celebrado en Madrid en 2005 y que comenta Salomé

Capítulo tres

en su artículo, señaló la importancia de los observatorios astronómicos *XMM-Newton* de la Agencia Europea del Espacio (ESA) y *Chandra,* de la NASA, lanzados en 1999. Fueron ellos los primeros "capaces de detectar el tipo / de radiación que emite la materia / cuando cae hacia un agujero negro." Se trata de "materia muy caliente, y emite / básicamente / su 'último grito' en forma de rayos X." Esas radiaciones cósmicas sirven de referente analógico de las resonancias, ecos, reflejos que destilan de experiencias vividas y que indican que nada desaparece totalmente (v. Capítulo seis).

Cuando las galaxias se funden, según anota Fernández Mallo, los agujeros negros de esas galaxias—como la fusión de la Vía Láctea y Andrómeda que se predice ocurrirá en varios miles de años—también se fusionarán en un proceso "desigual" debido a la violencia de la fusión (*Carne,* 2015: 471, 477). De resultas, habrá emisiones de ondas gravitatorias que junto a la acumulación de gases darán lugar a un cuásar, según explica Salomé en su artículo. Es un proceso desigual, en nada relacionado con el orden continuo de la física clásica. Paralelamente la pareja, desde la ilusión de una unión plena, experimenta la degradación de la energía hasta tal punto que su unión acaba desintegrándose.

De igual modo que las galaxias espirales se fusionan con otras galaxias, dando lugar a una galaxia elíptica, asimismo se fusionan los agujeros negros presentes en cada una de ellas, convirtiéndose en "agujeros negros supermasivos / que expulsan el gas / de la recién formada galaxia elíptica" (*Carne,* 2015: 471). El paso de la espiral como círculo abriéndose a la elipsis refiere a la geometría no euclídea que promueve las morfogénesis cósmicas aplicándose a las relaciones humanas. Estas también se ven afectadas por la elipsis más allá de supuestos círculos de perfección.

Gracias a los telescopios podemos ver la materia en los agujeros negros cerca del horizonte de sucesos, superficie imaginaria de forma esférica que rodea al agujero en la cual la velocidad de escape necesaria para alejarse del mismo coincide con la velocidad de la luz. La atracción del campo gravitatorio es de tal intensidad que nada de lo que en él caiga puede escapar. Y esa imposibilidad se aplica incluso a los fotones. Destaca la luminosidad de los cuásares, así como de los agujeros que, siendo negros, se sabe que "iluminan el universo en mayor proporción / de lo estimado" (*Carne,* 2015: 492, 497). Por eso, cuando se dice que el agujero negro en cada galaxia es algo que "ya se venía / sospechando," se sugiere que ya en la luminosidad de la relación de la pareja se entreveía su negrura. Eso no quita para admitir la función clave de los agujeros negros tanto en la construcción del universo como en las relaciones humanas. Y se insiste en este punto de creación / destrucción al señalar el hecho de que las primeras estrellas que se formaron eran muy masivas y, por eso, "*murieron muy rápidamente*" (*Carne*, 2015: 507).

El saliente [protusion] tipo montaña del horizonte del agujero puede convertirse en radiación gravitatoria u ondas de la curvatura que, a su vez, se llevan consigo dicho saliente, dejando al agujero "hairless," es decir, sin ningún dato que nos informe sobre su configuración y sin posibilidad de avanzar más allá. La apariencia externa—"sin pelo"—de los agujeros negros es, por tanto, apenas discernible por carecer de rasgos distintivos. Donde se diferencian es en la masa o tamaño (entendido como la distancia desde el centro al horizonte de sucesos y la superficie envolvente de no retorno), en su carga eléctrica y en la velocidad con que gira. La medida de la entropía depende de los arreglos de los constituyentes internos sin efecto en la apariencia externa. La entropía, además, no es proporcional al volumen sino al área del horizonte de eventos, es decir, a su superficie. Por tanto, es posible decir que los elementos que contribuyen al desorden se hallan en esa superficie y no en el volumen (Greene, 2004: 477, 478, 479). Es ahí donde la Postpoesía sitúa el escenario de distintas configuraciones de figuras femeninas donde "sucesos" varios pueden ocurrir respecto a la relación, a la vida y a la creatividad. Esas figuras (que se analizarán en el Capítulo cuatro) configuran la fuerza gravitatoria del horizonte. Si la fuerza gravitatoria no se resiste, el final es el agujero, según sucede con un sistema cerrado que, como en la física clásica postula un orden vuelto sobre sí mismo sin enlace con el exterior. Dicho sistema, en su repetición de lo mismo, es un tipo de agujero "hairless" por la ausencia de información que provee.[19]

Según esta lectura, es posible aplicar lo que Roger Penrose descubrió en 1969, que los agujeros negros dan vueltas pulsando al mismo tiempo y en sus vueltas almacenan energía rotatoria en el remolino del espacio que se forma en torno al agujero (Thorne, 1994: 294–95). Y así parece que Fernández Mallo concibe el efecto de su Postpoesía y de su relación amorosa: un foco de rotaciones y pulsaciones plenos de energía, pero al borde de caer en un agujero negro cuando su energía se agote. Y así parece haber ocurrido cuando la relación llegó a su fin, según lo prescribe la física de los agujeros negros: las pulsaciones extraen energía rotatoria del agujero negro a la vez que radian energía en forma de ondas gravitatorias, pero esa energía procedente de las pulsaciones acaba por morir y, además, nunca crece (Thorne, 1994: 298).

Por mucho que la pareja resistiera y que la mujer se agarrara a la mano del hablante y llorara, la atracción y fuerza de la gravedad en los agujeros negros es difícil de superar. Lo que queda por determinar es cuándo se agota la energía que mantiene la alta temperatura en la estrella dando pie a su colapso (Thorne, 1994: 13, 14). A eso parece referirse la cita epígrafe de La Costa Brava (grupo de música tipo pop pero encuadrado en la escena independiente que se inicia en 2003): "Quién hará esta música sonar, reflejo de la vanidad, cuando nadie quiera oírnos más" (*Carne*, 2015: 465). Con esta cita, el hablante reconoce que tanto la relación con la modelo retirada como su Postpoesía tendrán su duración, ya que nada permanece. La "vanidad" en el proyecto de la Postpoesía se marca con la premonición de que toda la empresa acabe siendo algo efímero.

El hablante de Fernández Mallo, situado dentro del mundo que observa, responde a lo que según Wittgenstein es el punto de vista desde el que se ve el mundo: "the world is my world, it is the limit of my language" [el mundo es mi mundo, es el límite de mi lenguaje]; y según Niels Bohr, el hablante postpoético es espectador y actor simultáneamente. La basura y los métodos de diagnóstico por imágenes responden a la ubicación del postpoeta en un mundo de constante cambio. Con las ecografías, rayos X y otras imágenes médicas se trata de observar para mostrar más que para decir, lo cual es propio de sistemas lógicos que, según Wittgenstein son tautologías que no dependen de ninguna variable contextual.

La basura como metáfora cognitiva desbanca los principios estéticos tradicionales: la superioridad ontológica del original sobre la copia, la unicidad, autenticidad y durabilidad de la obra de arte. Los nuevos valores estéticos derivan del modo industrial de producción: producción en cantidades industriales, sobre la base tecnológica de producción serial y producción de objetos de poco valor: la imitación es preferible al original, lo serial se sobrepone sobre la unicidad, la cantidad sobre la calidad, estéticamente se prefiere el objeto de poco valor comercial al objeto costoso, lo inauténtico se explora en busca de un valor estético, lo efímero sobrepasa lo duradero.[20]

Metáforas de la cognición postpoética

Antibiótico es un poemario donde Fernández Mallo, como su título indica, proporciona una "cura" a la esclerosis que, en su modo de ver, sufre la ortodoxia poética y, quizá, de resultas, suponga también una cura cognitiva sobre las relaciones humanas y la vida. Sus "remedios" son "transgresiones" postpoéticas respecto a la tradición, antídotos que van emboscados pues conllevan veneno. El efecto del libro es, por tanto, ilustrativo de una manera nueva de *poiesis* y de postura existencial donde lo infinito se vuelve numerable y la basura es fuente de creatividad. Esta cura tan paradójica presenta un reto a la lectura ajustada a cánones convencionales, lo cual sirve para retrasar las categorizaciones y dar pie a una mayor libertad interpretativa o, al menos, a experiencias de asombro, sorpresa y confusión. Según Lev S. Vygotsky y su teoría de reacción estética, el valor estético de una obra es mayor si su elaboración creativa es compleja (cit. en Kharkhurin, 2016: 60). La dificultad del texto exigirá un mayor esfuerzo por parte de la lectora con un aumento de la reacción estética. La Postpoesía como propuesta cognitiva demanda ese esfuerzo junto con el movimiento entre distintos planos conceptuales y la divergencia de las normas. No busca conclusiones, sino el potencial que ofrece mantener el estado en suspenso que caracteriza a la metáfora de la basura y que la enlaza con la fragilidad de la suspensión cuántica.

Capítulo cuatro

Niels Bohr y la Complementariedad: La compleja convergencia de lo [post]poético ("Ojos polos puestos [...] expresión neutra")

> Bajo ciertas condiciones migratorias
> veo en tus ojos polos opuestos
> que llevan el rostro
> a una expresión neutra
> (*Odisea*, 2015: 436)

El "tú" en los versos citados a quien se dirige la voz poética refleja en sus ojos una mirada que bizquea en direcciones opuestas sin resolverse por ninguna de ellas, como muestra la neutralidad de su expresión. Y este fenómeno sucede "Bajo ciertas condiciones migratorias," es decir, en situaciones de nomadismo, factor distintivo de la Postpoesía en sus derivas por varias vías del saber y la cultura. La "expresión neutra" y mirada bizca tipo Jano tiene un correlativo teórico en el Principio de Complementariedad del físico cuántico Niels Bohr quien lo formuló por primera vez en una conferencia en Como, Italia, en 1927. El objetivo de este capítulo es investigar el papel del Principio de Bohr en los textos postpoéticos. Aunque Fernández Mallo no se refiere directamente al Principio de la Complementariedad, a lo largo de los libros abundan las declaraciones que coinciden con sus bases. El postpoeta explora de continuo distintos medios de formular ese punto medio donde las perspectivas bizquean neutralizando los contrarios, un "entre" con la "tranquilizadora tradición" a un lado y "la novedad inquietante," al otro.[1] En la línea postpoética de trasladar las abstracciones al nivel del vivir diario, la segunda parte de este capítulo analiza un caso concreto donde se aplica el Principio de la Complementariedad: el "entre" que se espera lograr tiene en un lado el mito de la musa tradicional, inalcanzable en belleza y altura y, en el otro, una serie de figuras femeninas del mundo común. El binomio está ubicado en el arriesgado borde del horizonte de sucesos de un agujero negro, tanteando una complementariedad donde el ideal y sus dimensiones "ordinarias" se mantengan en suspenso.

Capítulo cuatro

El Principio de Bohr tiene como idea central la realidad de la paradoja, la misma que dirigió su instituto en Copenhague sin la cual, como él mismo afirmaba, no hay progreso. Bohr recurrió por ello a la expresión latina *contraria sunt complementa* [los contrarios son complementarios] como lema en su escudo de armas cuando le fue concedido el honor en 1947 por la orden danesa del Elefante, un reconocimiento que por lo general se reservaba para miembros de la familia real y presidentes de estados extranjeros. Junto al escudo, Bohr eligió el símbolo del ying-yang que responde al mismo Principio de los opuestos inseparables cuya tensión organiza el mundo (v. Baudrillard, 1990: 106).[2] Para Bohr, la intersubjetividad e indivisibilidad de observador y objeto observado son propiedades del fenómeno cuántico. En dicha indivisibilidad cuántica surge la necesidad de considerar una descripción complementaria que permita considerar el mismo fenómeno o evento mediante dos interpretaciones, pues, aunque se trate de polos que se excluyen mutuamente, también se yuxtaponen y complementan (Kothari, 1985: 325; Bohr, 1961: 10).

Ejemplos de conceptos mutuamente excluyentes pero complementarios son los de partícula y onda y posición y velocidad. No es posible concebir esos casos simultáneamente, y si se trata de medir la posición de una partícula, su velocidad es afectada, y viceversa. La descripción complementaria permite considerar cada uno de los conceptos reconociendo su exclusividad mutua, así como su complementariedad. Fernández Mallo lo aplica en particular al caso de la pareja que, por un lado, quiere aferrarse a un solipsismo unicelular como salvaguarda de su identidad, mientras que, por otro, la entrada inevitable del tiempo y la diferencia implican su disolución. Otro caso se da entre el modelo de la musa ideal y los distintos tipos de mujer creando el binomio entre idealidad y fisicidad, digitalización y analogía. Su lugar en la linde del "horizonte de sucesos" del agujero negro señala la vulnerabilidad de esas mujeres respecto a una musa ideal cuya transcendencia la despoja de agencia en la realidad. Un entendimiento complementario de los opuestos facilitaría un cruce del que emergen nuevas opciones epistemológicas.[3]

Es notable observar la frecuencia con que Fernández Mallo recurre a ese espacio intermedio donde elementos contrarios se encuentran o, mejor, se desencuentran, sin por ello mencionar el Principio de la Complementariedad de Niels Bohr. Y, sin embargo, nombra el lema *coincidentia oppositorum* atribuido a Nicolás de Cusa pero tan cercano al *contraria sunt complementa* de Bohr. Ese espacio de encuentro de opuestos coincide con el Centro de Tiempos topológico frente al cronométrico que Fernández Mallo desarrolla en sus ensayos, y es ahí donde "los ejes del cielo y la tierra se unen para dar lugar a la superación de la pérdida original y recobrar la condición anterior a la caída" (*TGB,* 2018b: 59). En otro lugar, Fernández Mallo recurre al término "epifanía" y lo describe como dos cosas que nunca se encuentran donde se produce, precisamente, lo poético (*TGB,* 2018b: 317). Los tonos bíblicos y místicos, que Fernández Mallo elige para describir un estado de tal relevancia en su propuesta postpoética, tienen su correlato en la suspensión cuántica de partícula y onda anterior al colapso. Para Fernández Mallo, la complejidad de ese espacio supone "la no separación total ni la imbricación total, sino la red" (*TGB,* 2018b: 302) donde los elementos juegan en su constante interconectividad.

Ese espacio llamado de "expresión neutra," de coincidencia de opuestos, de complejidad, de cohabitación de contrarios, (*TGB,* 2018: 140), es lo más distante de la inmutabilidad pues es ahí donde ocurre el fenómeno poético o postpoético en cuanto a "trasvases relacionales de materiales simbólicos y matéricos y sus realimentaciones" y donde "la causalidad es borrosa" (*TGB,* 2018b: 59). Se trata, en el plano de la física, a cuando un sistema subatómico no ha sido observado por lo que se halla simultáneamente en todas las posibilidades de su presente, es decir, un "estado mezcla" que se desvanece cuando lo observamos y el sistema elige una de las posibles opciones. En el ámbito poético se busca mantener ese estado de suspensión donde el potencial semántico está vivo, evitando la entropía a la que conducen los sistemas cerrados al optar por uno de los sentidos. Y así se logra con la metáfora al mantener la tensión dinámica entre sus dos referentes.

Los siguientes versos de Wallace Stevens ofrecen una formulación en la misma línea:

> A: A violent order is a disorder; and
> B. A great disorder is an order. These two things are one. […] A law of inherent opposites,
> of essential unity, is as pleasant as port. […]
> After all the pretty contrast of life and death
> proves that these opposite things partake of
> one […] A and B are not like statuary, posed

Capítulo cuatro

> for vista in the Louvre. They are things
> chalked on the sidewalk so that the pensive
> man may see. The pensive man ... He sees the
> eagle float
> for which the intricate Alps are a single nest.
> ("Connoisseur of Chaos")

> [A. Un orden violento es un desorden; y / B. Un gran desorden es un orden. Estas / dos cosas son una. [...] / Una ley de opuestos inherentes, / de unidad esencial, es tan agradable como el Porto. [...] / Después de todo el bonito contraste de vida y muerte / prueba que estas cosas contrarias participan de una [...] / A y B no son como estatuarias, en pose / para ser vistas en el Louvre. Son cosas escritas con tiza / en la acera para que el hombre pensativo pueda verlas. / El hombre pensativo ... / Él ve el águila flotando / para la cual los intrincados Alpes son un solo nido.]

Los versos de Wallace Stevens exploran un espacio intermedio donde se da el encuentro e inherencia de contrarios, que los versos citados de Fernández Mallo formulan en un rostro cuya imparcialidad facilita la reciprocidad de esos opuestos. El poeta americano lo denomina la "ley de los opuestos inherentes," evocando la noción de inherencia en Empédocles. El presocrático propuso que la materia, las cosas, poseen cualidades que dependen de las proporciones relativas de cada uno de los cuatro elementos que entran en su constitución.

En su libro *Order out of Chaos*, los físicos Ilya Prigogine e Isabel Stengers (1984: xxiii) elaboran un planteamiento semejante al afirmar que el desorden conduce al orden, que el tiempo es tanto reversible como irreversible y el azar va con la necesidad. La realidad, según los teóricos de la física, se sustenta en la paradoja, en la complementariedad de contrarios. Y son esos mismos físicos y otros más quienes señalan la misma noción en la filosofía hindú con el bailarín Shiva que Prigogine y Stengers ofrecen como modelo de la ciencia del siglo XX (1984: 22). Ejemplo de una unión de tiempo parado y tiempo en movimiento, Shiva se posiciona en abierta contrariedad con el reloj, modelo para la ciencia del siglo XIX. Lejos de las certezas de la física clásica, estos científicos y autores se sitúan en el marco de la física cuántica y reconocen que vivimos en un mundo pluralista donde los procesos reversibles e irreversibles coexisten insertos en el universo en expansión, y donde ser y devenir pueden incorporarse en una única visión no contradictoria (Prigogine y Stengers, 1984: 251, 255).[4]

Debido a los trasvases en el llamado espacio-mezcla, Fernández Mallo lo asocia con el nómada "porque no es ni colono ni exiliado" (*TGB,* 2018b: 148). Nomadismo y complementariedad se aúnan en las superposiciones e intersecciones de contrarios complementarios de las que emergen redes o relaciones complejas que perturban el orden lineal, la teleología y mantienen la tensión antijerárquica. En ese espacio no hay paralelas sino cruces y travesías laterales, así como el azar inverso con su efecto metafórico de perturbar el orden. Las metáforas postpoéticas juegan con elementos trastocándolos de sus lugares esperados sin conducirlos a una asimilación (*TGB:* 2018b: 143, 318). Y así sucede con la materia, pues la alteración que sufre al ser observada microscópicamente pone en duda la creencia en la objetividad. Nada hay de pasivo o inerte en la materia, por lo que la incertidumbre de poder obtener un conocimiento certero desplaza al sujeto del puesto de control que ha venido ocupando tradicionalmente.

Fernández Mallo menciona a Niels Bohr al comienzo de su novela *Limbo* en conexión con Werner Heisenberg y la situación entonces (hacia 1924) de no haber una teoría que explicara el "modo en que los electrones saltan de una órbita a otra en los átomos" (2014: 9). Einstein y Schrödinger, entre otros, se plantearon la misma pregunta y la ausencia de una respuesta racional que explicara un fenómeno tan súbito e inesperado fundamentó su rechazo de la física cuántica y, en particular, de Niels Bohr, uno de sus más destacados arquitectos. Como señala el texto de *Limbo,* la respuesta de Niels Bohr es indicativa de la enorme diferencia de ángulos de mira de la cuántica con respecto a la física clásica: "al llegar al mundo de los átomos, al científico no le interesa tanto hacer cálculos como crear imágenes." Esas palabras de Bohr revelan que con los átomos hay que aplicar leyes diferentes de las que rigen la causalidad, y por su indeterminismo, exigen recurrir a medios que la ciencia tradicional descartaría. Como su Principio de la Complementariedad, Bohr se fija en el *intermezzo* o espacio intermedio, el que también ocupa la atención de la Postpoesía y que, entre otros términos, denomina "limbo."[5]

Capítulo cuatro

La paradoja de la luz siendo partícula y onda constituye el núcleo del enigma cuántico, ya que lo que describimos como partículas y ondas emanan de campos cuánticos. Ese enigma se percibe en los objetos y sus ondulaciones que pueden esparcirse por un amplio espacio. Sin embargo, si se mira con atención un lugar en particular, lo que se encuentra es o un objeto completo en dicho lugar o ningún objeto, de ahí el enigma (Rosenblum y Kutner, 2011: 78–81). Con la ondulación tenemos la probabilidad de que el objeto esté allí, pero es solo una probabilidad, no una certeza, pues antes de encontrarlo el objeto no estaba allí; está allí debido a la observación. La observación es la que provoca el colapso de la función de onda; antes de la observación, el átomo está en una superposición donde ambos estados existen.[6] Heisenberg lo confirma cuando dice que los átomos y otras partículas microscópicas no tienen realidad, son meras potencialidades, lo que las hace reales es la observación. Mantener el suspenso supone un estado donde los elementos se hallan en una coalescencia de plenitud. Este estado participativo como opción imaginativo-poética supone un "estar a punto de ser" sin llegar a colapsarse en el ser. En *Trilogía de la guerra* se habla del estado de suspensión como el flotar uterino que mantiene la superposición y evita el colapso del electrón en un estado definido (2018b: 322).

Una versión poética de las nociones tratadas se da en el verso "Nada es hasta que su línea no se cruza con otra" donde la equis de ese cruce de líneas, como otra formulación de la intersección ∩, supone el encuentro de la realidad y la Historia, así como el de "la luz y la materia, el enemigo y la bala, el texto y la mirada." El desencuentro / encuentro de esos opuestos es el punto donde se genera el sentido, a diferencia de la dirección lineal en la física clásica donde "parecen tontas las trayectorias, lineales, como epílogos, idénticas en sus cáscaras de soledad" (*Creta,* 2015: 158). La flecha del tiempo dirige las trayectorias a un final entrópico, a menos que los cruces y virajes reorganicen el avance en un orden nuevo. Los cruces son puntos de la complementariedad donde los contrarios se dan cita dando lugar a la divergencia necesaria para generar sentido. Lo que antes del cruce "era Nada," en el cruce es el Mundo. El cruce es el bizquear de la mirada en los versos del epígrafe donde sus polos se cruzan y generan nuevas perspectivas. En términos de Baudrillard, se trata de un duelo o juego de seducción donde los elementos mantienen el antagonismo que constituye el devenir.

Y el término "seducción" es apropiado ya que no hay intento de absorber al otro en la seducción, sino de mantener el enigma, la ambigüedad, la paradoja (Baudrillard, 1990: 100, 105).

A este respecto cabe referirse de nuevo a la noción postpoética de Centro de Masas y Centro de Tiempos según se elabora en el tratado *Postpoesía*. Frente al observador que a distancia observa dos partículas, una de ellas aproximándose a gran velocidad a la otra que está quieta, el observador que se monta en el Centro de Masas de las dos partículas observa a ambas como aproximándose a él hasta chocar con su cara. En términos postpoéticos, no se trata de una partícula detenida u obra literaria de la que apropiarse para crear un poema nuevo (la partícula en movimiento); se trata de cambiar a un sistema de "*tiempo relativo,* que flota entre las dos obras, en el cual ni la obra original precede a la nueva ni viceversa, sino que las dos se retroalimentan de imágenes y metáforas en un tiempo situado entre ellas, 'fuera' del tiempo del reloj histórico" (*PP,* 2009: 8990). A este se denomina el Centro de Tiempos " bajo el cual las dos obras van la una hacia la otra" pues "ya no hay una dirección temporal privilegiada, no hay ni delante ni detrás, ni anterior ni posterior, sino un sistema de dos o más obras poéticas que intercambian flujos literarios mientras giran las unas en torno a las otras." Como la suspensión flotante, el Centro de Tiempos es un tiempo igualmente flotante y relativo donde no es necesario elegir entre el pasado o futuro sino instalarnos "en un tiempo equidistante a todas las obras." La flotación es una de las propuestas postpoéticas, "la múltiple conexión entre todos los planos / campos de conocimiento" (*PP,* 2009: 91, 177).

La complementariedad de los opuestos recorre la obra poética de Fernández Mallo pues es componente central de su propuesta postpoética respecto al tratamiento de los binomios que permean la cultura occidental: "los binomios, mente y mundo, teoría y práctica, no están separados, sino que se construyen el uno al otro en un continuo rodar retroalimentado sin fin," leemos en su ensayo sobre la Postpoesía (2009: 35–36). ¿Por qué no tomar las dos píldoras, la roja de los sueños y la azul de la realidad de que habla Morpheo en la película *The Matrix?* (*PP,* 2009, 91), se pregunta el autor en uno de sus blogs, y añade: "Si tomas la píldora azul, la historia acaba, te despiertas y crees en todo lo que quieres creer. Si tomas la píldora roja te quedas en el mundo de las maravillas, y te enseñaré cuán profundo es el hoyo." Pero de tomar ambas píldoras simultáneamente "¿En qué mundo habitaría entonces? […] ¿Por qué tener que elegir entre la canónica vida real y la onírica extravagancia?" Al fin y al cabo se trata de una "escolástica dicotomía," mientras que la "observación de la literatura universal desde el sistema de referencia Centro de Tiempos es como tomar las dos píldoras a la vez para salirse del tiempo que te hace elegir entre un pasado y un futuro e instalarse en un tiempo equidistante a todas las obras" (*Blog Up,* 2012: 95–96). Así parece deducirse del Principio de la Complementariedad y, de ese modo, acabar con los dualismos de la cultura tradicional. Los extrarradios ya discutidos en el Capítulo dos, como topología de contacto entre ámbitos diversos, son espacios mestizos, difusos donde se desarrolla la práctica postpoética y donde conviven elementos que proceden de ámbitos dispares que se dan cita en el poema "para seducirse" (*PP,* 2009: 125). Y no solo se halla complementariedad en las derivas postpoéticas sino en su acercamiento al residuo, a la basura, como ya se vio en el Capítulo tres, debido a lo indefinido y contradictorio de su naturaleza y a la naturaleza igualmente "flotante" de las heces o residuos en que quedan reducidos todos los cálculos matemáticos y absolutos. Y también se encuentra en los objetos y su ductilidad y ausencia de estabilidad, lo que René Thom llama "formas informes" porque son cambiables según sean las fuerzas que ejerzan atracción sobre ellas (*PP,* 2009: 118) (v. Capítulo seis).

En el *horizonte de sucesos*: "Musas" de la complementariedad

La musa inspiradora tan asociada al romanticismo se sitúa en regiones ideales y remotas que en la Postpoesía se traslada a las zonas liminales del "horizonte de sucesos" en los agujeros negros, ubicación para la complementariedad de los contrarios por ser la linde entre la caída y la expansión. Más que inspirar ámbitos sobrenaturales, las "musas" postpoéticas nada tienen del estereotipo de musa como inspiradora sublime. Son musas de la complementariedad por ocupar un límite en un horizonte que, en vez de señalar el objetivo a lograr para el poeta, apuntan a un borde inestable, en suspenso entre caída y salvación. Encarnan diferentes aspectos de la modelo retirada, como si se la viera en diversos momentos y mutaciones que, a su vez, comunican distintos mensajes. Su ubicación en el límite del horizonte de sucesos marca de vulnerabilidad y riesgo el tradicional papel de dirección o guía atribuido a la musa.

Carne de píxel, uno de los poemarios donde la conexión de poesía y ciencia es más evidente, presta atención especial a los agujeros negros y su horizonte de sucesos,

> el punto más allá del cual no podemos aún conocer lo que ocurre [...] horizonte [que] no es plano, sino una extensa superficie que esféricamente nos rodea, una bola cerrada e impermeable hasta que indique lo contrario una simple fórmula que liga la velocidad con el tiempo. (*Proyecto,* 2013: 242)

La velocidad que se requiere para escapar de ese horizonte coincide con la velocidad de la luz, por ello ninguna cosa que caiga en el agujero puede escapar debido a la atracción sumamente intensa del campo gravitatorio. El horizonte es, por tanto, un límite que, si no prestamos atención y seguimos la tendencia tan enraizada de repetir hábitos por la fuerza de la costumbre, avanzando en recto como si tuviéramos orejeras, podemos llegar a chocar con la "guillotina del horizonte" y caer (*Odisea,* 2015: 374). Se trata de mantener el estado de suspensión en el horizonte, aunque tarde o temprano sea inevitable chocar contra "la cuerda tensa a la altura del cuello / contra la que ignorante aceleras" (*Antibiótico,* 2015: 561).

Además de su significado en los agujeros negros, la noción de "horizonte" recurre en los escritos de Fernández Mallo con el referente del cine donde su significado cambia según se trate del cine europeo, norteamericano, chino o japonés. En el primero, el horizonte significa pérdida y melancolía, en el segundo, sin embargo, es esperanza e imán para los pioneros, y en el tercero y cuarto significa muerte (*Proyecto,* 2013: 51). La relatividad de esta noción según las nacionalidades afecta su significado, además de que hay que tener en cuenta que el "horizonte de sucesos" existe debido al hecho de que nada que conlleve información puede ir más rápido que la velocidad de la luz.

Es posible conectar los distintos tipos de horizontes con las musas, como se verá a continuación, y con ese "punto ciego" que tenemos todos en el ojo y que se rellena inconscientemente gracias al cerebro:

Capítulo cuatro

> En nuestros ojos hay un punto que lo inventa todo, un punto que demuestra que la metáfora es constitutiva al propio cerebro, el punto donde se generan las cosas de orden poético. (*Proyecto,* 2013: 254)

De ahí el significado altamente creativo del horizonte y su "punto ciego" al no poder conocer lo que ocurre en ese "más allá" donde, por cierto, entra la metáfora. Curiosamente, sin embargo, la existencia del horizonte no emerge hasta que una persona con su verticalidad se interpone en la línea horizontal. La vertical humana y la horizontal del horizonte crean una encrucijada donde se da el encuentro o desencuentro de la inmanencia y los escapes metafísicos y la presencia del tiempo (*Proyecto,* 2013: 320). Es en esa encrucijada donde el horizonte genera sentido.[7]

Los agujeros negros se forman en un proceso de colapso gravitatorio que fue ampliamente estudiado a mediados del siglo XX por diversos científicos, particularmente Robert Oppenheimer, Roger Penrose y Stephen Hawking, entre otros. Son el resultado final de la acción de la extrema gravedad llevada hasta el límite posible, la misma gravedad que mantiene a la estrella estable y la empieza a comprimir hasta el punto de que los átomos comienzan a aplastarse.[8] Como ya se vio (Capítulo dos), Fernández Mallo parte del artículo "Los agujeros negros, constructores del cosmos" de Mónica Salomé (*El País* 2/11/2005) para la elaboración poética de los agujeros en *Carne de píxel*. En el borde del horizonte se sitúan las "musas" de entre las que destaca, en particular, la "modelo retirada" cuya fuerte impronta en el hablante se refleja en los recuerdos de la relación que mantuvieron y que permean los poemarios.[9] Las otras figuras femeninas pueden tratarse de influencias y experiencias más pasajeras o, como me inclino en este análisis, de proyecciones de la modelo. Todas ellas son ecos de la musa tradicional, aunque la guía que ofrecen poco o nada tenga que ver con las funciones de aquella figura y su convencional imagen. Debido al juego de equilibrio que mantienen en ese crítico horizonte de sucesos, estas "musas" desempeñan un papel postpoético en cuanto a los binomios y polos opuestos, es decir, ofrecen vías donde los contrarios se complementan. Reescriben, así, lo que se entiende tradicionalmente por musa, pues su "guía" es tentativa y paradójica.

La modelo retirada

Los recuerdos de la relación con la modelo retirada ocupan varios poemarios que permiten delinear el perfil de esta mujer, así como la proyección de ciertos de sus rasgos en otras figuras femeninas y en elaboraciones estéticas, filosóficas, existenciales y de género. El hablante rememora sobre la relación pasada con esa mujer desde un "ahora" o presente de abandono y soledad, cuando ya ha dejado de creer y ser víctima de un orden temporal marcado por el reloj cronométrico ("de lo que brilla incomprensible en la esquina del cronómetro, en la velocidad de la luz"); el recuerdo va entretejido con la ensoñación y las distorsiones propias de la memoria. En sus rememoraciones la mujer era más bella desnuda que vestida y su ropa interior era "un *horizonte de sucesos,* lugar cuyo radical significado conocen muy bien los cosmólogos" (*Carne,* 2015: 504). La referencia al plano cosmológico en un campo semántico de erotismo marca a la mujer y a la relación con ella de un sentido cósmico y de cierto humor serio al equiparar el riesgo personal que supone la relación erótica con el de un agujero negro. El vínculo que se establece con esta mujer responde a los rasgos que Fernández Mallo elabora sobre las parejas en *La mirada imposible.* Su escenario es esa "radical quinta pared" que solo existe para los que viven esa relación. Porque la pareja construye su propio universo con leyes y ritos pertenecientes solo a ella y que, además, no se destruyen cuando la pareja se rompe. Pero tampoco es posible volver a ese universo, por lo que deviene una utopía donde se idealiza la relación en lo que comúnmente conocemos como *el amor romántico* (2021: 32, 33).

El horizonte de sucesos, límite, frontera del espacio-tiempo en la relatividad general y de forma esférica en torno al agujero, "sugiere" asociar ese horizonte con el erotismo y riesgo del cuerpo femenino, en particular con la redondez de los pechos y el *brassière* de la mujer. Incluso Menelao en el poema homérico fue incapaz de resistir los pechos desnudos de Helena, llevándole a perdonarla por su infidelidad. El peligro de ese agujero negro cargado del erotismo de la vulva sugiere el cero como hueco de la nada frente al uno, si pensamos en el código binario de las máquinas. Deleuze & Guattari reiteraron la carga erótica en ese dígito al recurrir al experimento cuántico de la doble rendija para afirmar que "a hole is just as much a particle as what passes through it [...] Holes are charged particles running in reverse [...] traveling faster than the speed of light" [un agujero es tanto una partícula como lo que la atraviesa ... Los agujeros son partículas cargadas corriendo en reverso ... viajando más rápido que la velocidad de la luz] (1987: 32). El agujero negro es, por tanto, una noción repleta de simbolismo complejo, erótico y cosmogónico al mismo tiempo que va marcada de riesgo.

La atracción del campo gravitatorio en el horizonte es tan intensa que nada dentro de ese agujero puede escapar: la fuerza gravitatoria hace del horizonte el punto de no retorno. Y ahí es donde parece situarse el hablante con la modelo retirada. El hablante confiesa su atracción por el misterio del "origen de tu ropa interior" (*Carne*, 2015:505) y de la perfección con que se ajustaba al cuerpo de la mujer:

> para mí siempre fue un misterio el origen
> de tu ropa interior, de su perfecta cabida
> en tu cuerpo. Inversa es la lógica de quien
> descubre una tierra analógica pero real
> como la de un espejo. Pero si te fijas, la
> imagen del espejo no responde
> exactamente a la real.

En una situación de este tipo, la lógica se invierte haciendo que se perciba el reflejo como lo real ("la lógica de quien descubre una tierra analógica pero real como la de un espejo"). Si se presta atención, sin embargo, es posible ver que la imagen especular difiere de la real ("como si algo de materia se perdiese en el trayecto"). Estas observaciones señalan la entrada de la diferencia en el solipsismo mimético con que el hablante percibe la relación de la pareja y la fusión casi sin costuras del cuerpo de la mujer y su ropa interior, o de carne y cubertura.

La mujer llegó cuando el hablante se encontraba en un periodo de desapego de las cosas, distanciado del mundo, sin hallar sentido en su entorno, en un estado que evoca el de la soledad fermiónica. Sin embargo, más que aliviar ese aislamiento, la mujer contribuyó a él al crear un "nudo de sábanas" o un "coágulo" donde la pareja se encerraba en el cuarto del hotel, creando en ese no-lugar una "ilusa emboscada [...] del *don't disturb* colgando en la puerta" (*Regreso,* 2015: 273). El hablante comprende ahora que el intento de él y la mujer de aislarse del entorno era una "emboscada" donde ellos quedaban atrapados en el engaño de creerse autosuficientes o "modélicos." Por eso "asusta," dice el hablante, "pensar que el mundo construido por los amantes sea tan microscópico como larvado e incomunicable" (*Carne,* 2015: 470), aunque comprenda que se trata de salvarse "de otro susto de iguales dimensiones que es la muerte." En esa ilusa emboscada de creer sortear la muerte, la pareja pensó en su noche "como en un poema a imagen y semejanza de otro que nadie había escrito" (*Regreso,* 2015: 273). La conocida frase "a imagen y semejanza" aludida a Dios creando al hombre, aquí alude al "poema" de esta pareja, de su relación como una creación inigualable, única, excepcional, prueba irrefutable del ideal platónico. La pareja bebió de ese mito unido al de la exclusividad del amor, de su eternidad en la línea del romanticismo en la que el hablante, en su presente de abandono, reconoce que fueron emboscados. Y, en conexión con este aspecto de truco o trampa, la mujer en su nudo de sábanas ofrece una versión del caballo de Troya pues como "muñeca rusa" que él va desnudando capa a capa, descubre que lo que creyó ser sustancial se va evaporando al intentar apresarlo. De ahí concluye: "terrible emboscada a veces la vida: ahora entiendo por qué no nos arrasó en aquel instante" (*Regreso,* 2015: 273).

El carácter especular de la mujer se refuerza cuando en los recuerdos suele ser vista de espaldas, desde la ventana del cuarto donde el hablante observa el exterior, o bien, recurriendo a una imagen ya "vieja y gastada" que la describe sentada en el borde de la cama, "el violín de tu espalda, y la cintura, donde las márgenes estrangulan el río de las nalgas" (*Regreso,* 2015: 226). La recurrencia a imágenes pictóricas o cinéticas para dibujar a la mujer y comunicar su misterio hace que el hablante se sienta "deudor de sus gestos," y aunque la escudriña, no está seguro de que llegará "a conocerla, a conocerme." Más que persona definida, la mujer es una representación, un juego de imágenes especulares que cuando parece revelar una forma, se desplaza a otra.

Un texto hace referencia a un artículo en el periódico que caracteriza "la condición de modelo" como "*la más cercana a la de los ángeles.*" Y la justificación dada es que quien llega al final de esa pasarela—que sugiere el valor simbólico del camino de la vida— sin perder la sonrisa ni la inocencia, debería casarse con alguien de características semejantes, y el mejor ejemplo es "*un poeta místico*"

Capítulo cuatro

(*Odisea,* 2015: 370). Las cursivas nos alertan de la ironía de estas referencias trascendentales como posibles metas para el hablante y su modelo, a menos, aunque no parece que así sea, que el erotismo de la relación y la materia se sublimen. Es curioso, además, que una referencia de ese tipo aparezca en una publicación donde se diseminan datos, como es un periódico. Quizá ahí reside la ironía, que *El País,* al presentar la noción de modelo con características "místicas" señala la realidad de su irrealidad. Tanto la imagen especular como el modelo son representaciones, no realidades que el peso del mito de amor ideal tiende a trastocar.

Tal vez por eso el hablante decide completar esta exploración con una consulta al diccionario de Física publicado por la editorial Akal donde se encuentra la siguiente definición:

> Modelo: representación ideal
> de objetos o procesos no directamente accesibles
> por pertenecer al mundo de lo infinitamente
> pequeño o de lo infinitamente grande. (*Odisea,* 2015: 370)

Por sus infinitas dimensiones que sobrepasan la materia, la noción de modelo se sitúa más allá del horizonte de sucesos, en un plano imaginario e inalcanzable. Por estar retirada de su profesión, se supone que esta modelo ha dejado de comunicar tales metas trascendentes o ha quedado plasmada por ellas. Aunque el monigote del retrete, con su perspectiva de lo inverso y escatológico nos dice que ella fue quien lo abandonó, el hablante le contradice afirmando que fue él quien dio fin a la relación, pero sin desearlo, aunque por mantener cierta dignidad se decide a "inventar" la escena de separación: "Vengo a despedirme de ti, te dije pensando lo contrario" (*Regreso,* 2015: 234).[10] Si el abandono fue mutuo, se sugiere que ni la modelo podía seguir ofreciendo una vía a seguir que fuera viable ni el poeta podría seguir ajustándose al modelo propuesto. Cuando ella parte sin despedirse y él la ve alejarse fundiéndose en el blanco "con el fondo de la calle," para el hablante es como si ella entrara "en un lugar de luces ya gastadas con el pie izquierdo." Siguiendo la lógica de la analogía, las imágenes cinéticas rodean a esta mujer cuya silueta va desapareciendo en el "*dissolve*" cinematográfico, en una transición lenta sin cortes abruptos. El telón que cae en el escenario de la relación con sus connotaciones de teatro y cinema, son pertinentes para entender al hablante y su relación con la modelo. Las observaciones sobre la mujer modelo juegan con las nociones de ideal platónico, de la percepción y la representación. Su disolución apunta al final de unos paaradigmas de escritura que han dejado de ser operantes en la época actual. El horizonte de la modelo corresponde a un horizonte denominado anteriormente como "europeo" por reflejar la pérdida de ilusiones y sueños.

El Ideal se aleja, pero los recuerdos permanecen: "el recuerdo ha saturado el pasado y no le queda más remedio que desbordarse en el presente para salpicar con su espuma los días que vendrán [todos]" (*Regreso,* 2015: 234).[10] El recuerdo de la modelo y su ausencia se complementan. Aunque la mujer no esté como presencia física, el contacto se mantiene como con alguien "remota pero presente," o como el contacto de una mano fría que se extiende desde un espejo, o el de unas palabras que le llegan distorsionadas por el eco, hasta que el hablante constata que "eres tú el eco." Lo que queda de la relación son resonancias de lo que representó y sus distintas derivaciones, según se verá en las otras figuras femeninas. Zwicky (2012: 208) discute dichas resonancias como estructuras que, debido a presentar múltiples aspectos simultáneamente, se resisten a ser articuladas con el lenguaje y su tendencia a distinguir, separar y categorizar. La táctica postpoética consiste en presentar varias figuras como resonancias en las que el ideal unitario de la modelo se dispersa en formas más humanamente accesibles.

La modelo retirada representa el epítome de la oposición complementaria entre enigma y lucidez. Está rodeada de un silencio que no se debe tanto a "aquella discreción de diosa camuflada entre mortales" (*Regreso,* 2015: 284), sino a haber topado con el límite de todo lo que se mueve, de todo lo incontable, de todo lo visible, del cuerpo, del lenguaje. Al haber llegado al límite del horizonte, su presencia lo sobrepasa. Con ella el hablante vivió en un "irreal concubinato" creyendo falsamente haber logrado la realización vital y poética. Y como analogía de este estado de cosas, el hablante evoca los mitos y grandes narrativas del Occidente identificadas por Lyotard y que sirvieron de nanas para adormecer al ser humano con ideales inalcanzables y acabar, como el hablante, despertándonos solos en una habitación de hotel, "a solas con un espejo cuyo reflejo tampoco sabemos si es nuestro."

En una ocasión a la modelo se le da el nombre de Amanda y se ubica con el hablante en una calle de Nápoles donde la lluvia es tal que la pareja tiene los tobillos sumergidos en el agua (*Odi-*

sea, 2015: 369). Los dos proclaman haberse liberado del cable de Ariadna que los amordazaba, y se perciben como los representantes del gran mito occidental del amor eterno y único, y lo que requieren es encerrarse en el bucle de su relación. Pero en forma propiamente postpoética, ese mito se descompone cuando el hablante lee en *El País*—referencia realista opuesta a la mitológica de Ariadna—que al "cablear" las calles para instalar conexiones se van hallando todo tipo de restos y ruinas del pasado que, como los mismos sistemas de alcantarillado, conectan la actualidad con el pasado. La supuesta liberación de la pareja y de su amor, siguiendo la recta del hilo, queda enredada en la intra-actividad de un mundo contemporáneo que conecta distintas épocas temporales e históricas.

Por eso destaca la escena cuando ella, al ser abrazada por detrás le lleva la mano y se la aprieta contra su pecho. Este gesto, sutil alusión al famoso cuadro de El Greco, "El caballero de la mano en el pecho," sugiere una declaración de intenciones amorosas que se van a mantener por venir del corazón. Teniendo en cuenta la asociación de la modelo y otras "mujeres musa" con el conocimiento, el gesto le provoca al hablante una serie de cuestiones sobre temas tan serios como el "Origen de las especies, la Teoría de las Catástrofes aplicada a un sistema neurológico, el estado sólido del Na […] pero, sobre todo":

> cómo la luz se va
> refractando al penetrar en
> el agua, violenta y
> silenciosa, oblicua,
> sin amargor ni memoria,
> insípida aunque sabiendo.
> Cuando toca fondo amanece. (*Odisea,* 2015: 412–13)

El fenómeno de la refracción de la luz sucede cuando la onda de la luz al propagarse traspasa de un medio material a otro y de resultas se produce de inmediato un cambio en su dirección y su velocidad. En la cita la refracción de la luz se aplica a la modelo que, al apretar sobre su pecho la mano del hablante, provoca en él un cambio que, como la refracción de la luz en el agua, se produjo de forma "violenta y silenciosa / oblicua." Con la refracción, cuando Newton con su teoría del prisma destejió el espectro de los colores del arco iris, el simbolismo perdió su peso semántico, y en el texto provoca en el hablante la epifanía de constatar que ella no fue lo que imaginó, y que, precisamente con la amanecida, "toca fondo" al tener una iluminación sobre la mujer más de acuerdo con la realidad. Lo que ve el hablante desfilar por los ojos de la mujer apoya el cambio en su percepción de ella:

> como en Polaroids,
> irrepetibles y con más campo del
> previsto, veo desfilar por tus ojos
> a todos tus anteriores amantes cuando hacemos el amor
> especialmente si los cierras. (*Odisea*, 2015: 357)

Lo que revelan los ojos es antagónico con la promesa que supuso el gesto de la mano en el pecho. Y si la "interpretó" como la mujer ideal de los poetas de antaño, su ensalzamiento fue una mera interpretación.

En su abandono actual, el hablante rememora y reconoce que con la modelo vivió en un sentido de atemporalidad, de ritmo cíclico repetido con simetría entre pasado y futuro. Por eso los últimos días de la relación se recuerdan por medio de tópicos y escenas estereotipadas: la lluvia que no cesa, la mujer llorando mientras los dos se aprietan las manos, la mirada intensa de él hallando en los ojos de la mujer algo que ni él ni nadie había visto jamás. El hablante reconoce el grado de invención que había creado en torno a la modelo cuando se percató de lo malo que era un verso recitado por un Replicante, un ser ficticio creado por bioingeniería en la película *Blade Runner* (1982 y secuelas) semejante a los humanos, pero con más agilidad, fuerza, destreza, inteligencia. Lo que ese ser dijo es "porque *en tus ojos vi cosas que jamás ni yo ni nadie había visto, y todas se perderán* [son simultáneamente muerte y vida] *como tus lágrimas en la lluvia*" (*Carne*, 2015: 467). Lo malo del verso resultó ser bueno pues le hizo ver que lo que creyó hallar de único y extraordinario en los ojos de la mujer no fue más que un fulgor, algo pasajero porque no hay eternidad y todo existe en ese binomio donde vida y muerte se encuentran; o, en otros términos, en el frágil equilibrio del funambulista en el horizonte de sucesos. Y Heráclito y Heisenberg así lo confirman, que en luz saturada (cuando se cree ver algo en plena lucidez) algo muere "para que otra cosa nazca en vacío," lo que Heisenberg expresó en su Principio de Incertidumbre: medir una cosa afecta a otra. Lo que queda es "Sólo transparente opacidad" (*Carne*, 2015: 467).

Capítulo cuatro

Lo que pensó ser la gran iluminación, fue "la llama de mi razón alucinada" (*Carne,* 2015: 468), algo que lo inflamó de luz pero que se extinguió tan rápidamente como se produjo, un tipo de fogonazo o carbonatada sin duración. La analogía que encuentra para la relación es la del péndulo detenido pues fue como si ambos vivieran en la atemporalidad, en esa nana de mitos que los mantuvo distanciados del exterior. La fuerza de esa luz, de esa visión plena de certeza que fue esa mujer idealizada representó la verdad "tan verdad" que, volviéndose 100% cristalina, se hizo innombrable al no poder medirse según sus propios principios (*Carne,* 2015: 468). El hablante admite ahora que tal estado de luminosidad atemporal y de certezas es cegador y, por repetir el discurso de la mismidad se vuelve innombrable e incompleto.

El recuerdo de la modelo es ir en busca de esos ecos, "dominios fantasmales del alma" sabiendo "de sobra adónde conduce todo esto," como repite a lo largo del texto, aludiendo al "Todo esto" de seguir entregándose a rememorar la experiencia vivida con la modelo, sabiendo que se trata de una idealización y que, por tanto, acabará mal. Pues todo se oxida, decolora y se astilla con y en el tiempo, conduciendo "al borrón de luz gastada que mojará mis ojos." Ya vimos a la modelo entrar con el pie izquierdo en un espacio de luces gastadas (*Regreso,* 2015: 234). Y así le sucede al hablante, yendo cada día "a las rocas como el que acude a los dominios fantasmáticos del alma" desde las que la modelo se lanzaba al mar (*Regreso,* 2015: 236, 241). Fue ella, precisamente, quien a modo de pitonisa le enseñó que "el azar es una obra de arte que se decapita a sí misma a cada instante," ella quien, como el mar, era "diana sin centro," lección que el hablante aceptó (*Regreso,* 2015: 236), a pesar de seguir idealizando lo vivido en sus rememoraciones. Gradualmente los dos construyeron un mundo microscópico "como larvado e incomunicable," y llegó a quererla "tanto y tan de verdad," hasta que llegó el momento en que "cada cual subió sus propias escaleras hacia leyes de la noche que convergen en alambres, insomnios, a mi pesar, literatura" (*Carne,* 2015: 470). Ella misma, advirtiéndole sobre el azar, le invitó a un cigarrillo Lucky, marca muy significativa que, además, en su forma cilíndrica consumiéndose al ser fumado señala la casi simultaneidad de fuego y ceniza, luz y oscuridad. Como la llama del cigarrillo, la pasión idealizada se extinguió junto con sus acólitos de eternidad y singularidad. Y lo que queda es literatura, la musa idealizada consumida en su misma luz.

Otros contrastes entre la construcción mítica de la mujer y la realidad se concretizan en las botas de punta en las que, repetidamente, ella estaba "tan entera," y no solo ella, sino ambos: "[estábamos tan enteros, tan sólidos, tan para un final]." Esas botas de punta la definían como "la mujer más exacta y occidental," y, sin embargo, no fue "el mar en tu sexo que era víscera y flor en el beso" (*Carne*, 2015: 476, 485, 487), es decir, la promesa de una pasión viva lo que vio el hablante, sino "uno de esos mares ascéticos, paisaje digital, sin referencias," una radiografía o ecografía. El ascetismo de la imagen digital frente al mar y su sugerencia de sexualidad visceral revelan la disparidad entre "la vida que imaginamos, pero no tuvimos." El cambio de ser ella "toda la carne que unas manos pueden llegar a abarcar" a ser recuerdo, representación, se produjo con la rapidez súbita de "un salto cuántico" (*Carne*, 2015: 485).

La relación se va perfilando con la "intransferible complicidad producto del espejismo llamado pareja." Espejismo y superficialidad que nunca llegaron "hasta el fondo," ni nunca experimentaron "el fango del verdadero contacto" (*Carne*, 2015: 493). Ni siquiera discutieron estética, que era lo único que los unía, en cuanto a la imagen que proyectaban al exterior, "una pose ante el mundo" (*Carne*, 2015: 490), ni tampoco discutieron temas éticos. Se ocuparon en interpretar ciertos signos, en "interrogar la honestidad de la naturaleza," lo cual en sí es una tarea idealizante, "sin saber que tal cosa no existe, que todo es artificio." Ese nudo de sábanas, ese coágulo en que se encerró la pareja fue un espejismo que se quedó en "superficie, espejo, flores que nadie decapita." En vez del carácter único que creyeron poseía su relación, descubrieron que eran intercambiables, "eternos objetos de supermercado" (*Carne*, 2015: 493). Creyeron ser profundos, eternos, únicos e inigualables sin saber que profundidad y superficie son como una cinta de Möebius conectándose recíprocamente. No se percataron de lo que Bataille llama "una parte maldita," "un excedente intercambiable" que existe en toda cultura y que, como sucede en las relaciones y en economía, está condenado a dilapidarse.

La despedida se describe en un escenario de lluvia y llanto que amenaza inundarlos. Pero los dos se aprietan las manos según una anti-ley acuática, dice el texto, que invalida el Principio de Arquímedes por el cual se afirma que todo cuerpo sumergido en un fluido experimenta un empuje vertical y hacia arriba igual al peso del fluido desalojado (*Carne*, 2015: 473). La mujer acaba disol-

Capítulo cuatro

viéndose hasta que nada queda de su rostro. Por eso la confusión de quién abandonó a quién pierde sentido pues todos "andamos diferidos de nosotros mismos," en contraposición al mimetismo en que se refugió la pareja. Desconocedora del "Principio de Mínima Acción por el cual la luz [todo en general] busca el camino más rápido para viajar entre dos puntos" (*Carne,* 2015: 469, 475), la mujer, en la interpretación del hablante, representa la unicidad sin divergencia. Su total desconocimiento de que "la única verdad" es el tiempo, le hacía decapitar una rosa sin preocuparse convencida de que ya "*saldrá otra*" (*Odisea,* 2015: 420). Esta mujer y el ideal que representa no entiende que somos polvo, polvo que no funda destinos ya que no somos más que

> paréntesis fantasma entre
> carne que nunca dejó de ser
> carne, un *flash* sin
> *flashback,* una apariencia,
> un *salto cuántico*. (*Odisea,* 2015: 421)

Y él, a su vez, reconoce que ella fue para él "un haz [que a mi pesar] duró 1 nanosegundo [...] pero me hiciste olvidar / la aparente eternidad que vaciaron otras" (*Odisea,* 2015: 420). La influencia de la mujer fue intensa pero fugaz, una plenitud del vacío que apenas duró.

Por eso la llama "Musa indiscutible" (*Odisea,* 2015: 400), pues realmente encarnó la idealización otorgada a la musa tradicional. Lo que se aprende es que no se trata de ser admirados, como sucede con lo que se idealiza en su unicidad, sino amados, lo que implica los intercambios. En vez de imponer ensalzamientos ideales a las relaciones, hay que construir correspondencias pues contenemos en nuestra misma piel vestigios de seres y culturas anteriores, incluso de electrones (*Creta,* 2015: 198), y es ahí, en esas correspondencias y enlaces, no en sublimaciones individualizadas, donde podemos hallar "la estrella de su renacimiento" que todo cuerpo busca (*Odisea,* 2015: 400). Ahí reside el sentido de la vida pues, aunque tarde o temprano "las hebras sucumben al tensado," es decir, cuando la tensión entre las entidades en la red cósmica no se pueda mantener más y la muerte llegue con el colapso, en ella, en la transmisión de vestigios en la cadena de todo lo existente nos actualizamos (*Creta,* 2015: 153, 198). Y también, como ya señaló el monigote, en los residuos que vamos dejando (pelos, uñas, manchas de humedad, "el límite borroso de nuestros cuerpos") nos continuamos. Y, por tanto, no hay finales ni comienzos que se erijan como postes autónomos, sino enlaces acabando por superarnos como creadores: "lo creado supera al creador." Y tragados por esa acumulación, "morimos a expensas de la ilógica," pero continuamos (*Creta,* 2015: 174). Somos tragados por lo que hemos creado y a lo que hemos contribuido.

Lo que pretendió ese espejismo de la pareja fue imitar a "Replicantes de un código de barras que jamás llegamos a vivir." Como los replicantes y el código de barras, la pareja quiso contener toda la información posible en sí mismos. No lo lograron pues el intento suponía un absolutismo insostenible. Todo fue una "alucinación […] un cristalizar sin agua, sin hilo argumental" (*Carne,* 2015: 470, 472). En una sutil referencia a las golondrinas en la rima LIII de G. A. Bécquer, el hablante recuerda un día cuando vio en la ventana de la mujer pájaros y, creyendo que los miraban a ellos, los enamorados, no entendió que, aunque como en Bécquer eran "un presagio de lo que vendría," su anuncio no es la vuelta de las golondrinas del amor sino de las trayectorias, la luz oxidándose en las manos, la mineralización. Los pájaros anunciaron que esa relación acabaría en un avance lineal entrópico. Por eso concluye: "Fuiste la llama de mi razón alucinada. El álgebra de mi transformación en animal." La modelo es alucinación y álgebra, replicando la incursión de la imaginación, intuición y otros elementos en los cálculos matemáticos y geométricos haciendo que el edificio científico viera tambalearse sus fundamentos, y que el hablante descubriera su lado "animal." Y así, habiendo creado en torno a ella todo un ideal unívoco y eterno, fue también por mediación de ella que acabó por reconocer el equívoco e inexactitud en esa construcción. Por eso la bendice, porque ella resultó ser, precisamente, un punto atractor para el cambio de dirección: "Divino tu cuerpo por catastrófico, radical, una línea de costa; por fractal" (*Carne,* 2015: 472). Fue la ilusión de perfección lo que acabó con la pareja pues el sistema de mismidad y mimetismo con que se rodearon no tiene salida viable. La foto que se hicieron desnudos no salió porque no es posible fotografiar lo que al ser igual y "perfecto" no admite representaciones (*Carne,* 2015: 476).

Ese deseo de perfección unicelular responde a una función que en matemáticas [f(x)] representa una relación binaria de dos conjuntos: A→B; tú→yo; yo→tú donde cada elemento del primer conjunto se asocia exactamente con un elemento del segundo conjunto (*Antibiótico,* 2015: 553). Se trata de establecer paralelos, pares, gemelos, de impedir la entrada de la diferencia o divergencia, de mantener el bucle unicelular y sobrepasar el binomio. Pero ese intento falla cuando se comparan los labios en una foto con los carnosos de la realidad (*Antibiótico,* 2015: 554), pues, aunque se trata de una copia mimética, hay una clara diferencia entre lo real y la imagen fotográfica. Aplicar una mirada según la perspectiva de una función matemática binaria "aniquila la mirada," ya que repite el ciclo de mismidad. En ese gesto mimético, "nos borramos del retrato" (*Antibiótico,* 2015: 554), quedando la imagen sin referente en la realidad. Como las fotografías, los espejos plantean un teorema donde el conjunto A es igual al conjunto -A, lo cual es falso. Algo parecido ocurre en el cerebro de los insomnes donde, debido a estar "disociado / en blanco y en negro," ese teorema tampoco se cumple (*Antibiótico,* 2015: 558). Ella fue "una extravagancia inoperante, un CD mil veces regrabado," un "alucinado equilibrio" (487) del que el hablante se libera: "ya estoy fuera" (513) y desde esa perspectiva, puede ver a la mujer "detenida y sola" (*Carne,* 2015: 513).

La experiencia con la modelo termina en un agujero de silencio ya que el amor entendido como un enlace unicelular no es sostenible al no dar espacio para el diálogo ni ofrecer un puente con la otredad. La "única aventura / ya posible" es hacer fotocopias (*Odisea,* 2015: 401) donde quede fijada la experiencia, o fotografías:

> no
> entendimos, amor, que el futuro es un horizonte hecho de
> silencio, y su composición más exacta serán las fotografías.
> (*Odisea,* 2015: 340)

El futuro se presenta en términos de reproducibilidad. La escena de despedida de la mujer se repite todas las noches en el recuerdo del hablante, estableciendo con ese adiós un límite imposible de sobrepasar: "Adonde yo no puedo ir es / más allá de tu despedida." La mujer ahora es un "recuerdo deshabitado," como

> La vida es un libro que se
> borra al ir leyéndolo,
> y los aniversarios un invento para recordar que
> estamos solos. (*Odisea,* 2015: 338, 339)

El discurso postpoético no tiene espacio para articular un ideal cerrado en torno a sí. Las fotocopias y fotografías son el límite del silencio en el horizonte de sucesos con el tú como "agujero en la luz, tú engendrándote / a ti misma," en suma, "espejismo." La fusión unicelular, mimética de la pareja fracasa por la incapacidad de mantener la complementariedad con la diferencia.

Muñeca rusa

"Muñeca rusa" es como el hablante se refiere a la mujer para indicar los diferentes escenarios en que se manifiesta y que disuelven la unicidad tradicionalmente atribuida a la musa modélica. Cada una de sus versiones revela una dimensión de esa modelo y su aparición es tan imprevisible como su desaparición.

Deshacerse de mitos no es fácil, y si la salida consiste en empezar desde la base, solo queda ponerlo en práctica. Cuando el hablante se encuentra a mitad de camino entre "el profuso bosque del Edén [...] y la mineralizada ciudad del Apocalipsis" (*Creta*, 2015: 138), la reconciliación de esos contrarios parece caer en manos de una musa que sorprendente e inesperadamente "salió desnuda a la ventana: papel en blanco: pezóntintero." Al verla, el hablante dice "Ha ocurrido lo que siempre soñé," es decir, el ideal de empezar de nuevo, lo que le hace pensar que esa imagen permita "insertarle al presente lo soñado." La desnudez de esa figura femenina y la hoja en blanco señalan un comienzo despojado de preconcepciones donde fundir sueño y realidad, comienzo que va a ser inscrito en círculos con la tinta blanca del pezón, girando para desafiar la causalidad entrópica de lo lineal. Pero la tinta blanca acaba en el silencio al fracasar en la inscripción. Su desnudez y blancura evocan un ámbito de la nada y el vacío, una escritura como espacio cero de ausencia.

Al otro extremo del silencio blanco está la danesa pelirroja de profesión arqueóloga. En las múltiples derivas que conforman la escritura postpoética, especialmente en *Creta*, el hablante la conoce en una cena dada por su amigo Dimitri quien la invita en condición de nómada (*Creta*, 2015: 183); el hablante ha sido invitado en el papel de escritor. Siempre acompañada de su perro, *Tuno*, y dedicada a exploraciones arqueológicas, la danesa parece jugar el papel de Caronte conduciendo "las almas" o entendimiento al otro lado del Estigia del mundo actual, hacia la Antigüedad de

Capítulo cuatro

Troya, con *Tuno,* un Cerbero astuto y engañador, como sugiere su nombre, vigilando las pesquisas de su dueña con el fin de proteger las ruinas de tiempos inmemoriales.

Quizá por eso, y por su profesión, la danesa se describe "como remota" (*Creta,* 2015: 183). Parece ser que los amigos la encontraron en el puerto, lugar apropiado a su condición de nómada, y con total naturalidad se subió al coche con ellos. De temperamento abierto, desinhibido, es una mujer que ríe "por todo lo que no entendía," revelando una personalidad sin pretensiones quien, además, no respeta las convenciones: "desafiaba a aquellas figuras de retablo y vestía raro." Evidentemente se trata de una mujer independiente y libre que a todos cayó bien. Las pecas que cubren su rostro y todo su cuerpo llamaron la atención y su respuesta fue que "cada peca es un pecado, un sueño gozoso que te agujerea el cuerpo para restarle peso, llega incluso a flotar en caso de tenerlo todo cubierto." En los múltiples agujeros / pecas / pecados de su cuerpo, esta mujer encarna el potencial erótico y cognitivo de esas marcas y concavidades, frente a la unicidad de la modelo y la blancura de la mujer desnuda.

En ese sentido, la danesa pelirroja revierte la identificación de pecas con pecados y su sentido de mancha que, en la mujer, desde Eva, y en su profesión, se asocia con sus indagaciones en el saber. La danesa no acarrea ningún sentido de culpa por tener todo su cuerpo "marcado," al contrario, cada peca / pecado / mancha se disuelve en un "sueño gozoso" que remplaza la culpa de la Eva bíblica por comer del árbol de la ciencia, por el placer y el gozo. Hay, además, un claro elemento de ligereza y liviandad en la danesa que contrarresta con el peso asociado normalmente con la culpa. Cada peca es un agujero que vuelve liviano el cuerpo, incluso lo hace flotar, como si levitara. El hablante y la danesa se identifican en su búsqueda de conocimiento, aunque con acercamientos distintos pero complementarios, pues el hablante responde a su "ansia erudita" con datos y citas, mientras que la danesa viaja a los lugares de su indagación. Sus diferencias se complementan cuando los dos se abrazan desnudos "Contra el mar" (*Creta,* 2015: 184).

El plan de la danesa al desembarcar en Creta es ir en busca de Troya, lugar emblemático para la emboscada postpoética. En esa búsqueda, la danesa sigue la tradición de viajeros, topógrafos, escritores y eruditos que en los siglos XVIII y XIX se interesaron por la antigua Grecia y sus mitos. Muchos creían que Troya nunca existió, que tan solo fue una leyenda inventada por Homero, otros, que podrían llamarse "realistas," creían que su existencia debía tener alguna base de verdad histórica. La Troya histórica está situada en la provincia turca de Çanakkale, junto al estrecho de los Dardanelos; sus ruinas se descubrieron en excavaciones realizadas en 1871. La danesa parece ser parte del grupo de los "realistas" teniendo en cuenta su claro propósito de viajar a Troya y el efecto que el saber tiene no solo en su cuerpo cubierto de pecas, sino en su misma mirada. Y así lo percibe el hablante, pues al despedirse de ella vio en sus pupilas "el reflejo de esa ciudad amurallada," algo muy distinto de aquello único e irrepetible que vio en los ojos de la modelo. Troya se ha encarnado en la arqueóloga, emitiendo su imagen en sus ojos, volviéndola "cautiva en su hallazgo," emboscándola. Por eso en sueños el hablante ve "aquellas pupilas" y escucha ecos de la mujer caminando entre capiteles y templos. En su fusión con la Troya de sus indagaciones, la danesa está a punto de sobrepasar el horizonte de sucesos cuando sube al acantilado y casi al borde del agujero "intenta reconocer el horizonte, pero éste nada le devuelve." Es Tuno, al final, guardián fiel del misterio quien se lanza en vez de ella. La identificación con el objeto de estudio supone la pérdida de perspectiva y la caída en un mimetismo sin espacio cognitivo. Por eso la mujer vuelve a la ciudad "en busca de la hospitalidad del eco" (*Creta,* 2015: 183). Su cuerpo cubierto y perforado de pecas como los agujeros negros que perforan el tejido cósmico, suponen "un lienzo sin resolver" por el reto que presentan al conocimiento.

La fuerza gravitatoria en el horizonte de sucesos que la danesa experimentó al máximo sugiere, como ya se apuntó, el caso de Eva y su asociación con la caída por querer saber y, por supuesto, la manzana de la discordia que llevó a la guerra de Troya, conectado también con la supuesta caída de la manzana en Newton y su teoría de la gravedad. Las manzanas del saber, según el texto de Fernández Mallo, "nunca caen de la misma forma," sugiriendo la relatividad del conocimiento, pues al penetrar de lleno en un problema, es necesario mantener la tensión entre hacerse uno con lo comprendido y la distancia necesaria para poder entenderlo. La experiencia con la danesa acrecienta el deseo de saber en el hablante quien, al despertar de su sueño, está seguro "de que hay una peca más en mi cuerpo [en el suyo una menos]" (*Creta,* 2015: 184). El cuerpo agujereado y levitante de la danesa es una réplica

Capítulo cuatro

de ese cosmos de carcoma aritmética que como la porosidad de las heces flota en nuestro entorno. Ella representa la inminente caída en el agujero negro que acarrea la exploración en el conocimiento, pero que no se produce gracias a la vigilancia del perro o naturaleza animal contraponiendo los cálculos del logicismo.

En los tres tipos de mujer que venimos discutiendo hasta ahora destaca el foco dado al cuerpo, ya sea en el ideal modélico de las pasarelas, como en la desnudez *tabula rasa* y, con la danesa en el cuerpo cubierto de pecas como un *intermezzo* entre los extremos. La relación con la modelo supuso un viaje "insólito […] al origen de Occidente para hallar el orden en lo que no existe" (*Regreso*, 2015: 236) viaje, por tanto, fallido pues el racionalismo y positivismo no ofrecen respuestas a lo que se revela como exento o partícipe de otro tipo de orden. Y así confirma otra figura femenina, la de la prostituta:

> Para un occidental recordar a una prostituta es muy fácil.
> Anatomía vagamente humana en la oscuridad del soportal, caído el arco de la melena, caído el arco de los labios, caído el arco de los pechos.
> El arco del soportal, anatomía vagamente solidaria. ¿Tienes fuego?
> (*Creta*, 2015: 193)

La prostituta encarna el decaimiento de la cultura occidental del que ya habló Oswald Spengler en su obra de 1918 y que el postpoeta corrobora en sus indagaciones. Y el retrato de Occidente no puede ser más devastador cuando, en una típica escena, la prostituta pide fuego para su cigarrillo y el hablante la vio "coja de la pierna izquierda, levemente manca del brazo izquierdo, devastada prolongación de la llama [especie de ceniza]." De sus luces solo queda la ceniza de ese cigarrillo con la prostituta encarnando un orden en decadencia. Curvados por el peso de un sistema lógico y racional que constriñe el espacio para la exploración, los monumentos occidentales comunican el fracaso de ese orden lineal. Esta figura de la prostituta nos remite de nuevo a la novela de Joyce cuando Bloom, en el episodio 13, "Nausícaa," observa a Gerty McDowell exhibiendo sus piernas y ropa interior en la playa de Sandymount. Cuando Gerty se levanta para irse, Bloom se da cuenta de que está coja. El mito de la belleza femenina, de la Helena / poesía como ideal inalcanzable, se descompone.

Niels Bohr y la Complementariedad

Sin embargo, no es posible descartar a esta mujer tan fácilmente pues "El delgado trazo de su beso, como a tiralíneas, delató un alma japonesa." Este final inesperado ofrece un tipo de complementariedad en la fusión del decaimiento occidental con las rectas del oriente. Y es en el beso, icono de la unión, de donde podría emerger un discurso de ensamblajes complementarios. El desenlace contrario sería cuando en el cruce se produce un choque de dos motos en la encrucijada que el hablante observa desde un café en Creta (2015: 167). Según un recurso habitual en la Postpoesía, el hablante enlaza lo que observa en su entorno con las reflexiones en que se ocupa. Así, relacionado con este accidente de motos y, según parece, a modo de escape de él, el hablante explora la noción de fuga en la perspectiva, invento que no fue propiamente del Renacimiento, según él mismo aclara, sino de la fuga misma "para fundar una Historia en tres dimensiones." Se entiende que la tercera sería el medio de escapar del choque de las otras dos y, en cierto sentido, para trascenderlo. Pero afirma que "Todo lo que se fuga, allá en el fondo se da de bruces contra un horizonte perpendicular" (*Creta*, 2015: 167), y, de resultas, acaece "la fuga de los epitafios" donde los polos dejan de estar tensados pues los epitafios son "sintagmas sin dialéctica [...] afilan sus dientes en el mármol sin conseguir traspasarlo."

Todo lo anterior viene a decir que la fuga no es la salida y lo que queda es afrontar la complementariedad o cruce de culturas. En otro lugar el hablante reflexiona sobre "lugares en fuga que no cumplen la simétrica inversión del espejo," y como ejemplos da el conectar "la nada del feto con la de la muerte [esos dos puntos que no definen una recta]," o en la más clara luz del día encontrar la noche (*Regreso*, 2015: 266), es decir, los cruces de opuestos complementarios. La fuga se perfila como espacios donde se produce una circularidad que permite la identificación de los contrarios. El punto de fuga donde es posible la unión de las paralelas, según el quinto postulado de Euclides, es donde la solidez de ese edificio se quiebra por carecer de evidencia. Una salida sería la teoría del tercero oculto o incluido que evoca la complementariedad bajo guisa de trascendencia, pero con cierta base científica.

Desarrollada por Basarab Nicolescu, esta teoría exige que "un par de condiciones contradictorias [...] deben y pueden atribuirse" en alternativa a un tercer término T que es a la vez A y no-A y que ejemplifica una lógica de la complejidad. El estado T donde se reúnen las contradicciones tiene su origen en Stefan Lupascu y caracteriza el mundo de la microfísica, de las partículas. Su dinámica funciona como una fuerza conciliatoria entre heterogeneidad y homogeneidad remplazando el binarismo por una estructura ternaria. El estado T establece un diálogo entre A y no-A, permitiendo puntos movibles y bordes / límites fluctuantes entre niveles de la realidad y entre entidades en el mismo nivel.

Para Nicolescu se trata de un elemento oculto y transcultural que funciona como catalizador en el génesis de la realidad. Como recurso mediador, el tercero incluido es esencial pues en esos espacios intermedios es donde se genera la creatividad y la imaginación (Francisc-Norbert *et al.*, 129, 132). El número tres, como el tercero incluido, supone una danza donde el dos de la pareja se expande y en sus vueltas configura una unión con giros de gozo erótico y creativo. La coalescencia es otra manera de hablar de la complementariedad e incluso del estado de suspensión en que se mantiene el felino entre la vida y la muerte en el experimento mental de Schrödinger. La diferencia estriba en que el encuentro / desencuentro de estados contrarios no es agónico, como es para el felino, sino de gozo al compartir ambas alternativas. En la mecánica de ondas como en la analogía se trata de que esto y aquello sean lo mismo. Sin embargo, la unificación de los contrarios A, noA no resulta en un estado de no-contradicción absoluta en un *Aufheben* hegeliano, lo que permite una apertura del conocimiento en todos los niveles de la realidad que implica la incompletitud. Esta estructura gödeliana cuestiona la noción de un conocimiento completo y definitivo y pone en entredicho tres principios de la física clásica: el principio de identidad (A es A), el de contradicción (A no es no-A) y el del tercero excluido (no existe un tercer término T que es a la vez A y no-A) (Sarquís y Buganza, 2009: 48). El tercero incluido crea un intervalo donde hay espacio para perspectivas abiertas a la imaginación y la creatividad. Permite "una reciprocidad de opuestos," pero el conocimiento permanece incompleto (Francisc-Norbert *et al.*, 2012: 3).[11]

Así lo afirma el hablante: "Nada es hasta que su línea no se cruza con otra" (*Creta*, 2015: 158); y también Wittgenstein. En los cruces de polos opuestos se sitúa la primera de las siete proposiciones del filósofo tan venerado por Fernández Mallo. Dicha proposición indica que el Mundo lo es todo, nada hay fuera de él, por lo que toda mística o trascendencia no tiene cabida: el Mundo es el caso. Las siguientes proposiciones hablan de la existencia de hechos atómicos dentro del Mundo que lo es todo y cuyo dibujo lógico, según se indica en la tercera proposición, es el pensamiento donde se ubica el sentido (cuarta proposición). La quinta indica que si el mundo creado contiene ciertas proposiciones que son ciertas, se supone que ese dios creador también creó un mundo donde las proposiciones que son consecuentes son ciertas. En la sexta proposición Wittgenstein expone una fórmula según la cual, si nos es dada la forma general para construir las proposiciones, se nos da también la forma general según la cual una proposición puede ser generada a partir de otra mediante una operación. Si no hay medio de decirlo de mejor manera, entonces, se requiere mantenerse en silencio, punto 7, el punto tan frecuentemente repetido por Fernández Mallo.

Los cruces o equis de polos opuestos, "la luz y la materia, el enemigo y la bala, el texto y la mirada" son los que constituyen la Historia, frente a las tontas "trayectorias lineales como epílogos" que, al igual que los epitafios, carecen de dialéctica y de significado. En medio de estas reflexiones el hablante percibe a una mujer "tras los cristales sucios y biselados de una tienda de informática," la "silueta opalescente entre el parpadeo de los monitores, el pelo atado en trenza, una talla sinuosa en el quicio de la puerta" (*Creta*, 2015: 158). Las curvas de su avance, talla y pelo recuerdan a la modelo y la mujer desnuda del pezóntintero, así como al cuerpo pecoso de la danesa. En este caso, la mujer se deja ver intermitentemente en las pantallas y por vislumbres entre espejos y cristales poco claros. Muy distanciada de la luz diáfana de las epifanías que se suelen asociar con las revelaciones de la musa, aquí el foco está en los intermedios y cruces de reflejos, pues esta mujer de la informática proporciona distintos ángulos de mira. Es la que mejor se aproxima al tipo de musa de la contemporaneidad, del "*sistema-mundo*" de la época postliteraria, del mundo del mercado del que, como ya estipuló Wittgenstein en una de sus proposiciones, no hay un afuera (*PP*, 2009: 76), y también, de las representaciones en imágenes ópticas donde la luz rebota en los espejos y se curva en las lentes (Halpern, 2017: 262), produciendo todo un revoltijo oculto de ondas interfiriéndose entre sí. Evoca el encuentro de lo analógico y lo digital ya tratado en otros textos. La espectroscopía, la etnografía, los rayos X son fuentes donde se generan muchas de las metáforas postpoéticas porque permiten llevar a cabo un análisis y observación en paralelo con otras observaciones, probando que es posible acercarse a fenómenos desde perspectivas diversas. Esta mujer inspira con el exceso de información, pero escasez de conocimiento, de ahí la suciedad de los cristales entre los que se deja ver. En el horizonte de sucesos de esta musa informática, el mensaje es mantener el balance entre distintos espacios de perspectiva y su valor representacional.

En la misma línea, el hablante recuerda un sueño que tuvo durante varios años. Soñó que camino a la cocina—¿se halla en la casa de la escritura en la que se prepara a "cocinar / escribir"?—se encuentra en el suelo con una cuerda que parece endeble y sin fin. La sigue por un tiempo que describe como "tedioso, inmenso, simplicísimo, denso, irreductible, tramposo, sublime, genesíaco" (*Creta*, 2015:168). La monotonía de ese avance recuerda el de las tontas trayectorias de la física clásica y, además, no es fiel al sueño pues las palabras "dan cuerda a otros relojes," es decir, no siguen el orden cronométrico al diseminarse en multiplicidad de connotaciones. Ese sueño, que duró por años, terminó cuando halla su "ombligo al final de la cuerda" volviendo, supuestamente, al vientre materno o efectuando un círculo autorreferencial sin salida. El sueño ha configurado una curva donde el punto de partida y el de llegada coinciden en formar una postura fetal que a nada conduce. Por eso en el ahora actual el hablante piensa "que debería haber caminado en dirección contraria." El sentido del sueño es claro en aconsejar el cambio de dirección cuando seguir en la repetición del mismo curso no avanza el conocimiento.

Y parece que el hablante se atuvo a esa lección pues tras vislumbrar a la mujer informática y su talla asume el mismo movimiento curvo: "giro y bordeo los pezones con la lengua, nueces, polos, espirales, maduros caracoles." El ombligo como el pezón prometen una vuelta circular a un cierto origen prístino. Sin embargo, no es el discurso blanco que se supone podría emerger de ese origen el que surge de la mujer quien, por el contrario "Grita una frase de tejido impenetrable en sigmas, thetas y omegas=cruce de lo que hasta entonces era Nada y ahora Mundo [muerte incluida]=ajuste en el círculo cuadrado=espejo que devuelve otra imagen." En la espiral de su discurso informático, esta mujer de pezones igualmente espirales profiere un discurso ininteligible procedente de cruces insólitos dando origen a representaciones inesperadas porque han "conjugado el no al incesto" de la recursividad (*Creta,* 2015: 158).

La expresión "cuadrar el círculo" en el discurso de la mujer informática (otra formulación de la complementariedad de contrarios) parte de un problema propuesto por los geómetras antiguos al tratar de construir un cuadrado con el mismo área que un círculo a partir de un número finito de pasos con compás y regla. Aunque el intento de resolver el problema resultó en fracaso, provocó la pregunta de si ciertos axiomas euclídeos sobre la existencia de círculos y líneas implicaban la existencia de ese cuadrado. Esta musa proclama espacios de perspectivas muy diversas que corresponden al fenómeno del Internet, de las redes sociales, de todos los avances tecnológicos cuya complejidad no es necesariamente fuente de conocimiento.

Partiendo de la analogía de que un cuadro no es más que una "mancha interpretada" sin pretensiones de copiar la realidad, el hablante admite haber sido el intérprete de la mujer: "Si es verdad que un cuadro no es más que una mancha interpretada, yo era el intérprete y tú la mancha"; intérprete también lo ha sido de la viveza de sus labios en el beso, de la armonía de los movimientos de sus dedos al manejar los cubiertos, de sus labios comiendo el mousse, de la "esfericidad" de sus ojos, y "el infinito azul de los pezones" (*Regreso,* 2015: 279). En su función de intérprete el hablante continúa la tradición masculinista de ser el agente activo frente a la pasividad de la mujer a quien "interpreta" con su mirada. Sin embarga las facetas de los distintos tipos de mujer que venimos analizando escapan al mirar masculino y, a menudo, son ellas quienes establecen la pauta a seguir. Estas reflexiones le traen al hablante el recuerdo de un cuadro "colgado en alguna pared de la pensión de estudiante, de una mujer sin mirada, reflejada en un espejo mientras se bajaba las bragas, los pechos colgando, el arco de la espalda, la rosa de sus nalgas" (*Creta,* 2015: 169). El cuadro con el espejo (en un guiño a Velázquez) crea un juego de representaciones donde se refleja la mujer, aunque ella carezca de mirada. Como la musa informática entrevista entre cristales y espejos, esta mujer está inserta en el juego especular, aunque, exenta de mirada, pareciera ausente de ese espacio especular que la encuadra. La postura de su cuerpo, como la talla sinuosa de la otra, comunica una escritura curva, de vericuetos complejos, y su gesto, bajándose las bragas, con los pechos colgando, y el arco de la espalda, la perfilan en postura inacabada, la de una "poesía en proceso" (*PP,* 2009: 74) donde sujeto y objeto, poeta e imagen no están fundidos, en síntesis, sino que evolucionan en las curvas y sinuosidades de las representaciones sin un final conclusivo. Se entiende, entonces, que el texto sobre el cuadro de la pensión se abra con una rememoración de la escena de autoconocimiento de Narciso. El hablante, apoyado en una barandilla, mira su reflejo turbio en el mar (*Creta,* 2015: 169), y se pregunta si su reflejo es él: "como si yo fuera ése, arenado y fundido a los cantos del fondo." La confianza en el realismo de las imágenes se reconoce ahora como una emboscada, un "espejismo" de "realidad," interpretaciones que se evaden en su misma conformación.

Las distintas manifestaciones de la mujer que venimos de analizar parecen reunirse en el CD que el hablante compone, es decir, en una grabación, como luego lo hará en fotocopias y fotografías. Su objetivo no es recordarla, sino fragmentarla digitalmente (*Odisea,* 2015: 400), volviendo el texto "inoperante" al hacer que el Centro de Masas o topología de la mujer "desprenda el olvido." En sus diferentes facetas, las "musas" reconfiguran el papel de guía designado tradicionalmente a la Musa Ideal, al presentar al hablante con la falsedad de las idealizaciones (la modelo), la imposibilidad de volver a un origen prístino en una *tabula rasa* (la mujer desnuda del pezóntintero), el entusiasmo en la búsqueda de conocimiento junto con la advertencia del riesgo (la danesa), la convergencia de opuestos (la prostituta occidental / oriental) y la irrealidad de la realidad en sus múltiples espejos y reflejos (la musa informática y la mujer del cuadro). La "muñeca rusa" se ha ido desdoblando en versiones diferentes de sí misma que, desde la forma modélica hasta las curvas descendentes y los espejos reflejantes han constituido una serie de nidos anidándose entre sí en un bucle recursivo. El postpoeta que se proclamó su intérprete no escapa de ese bucle que quiso interpretar al constatar que su observación es parte de lo observado.

La unión unicelular con la modelo llega a un punto en que el hablante dice verla "como realmente eras: sagrada, violenta, promiscua, dulce, ingenua" (*Carne,* 2015: 476), adjetivos todos que compendian las diferentes facetas de mujer que venimos analizando. La mujer reúne en sí las contradicciones en esos adjetivos y en los dos lenguajes, "un lenguaje para la vida / y otro para la muerte" discurriendo paralelamente (*Odisea,* 2015: 373). Ella encarna el cruce complementario, el entremedio deseado, causando entonces un Stop, la "Chispa del cortocircuito, tú, / vida y muerte colgando / de un mismo anzuelo" (373), porque, paradójicamente, en ese cruce que es la mujer se confronta la "guillotina del horizonte" (*Odisea,* 2015: 373, 374) donde hay que confrontar "la cuerda tensa a la altura de cuello / contra la que ignorante aceleras" (*Antibiótico,* 2015: 561).

La mujer modelo en sus diversas manifestaciones se posiciona en el horizonte de sucesos respecto a los polos contradictorios y revela, de distintas maneras, su complementariedad y su reto. En *Antibiótico* leemos que "nunca sabremos / dónde termina la sangre y comienza la lejía" (2015: 534). El mismo título, *Antibiótico,* enfoca la atención en los elementos químicos que, siendo opuestos a lo orgánico, sirven paradójicamente de cura a enfermedades orgánicas. El antagonismo evidente entre sangre y lejía revela la presencia de opuestos en cada uno de ellos: la sangre como señal de vida lo es también de muerte cuando se derrama, y el veneno en la lejía funciona también como desinfectante. Intentar aferrarse a la seguridad de las trayectorias por la fuerza de la costumbre, como la de dos cuerpos que "empollan / su propia trayectoria," conduce al fracaso (*Antibiótico,* 2015: 553).

En este sentido se sitúan los binomios que, en el ámbito de interrelaciones entre textos, eventos, entidades y en la musa y sus proyecciones, se configuran como los dos cuerpos que tenemos, el visceral y el informático que se conectan por el tacto (*Antibiótico,* 2015: 559, 560). No hay distancia inabarcable entre esos dos cuerpos porque, en realidad, se trata de roces, contactos más o menos evidentes, pero también indefinibles. Y la definición se complica porque en la Postpoesía como en la cuántica sujeto y objeto interactúan formando una totalidad indivisible: el sujeto es tanto observador como actor (Bohr, 1958: 81). Sus percepciones forman parte del objeto percibido y, en ese proceso la descripción se vuelve borrosa. La complementariedad, por tanto, supone un distanciamiento de los supuestos del realismo, del control del observador sobre el objeto de la observación—como los distintos tipos de mujer han ilustrado—, y recurre a un lenguaje de enlaces donde predomina la diversidad de ángulos de mira como la mejor herramienta para acceder al conocimiento más completo. Con la complementariedad es posible entender la dualidad de onda y partícula, la relación entre posición y velocidad y, en la Postpoesía, la del signo con la cosa, la del poeta y su "musa." Esa relación se establece ahora con la mujer fundiendo lo visceral y digital transmutándose ya sea por la Historia, la fotografía, la pintura o la informática.

Estamos en un escenario contextual donde la mujer flota entre opuestos en un movimiento constante. En este mundo el espaciotiempo está dinamizado y no hay puntos focales discernibles. El pasado no ha desaparecido y el futuro no está por venir pues todo está aquí y ahora (Caro y Murphy, 2002: 81). Las "musas" ofrecen conjeturas que adoptan nuestros distintos ángulos de mira sobre el conocimiento, el amor, y la creatividad en el binomio de escritor y su musa. La modelo idealizada con su solipsismo, la mujer desnuda *tabula rasa* con su pretensión de origen prístino, la danesa y su fusión de carne e intelecto, la decadente prostituta, la musa informática con los espejos y reflejos son tipos diversos pero interconectados en la red semántica de la mujer que confrontan al creador con un horizonte donde, de no andarse con cuidado, acabará dándose de bruces.

Capítulo cinco

Reproducibilidad y divergencia: Sistemas ortopédicos de la realidad (fotografías, mapas, máquinas, pares, simulacros)

Reproducibilidad / otredad; simulacro / reversibilidad

"Lo vivo no retrata tan bien como yo," admite el "yo" que en el libro *Ya nadie se llamará como yo* se supone que es el padre. La declaración establece una distancia en cuanto a la fotografía entre "lo vivo" y el "yo identitario," distancia que también se produce en el acto tan propiamente humano del nombrar: "¿No es rara la necesidad exclusivamente humana de dar nombre / a cuanto existe?," se pregunta el postpoeta (*Ya nadie*, 2015: 58). La rareza del nombrar se debe a ser una actividad no compartida por otros animales y, como la fotografía, consiste en fijar la movilidad de lo vivo en signos.

La reproducibilidad, foco de este ensayo, es una noción central en la Postpoesía en conexión con su objetivo de renovar y por el papel que ocupa en la cultura actual. Su preeminencia, que algunos consideran "monstruosa," conlleva una complejidad respecto a lo que se entiende por real y por original o auténtico, es decir, por cuestiones centrales como son la realidad y la vida. Los escritos de teóricos como Baudrillard, junto con McLuhan y Benjamin, servirán de marco a las elaboraciones postpoéticas sobre las copias, dobles, plagios y a lo que es fundamental para la Postpoesía: desbancar el realismo ingenuo que afirma la existencia autónoma e independiente de lo que está "ahí fuera" y se entiende por realidad. Si bien hay correspondencia y acuerdo entre la Postpoesía y el hiperrealismo de Baudrillard, hay también una alternativa pues la Postpoesía no considera que todo lo real y vital se pierda en el simulacro; algo persiste del referente real. Más que mantener ambos polos en una oposición irreconciliable, la Postpoesía apuesta por una reversibilidad entre dichos polos o, en otros términos, por un entendimiento complementario. Mediante el análisis de una

Capítulo cinco

amplia y variada gama de ejemplos procedentes de distintos textos postpoéticos, el capítulo analiza el significado de la reproducibilidad en su intercambio con la realidad negando, al mismo tiempo, toda creencia absoluta en la certeza de la realidad y de una autoría original, ya que todo es copia de todo. En las máquinas, robots y ordenadores la Postpoesía reconoce y valora el pragmatismo de estas creaciones por enlazar su carácter abstracto con el mundo ordinario y por cuestionar, en su mismo funcionamiento, verdades mantenidas como absolutas (Turing, Gödel).

El nombrar y las fotografías se asocian con una estética de fósiles, de la frialdad de los hielos, de lo anti vital de los preservativos, de lo externo de los caparazones, de los páramos por fijar las pulsaciones de lo vivo (*Antibiótico,* 2015: 573).[1] Ocupados en el nombrar, los humanos han perdido la pista de otras muchas ocurrencias y eventos; han perdido lo vivo y, en su lugar, se han quedado con representaciones—fotografías, copias, mapas, máquinas, pares—, simulacros todos que, intentando reproducir la vida, acaban por obliterarla. Las reproducciones funcionan a modo de sistemas "ortopédicos" que encorsetan el dinamismo vital. Frente al cambio que se opera en lugares y personas, las fotografías les otorgan una fijeza identitaria como si "valieran no para distinguir y clasificar épocas sino para buscar la constante de una ecuación que involucra al tiempo y al carácter" (*El hacedor,* 2011: 69).

Frente a la compulsión humana de buscar esa constante de estatismo e imponer el signo y la textualidad sobre la vida, el hablante postpoético trae a colación a H. D. Thoreau y su *Walden, la vida en los bosques* donde, anticipándose "100 años a Walt Disney," el autor americano "establece la primera relación delirante del humano con plantas / y / animales" (*Ya nadie,* 2015: 59). "Delirante," el adjetivo elegido por el postpoeta para caracterizar la relación establecida por Thoreau con naturaleza y animales no humanos, no deja de ser significativo ya que asocia esa relación con un estado de alteración mental, de desorden de ideas y de intranquilidad, pero también de atrevimiento e impulso de innovación al transgredir las fronteras que socialmente se imponen entre lo urbano y lo natural, lo humano y lo no humano. Thoreau aparece como responsable de un cambio paradigmático liderando lo que más adelante sería la concienciación ecológica.

Las referencias a fotografías, imágenes del cine, mapas, copias y al sentido de la *performance* en los escritos de Fernández Mallo apuntan a la reproducibilidad como noción central de la cultura actual que la Postpoesía registra. En la reproducibilidad efectuamos la paradoja de aproximarnos a lo real distanciándolo, o de distanciar lo real que queremos replicar.[2] De ahí se deduce la compleja relación con lo que llamamos "real" y "copia" o realidad y ficción cuya supuesta oposición pronto se revela como una danza de opuestos complementarios. Un ejemplo es el proyecto que se plantea en *Antibiótico* de sustituir las paredes de una habitación por una fotografía a escala real de las paredes de la misma habitación, de hacer, según se deduce, que el simulacro ocupe el lugar de lo real. El referente de ese proyecto se encuentra en el cuento de Borges "Del rigor en la ciencia," donde los cartógrafos del imperio dibujan un mapa muy detallado que sigue el perímetro de la isla y cubre exactamente todo el territorio. El hablante postpoético reconoce la locura del proyecto al querer que el mapa y el territorio coexistan, lo cual no le detiene en aplicar un método semejante a las paredes de la habitación. El totalitarismo de la copia en la cultura actual tiene algo de "monstruoso" o fuera de la naturaleza pues se trata de crear modelos sin origen en lo real: "Los mapas no son los países sino su memoria" (1988: 90). Lo irreal ya no reside en el ámbito de la fantasía o en un más allá sino "in the real's hallucinatory resemblance of itself" [en la semejanza alucinante de lo real de sí mismo]. Al final de este proceso de reproducción, "the real becomes not only that which it can be reproduced, but that which is always already reproduced: the hiperreal" [lo real deviene no solo lo que puede ser reproducido, sino lo que ya es siempre reproducido: el hiperreal]. Según Baudrillard, la realidad que surgió triunfante del renacimiento y sus certezas queda subvertida por el *trompe d'oeil* (1988: 157, 166). Hoy día lo real y lo imaginario se confunden en la misma totalidad operativa (Baudrillard, 1988: 145, 146). La preeminencia de las reproducciones en la industria y la economía confirma lo que ya indicó Walter Benjamin, que la reproducción no se limita solo al campo de las artes, sino que se extiende a todas las esferas: moda, los medios de información, publicidad, negocios, economía, el cosmos. Tanto para Benjamin como para McLuhan, la producción en sí ya no tiene sentido pues su función social se pierde en la serialidad y el verdadero mensaje reside en la reproducción: el simulacro sobrepasa la historia (Baudrillard, 1988: 138). La técnica no es una fuerza productiva sino un medio, la forma y el principio de toda una generación de sentido.

Capítulo cinco

El objetivo postpoético al llevar a cabo el simulacro de cubrir las paredes de la habitación por una fotografía que las reproduce fielmente es para "matar la escala real que hay en ti," es decir, para deshacerse de una vez por todas de la persistente creencia que la existencia de una realidad ahí fuera, de que no hay discontinuidades en ese espacio, es lo único sólido a qué atenerse.[3] Por otro lado, la imagen de los alambres donde se clarean folios en vez de ropa (*Antibiótico,* 2015: 532), semejante a la del hombre que colgó de las ramas de un árbol en el jardín de un hospital un lienzo y pinceles con la esperanza de captar la naturaleza en su dinamismo vital (*Creta,* 1998: 189), busca sustituir algo "real" como la ropa, por algo que pertenece al área de las representaciones, como los "folios." En los folios / ropa vacíos de cuerpo "se observa / un mundo previo, la ilusión de un fémur / hecho trizas." En el binomio escritura / realidad hay un cierto acercamiento entre los contrarios (una "ilusión") pero en detrimento de la vida.

En la "cartografía" del huevo frito al comienzo del ensayo sobre la Postpoesía, se sugiere el binomio de lo crudo y lo cocido analizado por Claude Lévi-Strauss y sus implicaciones en cuanto a la cultura y la escritura. Hay en Fernández Mallo un interés, que él mismo califica de antropológico (*PP,* 2009: 109), en los alimentos, en la manera de consumirlos y tratarlos y en lo que se comunica a través de ellos sobre la cultura actual. Entiende que hay un paralelismo evidente entre el "consumo del arte / no arte" y "el consumo de los alimentos," lo cual "se extiende a lo poético / no poético, literario / no literario" (*PP,* 2009: 108), y habla de la "resurrección" y "sublimación" que tiene lugar al cocinar un alimento que compramos "muerto," lo cual no ocurre cuando consumimos comida ya preparada, debido a que ya venía muerta al comprarla (*PP,* 2009: 109). La distinción aquí implícita entre alta cocina y *fast food* debe superarse en la perspectiva postpoética ya que en última instancia "ambos tipos de comida están compuestos por lo mismo: partículas" (*PP,* 2009: 110).[4] Aunque "frito" o procesado culturalmente, el huevo retiene su carácter de alimento ordinario y muy doméstico, apuntando a esa superación postpoética del dualismo de alta y baja cocina. Sugiere, además, que como "cartografía," el huevo frito es el mapa postpoético a seguir donde se incluye la aculturación de la naturaleza y la exploración de lo que se considera "real." Porque algo del huevo real / crudo como referente perdura, y así lo entiende Fernández Mallo (v. Sánchez,

2014). Aunque el autor de la Postpoesía coincide con Baudrillard en reconocer el imperio del simulacro, no cree que se trata de un caso de absoluto hiperrealismo donde el referente no existe. Fernández Mallo afirma la necesaria reversibilidad de copia y referente y reconoce que la copia como la traducción no son el original o, mejor dicho, el referente no es el original, sino copia de otra copia. Sin embargo, aunque el original sea diferido *ad infinitum,* hubo en su momento un roce o contacto que justifica su denominación de referente y que, además, configura esa danza de reversibilidad entre naturaleza y copia en la que Fernández Mallo insiste.

En la cultura actual los simulacros fuerzan lo real a ajustarse a ellos, y, según Baudrillard, ya no hay espejos del ser y de las apariencias, de lo real y sus conceptos. Lo que impera es la simulación pues de lo que se trata no es de imitar, reduplicar o parodiar sino de sustituir signos de lo real por lo real mismo, haciendo tambalear la diferencia entre verdadero y falso, real e imaginario. El poder de las imágenes es tal que al desprenderse de lo real acaban por volverse sobre sí mismas en un circuito de autorreferencialidad ininterrumpido sin enlace externo (Baudrillard, 1988: 167, 168, 170). Con la desaparición de lo real, el recurso en el que nos acogemos es el de los mitos y la nostalgia, como la que el hablante confiesa por la infancia o por el licor de arándanos que preparaba su madre, por asociarlos con la autenticidad de la que carece la copia que permea la cultura actual. Las resonancias de la magdalena proustiana en estos recuerdos de una infancia de veracidad tienen tal persistencia que sobrepasan el plano personal y se dimensionan en el científico: "la infancia es un átomo que emite / la partícula @ hasta que morimos" (*Antibiótico,* 2015: 538).

La Postpoesía ofrece su inusitada y novedosa articulación de esta era de la simulación en la metáfora y metafísica del chicle "como idea de lo que da vueltas sobre sí mismo en una cavidad resonante sin llegar a consumirse en su infinita emulación de alimento simulado" (*PP,* 2009: 47). El proceso de masticar el chicle dándole vueltas en esa "cavidad resonante" de la boca entre lengua, paladar y dientes, cambiando su forma sin que ocurra ninguna evolución se aplica al efecto que tiene la tradición cuando actúa desde el interior y con sus premisas "esclerotiza" el fluido de la escritura y la creatividad. La constante masticación de estrategias y métodos que se vienen repitiendo hasta la saciedad acaba por tener un efecto patológico en el sistema cultural y de la escritura. Sin

Capítulo cinco

enlace con la fotosíntesis que emana del contacto con el exterior, la escritura y la cultura se reducen a repetir imágenes, masticándolas como el chicle en la boca sin evolucionar (*PP,* 2009: 45). La propuesta postpoética es la de cambiar de rumbo y dirigirse hacia una heterotopía o práctica poética distinta (*PP,* 2009: 65).

Al final de *Antibiótico,* el veredicto sobre el presente es severo: *"y cayó al fin el ángel"* (2015: 607). La referencia al ángel evoca el ángel de *stucco* o yeso frágil que se cuartea al que alude Baudrillard para connotar la precariedad de lo real (1988: 135). La caída del ángel anuncia la de un tipo de discurso asociado con la univocidad y veracidad en una cultura mercantil donde los trámites de compraventa, encerrados en el bucle de su materialismo no tienen cabida para trascendencias o sublimaciones y que, además, al ocurrir a una velocidad semejante a la de la luz poco puede competir el ángel con sus alas. Comprar y vender se vuelven simultáneos, pura inmanencia de meras transacciones. Por eso tenemos la experiencia del *déjà vue:* "esto ya lo he vivido, pero es inédito" (*Antibiótico,* 2015: 539): hemos perdido la capacidad de distinguir entre lo real y la copia. El exceso de reproducciones que con Baudrillard Fernández Mallo lamenta, hace que la vida contemporánea sea un sucedáneo.

Los sucedáneos son los elementos de que y con que vivimos y de los que queda un residuo que aparece incluso 40 años después como "estrellas en stand-by," aludiendo a los agujeros negros y a la luz de las estrellas que nos llegan cuando ya están muertas. El original es un edén perdido y lo que tenemos es "agua carbonatada" (*Antibiótico,* 2015: 539), reproducciones que, como las estrellas, poseen el brillo muerto de lo que fue. Y según el modo postpoético de recurrir a imágenes de la realidad cotidiana y práctica como ilustraciones, la situación social del mundo y del cosmos se resume en el caso del jamón de York ya cocido, producto distante del jamón español tan cotizado. Otro ejemplo ilustrador de la situación son "tus pechos [que] expulsan leche tibia y simultáneamente conjuntos vacíos" (*Antibiótico,* 2015: 539). Estos versos aparecen junto a otros sobre la velocidad con que eventos distintos e incluso contradictorios se vuelven aparentemente simultáneos. Los pechos constituyen un conjunto o *set,* aludiendo a la teoría de conjuntos, rama de las matemáticas y a una de sus funciones, la de considerar los atributos de un conjunto y las operaciones que pueden efectuarse entre ellos. En este caso el conjunto de los pechos incluye la paradoja de ser fuente de vida en la leche y, "simultáneamente conjuntos vacíos" o vacuidad que se representa en la teoría de conjuntos por la letra ø. La simultaneidad de elementos paradójicos que se da en los pechos apunta a la diferencia en la semejanza.[5]

Algo similar se aplica al principio de la unicidad. Un ejemplo icónico es la princesa Carolina de Mónaco caminando "sola y vectorial" hacia la catedral para asistir a la ceremonia de boda de Felipe y Leticia. La princesa va vestida de rosa, lo que lleva a una discusión sobre los distintos tipos de rosa según sea el modisto que los elabora. A la larga, sin embargo, se trata de variedades del mismo color que la realeza no posee con exclusividad, de igual modo que los colores no pertenecen a las cosas, sino que dependen del cerebro y su procesamiento de fenómenos visuales. Por eso el Rosa abarca todos los rosas, de igual modo que el Spam abarca todos los spam. Cuando la princesa entra en la catedral, en la moqueta roja hay grasas de manteca de cerdo dejadas por un monarca hace 300 años, polen de unas flores que pisó una doncella hace 200 y una gota de semen del Príncipe (*Antibiótico,* 2015: 540, 542). Esas marcas apelan a la huella carnal más básica de todos los pertenecientes a la aristocracia, no importa su alcurnia ni el tiempo que haya transcurrido. Al igual que las copias, esos seres han dejado su marca física que comparten con otros seres humanos. Carolina es una princesa cuya individualidad no escapa a la reproducibilidad. Así como su Rosa es el rosa de todos, las discusiones sobre modistos se trasladan al día a día sobre la ropa que ponerse, con comentarios tan cotidianos y domésticos como "ponte esta camisa, que vienen los cuadros marrones y rosas," pues la moda es otro de los sistemas donde domina la reproducibilidad. Por eso el hablante concluye que, aunque el Mundo aún no fuera chino, ya todos vivimos en las copias (*Antibiótico,* 2015: 541).

La reproducibilidad en el mundo contemporáneo evoca la teoría de René Girard del deseo y su naturaleza mimética. Para Girard el desarrollo humano supone un proceso de imitar el comportamiento de otros deseando algo que los otros poseen. De manera semejante Fernández Mallo sitúa la simulación en "el origen del hecho propiamente humano" (2021:15). Para el postpoeta la imitación es "el primer acto *apropiacionista,*" y la imitación y la copia son mecanismos "de supervivencia" y "de continuas e inéditas creaciones." Tanto Girard como Fernández Mallo asocian el mimetismo con un deseo de ser: *"simular ser otro para ser uno mismo"*

(2021: 16). En el proyecto postpoético la identidad implica un distanciamiento de los valores absolutos de unicidad y exclusividad para afirmarse en reproducir lo que se desea en la otredad y que toma forma en el apropiacionismo. La supuesta unicidad identitaria se afirma en reproducir la otredad deseada, y la fantasía y la creación de "nuevos mundos" emergen de la divergencia en el mimetismo.

Las copias afectan a todos los niveles, desde las fresas—las que nos venden como originarias de la localidad cuando provienen de otro país—, de modo que con ellas se tricota un jersey en el que, como en la telaraña cósmica, se enredan los miles y miles de todas las reproducciones. Si intentamos tirar del hilo con el fin de ver de donde provienen, en vez de llegar a revelar un origen, acabamos con una luna llena de quimioterapia (*Antibiótico,* 2015: 531). El astro tradicionalmente asociado con la inspiración, la fantasía, la creatividad, deviene el recipiente dispensador de uno de los tratamientos del cáncer, la quimioterapia, porque la situación actual sufre de una metástasis de simulacros.

El texto, entonces, se plantea medios de contrarrestar la situación y se pregunta si sería una cura y / o solución comprar cosas que no contienen aditamentos o imitaciones, como la leche entera o los helados grasos. No parece que esa sea una solución porque esos productos no tienen la supervivencia asegurada debido a que "la simulación de la identidad conduce a la homofagia, incita al canibalismo." Aunque parezcan libres de adulteraciones, no son más que simulaciones de autenticidad: son, en suma, reproducciones de sí mismos, lo cual, según indica el texto, conduce a la auto devoración al sustentarse en su mismidad. Algo semejante ocurre con la muerte, que el hablante califica como "una fiesta de la objetividad" al ser única para cada uno y exenta de referente. Las diferencias individuales tampoco se mantienen, como evidencian las heces iguales para todos, de igual modo que el vidrio de la ventana que difunde la luz sin esfuerzo no es la luz (*Ya nadie,* 2015: 65, 66). Todo se reduce a la reproducibilidad o a su ampliación.

De ahí la sorpresa del título *Ya nadie se llamará como yo* por la exclusividad que atribuye al nombre. Fernández Mallo escribió este libro en torno a la muerte de su padre en 2012. En una entrevista con Jorge Carrión, el autor elabora sobre lo que significó esa muerte y cómo esa frase, dicha cuando ya el padre no podía reconocerle, le dejó en un estado de total desconcierto, como si se cayera "el telón de la realidad" y alguien dijera, "'¿ves todo esto que has tenido alrededor? Pues todo esto era mentira'. Y entonces alguien levanta otro decorado, otra dimensión, de la que eras ignorante" (Carrión, 2021). Ser un desconocido para el propio padre le hace ver al hijo que lo que se tomaba por real, como es el reconocimiento del hijo por su padre, no se sostenía sólidamente y de resultas, el decorado o manera de percibir lo que se considera "real" se reemplaza por otro escenario que hay que aprender, el de la fragilidad de absolutos como la identidad y la realidad, la verdad y la falsedad, lo real y lo ficticio. Y, también, el propio nombre del padre que, según Deleuze, "no pertenece al lenguaje," está fuera de él al no hallarse en el diccionario (v. Fernández Porta 81–82). El valor identitario que se asocia al nombre desaparece cuando la persona muere pues el nombre queda colgando sin referente, como si el telón con que el nombre cubría la falsedad de no ser la persona que representaba se hubiera alzado revelando la ausencia de identidad'. El título del libro, además, evoca el *Outis* o Nadie que Odiseo dio como respuesta cuando le preguntaron su nombre. En este caso, el padre como Odiseo / Nadie es el referente de nadie y de todos, del nombre que a todos y a nadie pertenece. En el ámbito de la reproducibilidad, el título se entiende también como el final de lo que podría llamarse la normativa o carácter único del padre como legitimador de la descendencia, y en la misma línea se nos recuerda de los numerosos heterónimos del portugués Fernando Pessoa para quien la identidad del yo deja de ser unitaria y exclusiva.

Así, en una cita de lo que parece ser la letra de alguna canción de Parade—otro ejemplo de un elemento de la realidad cotidiana para ilustrar la reflexión que venimos discutiendo—un hijo habla de su padre, Víctor, del que ya apenas piensa, y explica el haber sido generado por el padre como "*Consecuencias de un mal uso de la electricidad*" (*Ya nadie*, 2015: 67). La paternidad se atribuye aquí a algo tan pedestre como un fallo de la electricidad, la concepción del hijo carece de trascendencia y el hijo apenas se acuerda del padre. La paternidad exige pruebas para confirmarse que la maternidad no requiere, lo que explica en cierto modo la insistencia en la tradición occidental de imponer el nombre del padre. Conectadas postpoéticamente, estas consideraciones sobre el nombre como distintivo de la identidad en el marco de la cultura de reproducción sugieren otro ejemplo: el de la leche que, al hervirla, genera una capa de nata que parece algo diverso de su naturaleza siendo lo mismo, " como si en el blanco existiera otro blanco aún más blanco"; o escribir con una tinta hecha del mismo plomo con el que se fabrican las balas (*Ya nadie,* 2015: 67). ¿Cómo es posible que algo tan blanco como la leche extraiga algo aún más blanco? ¿O que dos cosas tan distintas, como tinta y bala, estén fabricadas con el mismo material? La respuesta parece hallarse en el verso: "—toda cosa lleva un náufrago dentro—," algo que se encuentra en su interior, pero ahogado, como sucede con el ojo o punto que nunca se mueve en medio de remolinos y huracanes (*Ya nadie,* 2015: 73). El náufrago de la leche es la nata, su esencia que solo al hervirla emerge a la superficie como sustancia grasa. Se diría que se sale del sistema de la leche, pero solo en apariencia pues, aunque tiene una consistencia diferente a la leche, es parte de ese sistema del cual no puede salirse. La entidad contiene la diferencia, lo cual es otro argumento para descartar el mito de una identidad plena. La opción del término "naufragar" es significativa porque expresa lo que supone la identidad y los intentos de contenerla en signos. Por eso, el escritor que escudriña el yo se adentra en territorio abismal donde puede acabar ahogado en la multiplicidad de capas que encubren el conglomerado que es la identidad. En ese conglomerado, como en la similitud, anida la diferencia, y el escritor se encuentra suspenso entre ambos, lo propio y lo ajeno. Y anida también, como se ha visto en capítulos anteriores, la complementariedad que entre opuestos que se excluyen mutuamente posibilita describir cada uno de ellos manteniendo su diferencia, así como su "contribución" en obtener un conocimiento más completo.

En *El hacedor,* discutiendo la traducción, la copia o la maqueta, el postpoeta afirma que lo más interesante "de toda traducción es su imposibilidad para ser exacta" (*Creta,* 2015: 142) porque en la copia se cobija la otredad. Así ocurre con los papeles sobre la mesa emulando un libro que no es, o los pulmones dibujados en la cajetilla de tabaco alertando del peligro de fumar que, a su vez, reproducen las alas de un ángel cuando el tabaco acabará bloqueando el aire necesario para el vuelo. En la misma línea de estos ejemplos de otredad en la simulación se sitúa la casa familiar que, al ser desalojada tras la muerte del padre, experimenta varios cambios que afectan su estructura: las ventanas se abomban y las paredes se curvan debido, según se explica, a aplicar la lógica del ojo de pez, es decir, de mirarla a una distancia que amplía y distorsiona la visión. Esas formas curvas y blandas disuelven la solidez que la casa real tenía, como si estuviera siendo sometida a la relatividad de la memoria y la fragilidad de lo que se retiene como imagen cierta.[6] Por eso, rehaciendo el cuento de Borges "Parábola del palacio," Fernández Mallo dice que "lo real era una de las configuraciones del sueño," y en la "compresión de la realidad y la ficción [es] donde radican la singularidad y grandeza de toda ecuación matemática." Además de las alusiones a la relatividad, la cita parece tener en mente al físico Henri Poincaré quien insistió en que las combinaciones más útiles y fructíferas, como en las ecuaciones, eran las que fundían "elementos tomados de dominios muy alejados." La intuición para Poincaré jugaba un papel fundamental en la investigación científica, y el autor de la Postpoesía así lo confirma al reconocer la novedad y valor de una ecuación matemática donde ficción y realidad se dan la mano (Poincaré, 1938: 4). En otros casos, la contemporaneidad proporciona ejemplos de la fragilidad de lo que se supone real en cosas que, como las bebidas cuyos ingredientes son cero, desafían lo que es existir, lo que es ser sin ser: "hay cosas que, existiendo, no existen" (*Odisea*, 2015: 391). De igual modo, hay "palabras que no existen" por no tener referentes en la realidad, como cuando encontramos sofás con diseños de flores que no existen. El signo es aquí prepotente porque no remplaza a la cosa, sino que la inventa.

Estos ejemplos que cuestionan las creencias en identidades sólidas responden a uno de los objetivos más importantes de la Postpoesía, el de dar fin a un naturalismo o realismo ingenuo mantenido por la física clásica sobre la existencia de una realidad "ahí fuera" (*PP*, 2009: 19) que sostiene que lo que se ve es lo que es. Para Fernández Mallo, "la ciencia, como las artes, no es el mundo, sino una representación del mundo, y como tal representación es ficción." En el ámbito postpoético hay que considerar el realismo desde el marco de la complejidad en la física cuántica donde la realidad no es algo distante de la observadora ya que ella es parte de la observación, dando entrada, como ya afirmaron varios físicos, a la conciencia y a un elemento irracional, así como a la incompletitud del conocimiento (*TGB*, 2018: 27). La ciencia en la revolución cuántica ha sufrido un cambio paradigmático, según ya señaló Thomas S. Kuhn (*The Structure of Scientific Revolutions,* 1962), pues la admitida linealidad de los procesos físicos se desplaza por la presencia de un "excedente cualitativo, un término de interac-

Capítulo cinco

ción entre A y B que se nos escapa, un término que promociona esa suma a un lugar indeterminado e inaccesible, de tal manera que el sistema *difiere de sí mismo*" (*PP,* 2009: 21). Y en virtud del Principio de Exclusión de Pauli y de la ley de aniquilación materia-antimateria, "en el mundo no puede haber dos cosas exactamente iguales, ni exactamente contrarias" (*Ya nadie,* 2015: 113, 114).

Hay varios datos en el texto postpoético que cuestionan la fiabilidad de la realidad o de sujetarse a nociones absolutas sobre el tiempo, así cuando el hablante constata que va al trabajo con una hora de adelanto, ya que no se había dado cuenta del cambio del horario debido a la estación, reconociendo que el reloj cronométrico es relativo. Cuando en su coche llega a la icónica plaza de España, el hablante ve a un anciano que "tiraba de un polipasto cambiando el cartel de la fachada de los cines ABC" (*Creta,* 2015: 154). Lo común de ese gesto provoca una reacción aparentemente incongruente pues el conductor " rompió a llorar," quizá al notar la vulnerabilidad del anciano por su edad y el paso del tiempo en el cambio de los carteles. A ello se añade la nota del cine o teatro de la vida, ya mencionada anteriormente, con sus cambios de escenarios. Las películas fijan escenas que a su vez cambian de una película a otra, como si se tratara del paso de unas vidas a otras a lo largo del tiempo. La percepción que este personaje tiene de esa escena, conduciendo por las calles de la ciudad en medio de un tráfico de marea, se une a las imágenes que va revisando en su memoria de las ecografías de sus pacientes, reconociendo en ellas, en la fijeza de las imágenes los órganos vivos ya marcados por la muerte.

Una posible solución a la fijeza mortal de las fotografías, que se ofrece mitad en broma mitad en serio, es la del artista Baldessari en Santa Mónica imitando al padre que en una foto aparecía junto a un acantilado alzando el brazo para despedirse de su esposa, la madre del artista, que emigraba a América (*Ya nadie,* 2015: 80). Baldessari se pasó todo un día repitiendo ese gesto, brazo en alto saludando a todos los barcos que pasaban. Baldessari sabía que los barcos no lo veían, pero eso no importaba, lo que importaba era dar vida al gesto, repetirlo, reproducirlo. El hablante postpoético decide imitar a Baldessari, y cuando encuentra una foto de sus padres y hermanas de los años 60 en una moto, mientras la calle "se fuga en un punto que en ese momento aún nadie podía precisar," imita el gesto. ¿Cuál gesto? ¿el de recorrer con su familia esa calle fugándose en un punto impreciso? ¿el punto de fuga en el mismo plano de la línea del horizonte desde el que observar las fotos dotándolas de realismo? Ni Baldessari ni el hablante habían nacido cuando las fotos fueron tomadas. La repetición del gesto es una imitación de otra imitación, y tanto el barco y el mar como la moto y la calle en fuga señalan la "huida" de todo en el tiempo y en la maraña de reproducciones. Ambos artistas toman la decisión de repetir el gesto de sus padres y familiares y, en esa acción, reconocer que ellos también se añadirán a la fuga. Hay mucho de juego en esta copia de gestos que, en su puerilidad, intenta sacar las imágenes familiares de su fijeza fósil (*Blog Up,* 2012: 86).

En su *Remake* de *El hacedor* de Borges, el hablante hace un recorrido por *Los Monumentos de Passaic 2009.* Al llegar al puente, dice que el sol del mediodía convirtió puente y río en

> una imagen sobreexpuesta. Fotografiarlo con mi Instamatic 400 fue como fotografiar una fotografía… Cuando atravesé el puente era como si caminara sobre una fotografía enorme hecha de madera y acero y, debajo, el río existiera como una película enorme que no mostraba más que una imagen continua en blanco. (2011: 60–61)

La luz solar provoca ese efecto de superponer realidad y representación. Al seguir caminando, imagina que los puntos de luz que ve en el río son

> […] cables de luz que al hacer la fotografía han sido cortados por mi cámara Nokia N85 […] y pienso que quizá toda la realidad esté hecha de cables que no vemos, y que toda fotografía no sea otra cosa que un corte limpio en ese cableado, un filete extraído a un compacto músculo al que llamamos Realidad en cuyo interior crecemos. (*El hacedor,* 2011: 65)

Esta reflexión insiste en la realidad como construcción atravesada por cables y filamentos que la fotografía corta en capas, rebanadas o "filetes."

Lo positivo, si el término es acertado, de la reproducibilidad se encuentra en la cita siguiente procedente de la novela *Limbo:* "todo cuanto alguna vez ocurrió está condenado a repetirse. Si todo lo que existe no hubiera ya existido, moriríamos de susto una vez que lo tuviéramos delante" (2014: 137).[7] La repetición garantiza unas expectativas de existir que de carecer de ellas viviríamos en el te-

Capítulo cinco

mor, además de descartar la noción de originalidad. Al respecto, el hablante cita al doctor J. J. Jacobs del Instituto Genético de Tokio, cuya teoría expone la idea de que "todos nacemos con un gemelo que en la mayoría de los casos muere en las primeras semanas de gestación" (2014: 148). ¿A qué se debe esa muerte?, surge la pregunta. Una posible respuesta sería que la naturaleza selecciona para evitar la repetición de lo mismo. En páginas anteriores se discutió la noción de Fernández Mallo de que en todos nosotros hay un náufrago sumergido que sale a la luz como la nata al hervir la leche. Quizá el náufrago sea el gemelo que forma parte de nuestra identidad a modo de otro en la mismidad. Ese cruce de contrarios o de la otredad sumergida en la mismidad es el tema tratado en obras como *El doble* de Fedor Dostoyevski publicada en 1846. El personaje, un funcionario llamado Goliadkin, tiene dos identidades totalmente opuestas que conviven en la misma persona marcando no solo la otredad en la identidad sino también la diferencia entre lo que somos y lo que imaginamos ser o entre ser y parecer. Otro ejemplo es el cuento "El otro" de Borges cuyo personaje lee a su vez el relato de Dostoyevski en un juego de dobles. El yo y el otro, sentados en un banco, se encuentran en dos tiempos y dos sitios distintos, constatando la paradoja de ser iguales y diferentes: "Éramos demasiado distintos y demasiado parecidos." El otro en el yo apunta a la incompletitud de nuestro conocimiento de la identidad, al extranjero en nuestro interior, a lo que, por incognoscible, no podemos decir o expresar. Como revela el principio de Gödel, de que existen cosas que a pesar de ser verdaderas no podemos verificar, la otredad en la identidad cae en esa categoría pues sabemos que existe y nuestra intuición así lo señala como el lugar donde el sistema identitario difiere de sí mismo pero que, sin embargo, no tenemos la fórmula para expresarlo convincentemente.

En el caso del hablante mirando una foto se da un ejemplo concreto de la experiencia de la copia o réplica siendo diferente del original. El hablante ve en la foto a alguien idéntico a él mismo "a pesar de ser yo," asumiendo la locura de tal declaración. Hay en este caso un elemento del carácter fantasmal que se da en el *doppelgänger*, pues el hablante experimenta en sí mismo el fenómeno de ser par o pareja de otro siendo distinto en sí. También hay una mujer en la foto que el hablante no reconoce. Experimentar ese doble diferente es un momento que está "construyéndose en la sombra," en la cual la distancia entre persona e imagen se diluye dando pie a una recreación poético-imaginativa sobre el error de ignorar la diferencia en la paridad. La imagen especular es diferente a la persona siendo la misma porque no es posible trascender el sistema por mucho que se intente. El juego especular persiste en lo elusivo de lo recursivo. Esa fue la dolencia de la pareja, " dos malnutridos aproximándose enfermos de poesía," pues no querían o no podían ver "que esa dolencia se diagnostica cuando los poemas degeneran en vasos comunicantes de tiempo" (*Regreso,* 2015: 228).

Al mirar fotografías puede darse, como en el ejemplo anterior, que sus parámetros se "diluyan" en resonancias: "Mirábamos fotografías y convocábamos voces, oíamos voces / y convocábamos fotografías" (*Ya nadie,* 2015: 106). Mirar y convocar voces, y su reverso yendo del sonido a la imagen, presenta el juego de la memoria y las percepciones de distintos tipos que entran en la observación y en el [des]encuentro de entidades contrarias en la metáfora. Quizá a eso se refiere el postpoeta al sugerir que, entre dos cuerpos, así como entre cuerpo e imagen, se alce "un animal de palabras" interceptando irracionalmente la fusión de signo y cosa (*Ya nadie,* 2015: 104). Los versos hablan de los mestizajes que acaecen en la observación y la dificultad o, incluso, la imposibilidad de captar la esencia de eso que se llama "lo real."

Así, el carácter ficticio que normalmente se atribuye al teatro resulta ser un error ya que el vivir supone ser actor e imitar en continuos escenarios. Al ser vistos, mirados y observados, es el *otro,* el observador /-es, quienes nos van constituyendo como entidad. Los escenarios son múltiples, lo que predica la necesidad de una multitud de disfraces para poder adaptarnos a las distintas situaciones que van emergiendo. Paradójicamente, el "yo" se constituye en conexión con el "otro," evocando la expresión "Yo es otro" de Rimbaud donde la identidad se objetiva y "altera" y, al mismo tiempo, se observa y es observada, configurando ese teatro, ese escenario del vivir de que Fernández Mallo habla y que el sujeto / objeto escenifica para sí mismo. Porque "La identidad es la alucinación del ego" (*Ya nadie,* 2015: 107), y, asimismo, hablar de "La masturbación o la duplicidad de las Torres Gemelas" es moverse en la esterilidad de la mismidad y de las réplicas.

Así vista, la identidad es algo en constante estado de moción pues, si los observadores van constituyéndonos, nosotros, a su vez, los constituimos a ellos en un proceso de retroalimentación (2021: 52). Este ir y venir de la identidad es el mismo en que se inscribe la escritura, como ya se elaboró en el Capítulo uno. Y, curiosamente, a la movilidad de la identidad hay que añadir la variación de actores en las representaciones teatrales, variación, que como apunta el mismo Fernández Mallo, garantiza la "realidad" del teatro. Si siempre fueran los mismos actores, no sería posible distinguir entre realidad y ficción (2021: 56). Curiosamente, entonces, lo invariable no es el sello de lo real; el teatro, escenario, disfraz no son los aditamentos de la ficción, sino de la variabilidad misma de la realidad, del intercambio y retroalimentación por lo cual variedad e invariancia se intercambian.[8] Otro elemento que se deduce de lo anterior es que la captación que tiene lugar en ese intercambio nunca es total: la mirada absoluta que Petrarca se propuso lograr al subir al Monte Ventoux, según las miras perseguidas en el Renacimiento, es una falacia porque la visión depende del sistema de referencia que se elija.

Fernández Mallo encuentra, de nuevo, en la física, un referente para su reflexión sobre las copias, las reproducciones y la cuestión de los pares de identidad / otredad, lo humano / la máquina. Cita el año 1945 cuando el físico teórico Wolfang Pauli felicita a Werner Heisenberg por los nacimientos de sus gemelos (*Odisea*, 2015: 372): "*¡Enhorabuena, Werner, / ya tienes tu Creación- de Pares!]*." La Creación de Pares es un proceso por el cual una partícula de energía suficiente crea dos o más partículas diferentes, lo cual ocurre con fotones de alta energía:[9] el fotón desaparece del campo del núcleo y en su lugar se crea una pareja positrón-electrón. Los Pares son entonces parejas de elementos diferentes dentro de su paridad. La reflexión en torno a esta cuestión de diferencia en la igualdad, o viceversa, es uno de los casos donde la Postpoesía más directamente desafía las premisas de certeza e identidad de la poética ortodoxa y del realismo ingenuo de lo que está "ahí."

Según René Thom, el doble o los pares son casos de catástrofe porque el doble es "l'impossible autre moi-même" [el imposible otro yo mismo]. De primeras, la otredad en la paridad produce extrañeza en la conciencia, pero seguida de una inmediata resurrección. "Le déréglement entraine son contraire … l'emergence de un moi nouveau, transformé» [La alteración conlleva su contrario … la emergencia de un yo nuevo, transformado] (Fierobe, 1990: 40, 41). El par o gemelo resulta ser el otro en el yo de cuya otredad en la identidad emerge la creación; se trata de lo que en páginas anteriores se denominó el náufrago que sumergido existe en todos nosotros, pero que emerge, como la nata al hervir la leche.

Entre el hablante y la modelo retirada, sin embargo, se dio lo contrario a los pares: [e+e+→fotón+fotón] o *"Aniquilación de Pares,"* lo cual los elevó a partículas idénticas de luz, es decir, a fotones que acabaron en direcciones opuestas (*Antibiótico*, 2015: 572–73). La referencia a esos versos de *Antibiótico* alude al fenómeno cuántico del enmarañamiento o enredos en el cual los dos fotones se mantienen enredados, aunque estén separados espacial y temporalmente. Al observar los fotones de él y ella, enlazados en un solo estado cuántico, se podrá ver que uno gira hacia arriba y el otro automáticamente gira hacia abajo. Son pares que, debido a su igualdad, no permiten la salida de ese "náufrago" de la otredad donde reside la invención y la vida.[10]

De seguido, el texto declara *"mi poesía no tiene temas,"* copiando al poeta americano John L. Ashbery (1927–2017), y los versos siguientes hacen referencia al libro de Ashbery titulado *Self-Portrait in a Convex Mirror* (1975) [Autorretrato en un espejo convexo].[11] Fernández Mallo admite sin reservas la influencia del poeta americano en su obra, y está en lo cierto. Su escritura comparte algunas de las características de la poesía de Ashbery, como su complejidad, opacidad, juego de palabras, recurso a un lenguaje prosaico. Como el americano, Fernández Mallo considera que la poesía está retrasada en comparación con los avances en otras áreas del arte. El interés de Ashbery por la pintura y la música se deben a considerar esas artes mucho más innovadoras y experimentales que la poesía. Asimismo, Fernández Mallo recurre a los distintos ámbitos del saber que venimos analizando y, especialmente la física y todo lo procedente de la contemporaneidad por razones semejantes. Su declaración de que no hay temas en su poesía se debe al rechazo del orden causal y lógico de escritos tradicionales que comparte con Ashbery, y la preferencia por la ruptura del orden sintáctico, el uso de términos convencionalmente no congruentes en contextos poéticos y el lenguaje ordinario y cotidiano.

Por eso, quizá, ambos poetas no logran entender que sus escritos se consideren difíciles e incluso, impenetrables. En una entrevista con Richard Kostelanetz (1976), Ashbery dijo:

Capítulo cinco

> At first, I was puzzled and hurt. I try to communicate—make clear, interpret—things which seem mysterious. The difficulty of my poetry isn't for its own sake; it is meant to reflect the difficulty of living, the everchanging, minute adjustments that go on around us and which we respond to from moment to moment—the difficulty of living in passing time, which is both difficult and automatic, since we all somehow manage it. (Kostelanetz, 1976: s/p)
>
> [Al principio, estaba perplejo y herido. Intento comunicar—aclarar, interpretar—las cosas que parecen misteriosas. La dificultad de mi poesía no es por su propio bien; es para reflejar la dificultad de vivir, los ajustes menudos, siempre cambiantes que ocurren en nuestro entorno a los que respondemos de un momento al otro—la dificultad de vivir en el paso del tiempo, lo cual es tanto difícil como automático, ya que de algún modo todos lo manejamos].

Fernández Mallo estaría plenamente de acuerdo, y, de hecho, también en una entrevista declaró que, contrariamente a la percepción de que la complejidad de su obra limita el número de lectores, sin embargo, el público que lee su obra es muy amplio (López, 2021; v. p. 16 de este estudio). Ambos poetas se fijan en los mínimos detalles, cambios, ajustes que hay que llevar a cabo cada día y que, en su mayor parte se realizan automáticamente.

La referencia al libro de Ashbery se conecta con la discusión en esta sección sobre la reproducibilidad y la otredad, en este caso, la de uno mismo mirándose a un espejo cuya perspectiva convexa distorsiona la imagen: "espejo convexo: / vigila los fragmentos que él mismo crea y dispersa y refleja y regresa / en virus el tiempo" (*Antibiótico,* 2015: 573). El espejo convexo devuelve una imagen distorsionada como si transmitiera los cambios que el tiempo reflejará en el rostro. Cuando el hablante ve su "cara digitalizada en el parpadeo de la pantalla" (*Carne,* 2015: 467), escindido el rostro y la identidad en múltiples puntos, tenemos la versión actual de la convexidad de Parmeginino, el pintor italiano del Renacimiento de cuyo "Autorretrato en un espejo convexo" se apropió Ashbery para su libro. El mundo actual y su tecnología reproducen imágenes escindidas, lo que reincide en la máquina imitando la vida, pero incapaz de reproducir operaciones conectadas con el pensamiento dialéctico que solo el cerebro humano puede ejecutar (Georgescu-Roegen, 1971: 84). Es como cuando se aprieta un botón ON / OFF y la luz y oscuridad alternan o, en términos existenciales, el rostro aparece y desaparece, apuntando a la fragilidad de lo vivo, pero también señalando que el automatismo es tan solo una aproximación al movimiento vital. Y es la mujer quien le enseñó que la luz y los besos que nos hacen felices, porque son vida y comunican plenitud, unión, realización, regresan, no como el ON / OFF, sino a modo de *boomerang*, devolviéndonos una imagen doble, reforzada de la "verdad irrefutable" de lo que está vivo. Es ahí donde el juego de luz y oscuridad que ocurre con solo apretar un botón discrepa del sistema capitalista o "tenderete de compraventa de sucesos." En ese intercambio sucede lo contrario de aquel *boomerang*, pues en la rapidez de transacciones mercantilistas lo vivido se desluce y el poeta debe declarar: "esto ya lo he vivido, pero es inédito" (*Antibiótico*, 2015: 539).[12]

En el ejemplo del corredor y el *sprinter* llegando al mismo tiempo a la meta, aunque el *sprinter* imagina que llega antes al acelerar al final, se explora de nuevo ese extraño bucle en el cual el avance y vuelta o el ascenso y descenso acaban en el mismo punto del que se partió. Aunque la comparación parezca incongruente, algo similar, según el postpoeta, se da en el misterio de la Santísima Trinidad, el dogma que prevalece en la mayoría de las iglesias de denominación cristiana sobre la naturaleza de Dios. Dicho dogma afirma que Dios es un ser único pero que contiene en sí tres personas distintas, llamadas también hipóstasis: el Padre, el Hijo y el Espíritu Santo. El bucle de la Trinidad ilustra bien el concepto de infinitud en un proceso sin fin de manera finita (v. Hofstadter, 1999: 15). Para la Postpoesía se trata de una naturaleza compuesta de tres espejos (*Ya nadie*, 2015: 109): según sea el espejo que se mire, el foco se situará en una de las tres personas sin que las otras dos desaparezcan. Las tres personas en la Trinidad mantienen entre sí una "danza" y, como en los enredos cuánticos y en el Principio de Incertidumbre, la actividad en un elemento o partícula repercute en el otro.

Según la relatividad, la similitud es cuestión de una mente o percepción individual, ya que dos observadores yendo en distintas direcciones pueden registrar una señal como si se tratara de dos eventos diferentes. No hay certeza de que estén registrando la misma señal pues sin un tiempo absoluto, la simultaneidad no cuenta. El cambio se produce en los giros, esos virajes lucrecianos,

Capítulo cinco

> … el caudal [que] gira y se convierte en
> ruleta, carrusel, noria,
> isospín que a derecha y a izquierda separa para
> siempre las partículas en el núcleo atómico. (*Ya nadie,* 2015: 106)

Por eso no es posible traducir con exactitud cada frase de un idioma a otro pues se carece de una escala perfecta (*Blog Up,* 2012: 85, 86).

Un caso de diferencia en la réplica se da en la película *Rebecca,* base del experimento en el libro *Joan Fontaine (Mi deconstrucción)* analizado en el Capítulo uno. Ocurre cuando el tiempo detenido, encapsulado en la mansión Manderley y en Rebecca, se cruza con el presente de la joven esposa vestida para la fiesta de igual manera que Rebecca. Este incidente de clon, de *déjà vue,* tiene repercusiones serias, pues al día siguiente de la fiesta, cuando llega la luz del nuevo día y los nudos (de pajaritas y corbatas) se deshacen y el maquillaje se cuartea, se constata que "Éramos todos en aquella casa / maniquíes terminales en Golpes Bajos" (2015: 332, 335). La referencia es al grupo pop español, Golpes Bajos de la década de 1980, parte de lo que se conoce como la edad de oro del pop español. La canción "Fiesta de los maniquíes" habla de los cuerpos rígidos de maniquíes bailando, convertidos en simulacros de humanos efectuando una danza que se aproxima a la medieval danza de la muerte. Como vivos muertos, el estribillo no puede por más que repetir: "no los toques, por favor." Los humanos maniquíes han asumido de lleno las normas del teatro social reproduciendo las expectativas a la perfección. Cada paso genera infinitos clones, como se refleja en las experiencias de sentir que algo ya se ha vivido o experimentado, como el caminante cuando al llegar a un cruce "reconoció con asombro que allí ya había estado" (*Creta,* 2015: 187).[13] La voz narrativa constata la automatización desprovista del dinamismo vital de todos los asistentes a esa fiesta, reproduciendo gestos convencionales que aplastan la espontaneidad de la vida.

Mirando un cuadro del pintor inglés David Hockney, contribuidor al movimiento del *pop art* de los años de 1960, el hablante siente como si todo el aroma de cloro de todas las piscinas de Los Ángeles le llegara al contemplar el cuadro, lo cual, a su vez, le trae otro eco, "el magnífico *splash* de una posguerra de la que solo sé por fotografías" (*Ya nadie,* 2015: 60). Tremenda asociación la del cuadro y su vestigio sensorial con memorias de algo tan trágico y relevante pero que no se ha vivido por la experiencia. El hablante constata la ausencia de datos y verificaciones directas sobre todo tipo de hechos incluidos los históricos, determinando el tipo de conocimiento relativista que poseemos. Por otro lado, a pesar de la distancia que separa ambas cosas, no hay gran discrepancia entre lo vivido y lo representado pues, como ocurre a menudo, la observación directa de un rostro " no anuncia nada que merezca la pena" y la luz directa del sol en vez de revelar, quema las historias en el tiempo. La experiencia directa de la realidad no es tanto ni más reveladora que la reproducción.

En la elaboración de Deleuze & Guattari (1987: 372–73), la reproducibilidad "implies the permanence of a fixed point of *view* that is external to what is produced" [implica la permanencia de un punto de *vista* fijo que es externo a lo que se produce], lo cual dota a lo reproducido de su carácter repetitivo y automático. Como método, se opone al seguir o ir en busca de "singularidades" de un material o materia, de ahí su asociación con la desterritorialización, el nomadismo y un fluir "that is coextensive with reality itself" [que coexiste con la realidad misma]. Estos dos métodos confrontados por la iteración del primero y lo itinerante del segundo, se ajustan a lo que en la propuesta de Fernández Mallo supone el encuentro / desencuentro entre la ortodoxia poética y la Postpoesía: aunque la centralidad de la ortodoxia no permite las metamorfosis que conlleva el avance nómada, no se trata de métodos independientes uno de otro, sino que compiten complementándose *"in a perpetual field of interaction"* [en un campo de interacción perpetua].

Lo humano, la máquina, el robot: El principio de la imitación

En su libro *Ya nadie se llamará como yo,* Fernández Mallo toma como punto de partida dos epígrafes clave para "interpretar" lo que se propone llevar a cabo en este libro. El primero es del poeta americano William Carlos Williams (WCW) y el segundo del italiano Italo Calvino. Para William Carlos Williams, "En un poema nada cabe de naturaleza sentimental" pues "como cualquier máquina, debe carecer de ingredientes superfluos. Su movimiento es un fenómeno de carácter más físico que literario." El epígrafe de Calvino alude a "La poesía de lo invisible, la poesía de las infinitas potencialidades imprevisibles, así como la poesía de la nada" para afirmar que todas ellas "nacen de un poeta que no tiene dudas sobre la fisicidad del mundo" (2015: 21, 111). En ambos casos la naturaleza de lo poético radica en la realidad física, e incluso en su manifestación más concreta en la máquina.

William Carlos Williams es un ejemplo del pragmatismo que caracteriza la propuesta postpoética al ejercer en su vida como médico y escribir poesía. Además del epígrafe, Fernández Mallo cita al poeta americano en su blog.[14] La identificación de poema con máquina, aunque parece venir de las vanguardias, no es así según Fernández Mallo, pues en su opinión "a lo que se refiere WCW es al propio concepto de máquina, a la lógica de la máquina (tanto sea una rueda como una polea o una computadora), no a una identificación utópica poema-máquina de futuro." En cierto sentido la cita del americano es una reformulación del objetivo del propio Fernández Mallo de provocar en sus poemas el encuentro o desencuentro entre "la lógica pura y el acto estético" (*Odisea*, 2015: 317). La comparación se corrobora en el tratado sobre la Postpoesía al equiparar "un poema con los desarrollos matemáticos de las teorías" y comprobar que "hay en ambos una economía de medios y equilibrio tales que, si eliminas un elemento, todo se destruye, y si añades un elemento, también todo se destruye. Eso, naturalmente, elimina toda idea de sentimentalismo."

En la entrevista con Nuria Azancot, "La poesía, si no se resetea…," Fernández Mallo elabora sobre el mismo punto:

> creo que lo que William Carlos Williams quiere decir con eso es que el poema si es perfecto funciona también como una perfecta máquina de generar emociones. Cuando hay cabida para el sentimentalismo, la redundancia, el subrayado, etc, es cuando el poema deja de ser poema, deja de ser efectivo, deja de ser una red de conexiones que el lector crea en vivo y pasa a convertirse, según casos, en un guion de telefilme o en un panfleto. Por otra parte, creo que la poesía siempre o casi siempre va del detalle, de la anécdota que pasaba inadvertida, a lo general. […] creo que la poesía está en el ojo de quien mira y para ello no hace falta irse a lugares lejanos, todo está aquí mismo, al lado. La máquina a la que se refiere Williams es precisamente esa: la que hay en cada cosa y que el poeta de algún modo—casi siempre por descontextualización—acierta a construir. (2015: n/p)

Según estos comentarios, la noción de máquina que correspondería al poema postpoético no es necesariamente el modelo de ordenadores digitales que transmiten información en los ceros y unos del código de la máquinas. Más que esos dígitos binarios o *bits* funcionando de acuerdo con el orden de la realidad occidental, Fernández Mallo habla de máquinas como redes de conexiones en un mundo no lineal, sistemas donde las referencias se cruzan lateralmente en una distribución que, como ya se discutió, es nomádica, atenta al entorno sin escapes trascendentales. Esa atención detecta en cada objeto una construcción (llamémosla "máquina") que el poeta debe construir en el texto (ver Plant, 1997: 34–35, 46, 48). Además, la máquina presenta el mejor modelo para el poema libre de sentimentalismo al que aspira la Postpoesía.

Los comentarios de Fernández Mallo sobre la cuestión de poema / máquina evocan criterios y argumentos a los que recurrió el matemático británico Alan Turing. Fernández Mallo alude al test de Turing y parece haber tenido en cuenta lo que el matemático denominó como principio de la imitación. Turing quería a toda costa evitar discusiones de tipo filosófico sobre si una máquina podía pensar, tenía conciencia y libre albedrío para enfocarse en un entendimiento del pensar desde el punto de vista operacional (Hodges, 1983: 266). El principio de imitación implicaba que, si una máquina parecía funcionar tan bien como un ser humano, había que admitir que, efectivamente, funcionaba como lo haría un ser humano. En este acercamiento, Turing representa para la propuesta postpoética el compendio de un proceso de dispersión de lo humano iniciado en el Renacimiento. Frente a la valoración que esa época otorgó a la emergencia del humanismo, para Fernández Mallo, sin embargo, el Renacimiento supuso "la disolución de nuestra especie en cuanto nos rodea" (*Ya nadie*, 2015: 74). El reconocimiento del valor de las máquinas y su capacidad de efectuar un gran número de funciones confirma el descentramiento de la primacía de lo humano, comparable a la revolución Copernicana al desplazar a la Tierra del centro del Universo. Siguiendo a Turing, Fernández Mallo recrea una escena semejante a la que ideó el mismo Turing con su juego de imitación (Hodges, 1983: 417), con un juez, un humano y una máquina "encerrados en habitaciones separadas, aunque con posibilidad de comunicarse vía, por ejemplo, telefónica." Si el juez no puede determinar diferencias entre el humano y la máquina, entonces la máquina "ha de ser considerada como un ente exactamente igual a nosotros dotado de inteligencia y sensibilidad." Este caso de suplantación de la realidad es fundamen-

Capítulo cinco

tal, según Fernández Mallo, en el posmodernismo. El acercamiento creciente de las máquinas a lo humano corrobora lo que Fernández Mallo viene insistiendo, que es necesario revaluar el lugar privilegiado que ocupa la identidad humana sobre otras formas de vida.[15]

Igualmente, y de acuerdo con Turing, Fernández Mallo considera que toda afirmación universal, como la de la lógica simbólica y los axiomas matemáticos tienen sus fallas y contradicciones. David Hilbert había planteado tres preguntas de si las matemáticas eran completas, consistentes y "decidibles," es decir, si había un método definido que se pudiera aplicar a cualquier afirmación matemática y que, además, garantizara una decisión correcta sobre si dicha afirmación era cierta o no. Hilbert estaba convencido que la respuesta a las tres preguntas era necesariamente afirmativa. En una experiencia comparable a las conocidas "*Eurekas*" en los descubrimientos científicos, y descansando después de una de sus carreras en Granchester, Alan Turing dio con la respuesta a la tercera pregunta de Hilbert sobre las matemáticas. Su revelación fue que: "logic did not function as the arbiter of mathematical truth" [la lógica no funcionaba como el árbitro de la verdad matemática] (Plant, 1997: 84). Las máquinas funcionan de acuerdo con unas reglas e instrucciones dadas de antemano, y como reiteró en una ponencia dada en el King's College titulada "Mathematics and Logic" [Matemáticas y Lógica], mantener una perspectiva puramente lógica de las matemáticas no era apropiada teniendo en cuenta que la lógica es solo una de entre muchas de las interpretaciones posibles a las proposiciones matemáticas (Hodges, 1983: 86). Y así lo confirmó Kurt Gödel (Hodges 91–92): las matemáticas eran incompletas porque había afirmaciones que no podían ni probarse ni no probarse, señalando la incompletitud de una disciplina considerada hasta entonces como el modelo de la exactitud. Gödel probó que "the property of 'being a proof' or of 'being provable' was no more or no less arithmetical than the property of 'being square' or 'being prime'" [la propiedad de 'ser una prueba' o de 'ser demostrable' no era ni más ni menos aritmética que la propiedad de 'ser cuadrado' o 'ser número primo'"]. Incluso la supuesta simplicidad de la afirmación de que dos y dos son cuatro se ponía en duda, o al menos había que dar una razón que la justificara (Hodges, 1983: 83, 92, 93).

El planteamiento de Turing tiene un impacto claro en la Postpoesía pues el matemático británico representó algo bastante inaudito en los medios académicos de entonces, el de fundir el plano teórico y abstracto propio de las matemáticas con las cosas del mundo, de crear un puente entre esos polos semejante a lo que buscaba la Postpoesía en sus propuestas de desmontar el lenguaje poético de los ámbitos trascendentes para dar cabida a la inmanencia. La máquina de Turing junto con los cuestionamientos de Wittgenstein sobre términos abstractos y su posible sentido en el mundo real, en suma, las crecientes dudas sobre toda la estructura de la lógica matemática, ofrecen un marco en el que se inscribe la Postpoesía y su desafío a un orden sistemático, lineal y causal que la ortodoxia poética tan bien representaba. La Postpoesía se apresta a ofrecer una alternativa intermedia, un tipo de poética aplicada a la contemporaneidad.[16] La propuesta postpoética se ajusta bien a los resultados a que llegaron teóricos como Turing y Gödel sobre las matemáticas y su supuesta infalibilidad. Igualmente, la Postpoesía admitiría que la máquina, tal y como fue desarrollada por Turing, contenía su propio determinismo debido a operar automáticamente dentro de un marco lógico, acabando con el racionalismo ingenuo de creer en la posibilidad de resolver todo problema con un cálculo dado (Hodges, 108, 109).

Un precedente de la valoración dada a las máquinas, y también de sus posibles errores en cálculos, es el caso de Mary Shelley y su *Frankenstein*, obra por la que la autora recibió el título de mala madrastra de la genética. Sin embargo, su madre, Mary Wollstonecraft, ya abogó por los derechos de todas las criaturas sensibles a recibir afecto, y Mary Shelley compartió con ella esa perspectiva de benevolencia universal. Ambas preceden a Turing en argüir que debemos tratar lo que creamos con la misma gentileza y amabilidad que los padres sienten por sus hijos. Eileen Hunt Botting plantea unas preguntas fundamentales al respecto sobre los derechos de los robots construidos por humanos, robots que llevan a cabo funciones igual que los humanos excepto en lo que concierne a la conciencia.[17] En *La mirada imposible* Fernández Mallo discute el robot como un caso inverso al humano pues si la simulación es el gesto más típicamente apropiacionista del ser humano—imitar, simular las acciones de otros seres vivos—, el robot sigue un curso inverso al tratarse de una máquina que imita lo humano (2021: 34).[18] Al no lograr nunca su cometido, el robot se convierte en un monstruo al situarse entre lo vivo y lo muerto. Estas observaciones se enlazan con reflexiones sobre la identidad y la ficción, el ser y el simular, dualismos en torno a los que giran cuestiones ontológicas, filosóficas y artísticas.

Sucesores de Mary Shelley como Robert Louis Stevenson, creador de *Dr. Jekyll and Mr. Hyde,* o Percy Florence Shelley, amigo del hijo de Shelley, tratan el tema de interés para Fernández Mallo del *doppelgänger* o los Pares. Otro seguidor de Shelley es H. G. Wells, autor de *The Island of Doctor Moreau* (1896) sobre un científico loco que intenta oscurecer la línea que separa lo humano de lo no humano al crear los "Beast Men" [hombres bestia] a partir de cuerpos de animales viviseccionados. Al respecto, Fernández Mallo habla de platos de comida servidos generalmente en restaurantes urbanos que mezclan partes de animales distintos, con total indiferencia por la integridad de los animales (*Ya nadie,* 2015: 119). Y en *Do Androids Dream of Electric Sheep?* (1968), de Philip K. Dick, uno de los personajes pregunta si los androides tienen almas. Una de las androides en la novela identifica el potencial de empatía como el elemento que separa a los androides de los humanos (los androides son llamados también "replicantes"), pues su misma vida ha consistido en imitar a los humanos. Androides con empatía son populares en films como *Her* (2013) y *Blade Runner* (1982), otra de las referencias de Fernández Mallo (2013). El interés del autor por el tema de las reproducciones, tanto en fotografías, copias y en la misma clonación, se enlaza con su discusión sobre la naturaleza y lo artificial, la vida y la máquina, el discurso y el referente, y el yo y su monstruo. Se trata de contrarios que, sin embargo, contienen elementos complementarios entre sí.[19]

La cuestión de la reproducción fotográfica se compara con otras situaciones de envergadura existencial. Por ejemplo, si una máquina pariera, la diferencia es que "el bebé no tendría / cordón umbilical." Aunque la máquina tiene la capacidad de reproducir, sus copias no poseen el cordón umbilical que las enlazaría con la vida. Esta situación se asemeja al "temor a hacer fotografías" (*Antibiótico,* 2015: 572), algo que sucede en ciertas culturas por creer que la foto roba el alma de la persona, o por miedo al "mal de ojo" o, en casos más extremos como en la escopofobia, por temor a ser visto. En el texto de Fernández Mallo, el temor lo produce una cultura donde la reproducción acaba por aplastar la vida. Sin embargo, aunque carezca de cordón umbilical, el bebé nacido de una máquina no pierde nada pues "todo cordón umbilical termina / en una lata vacía." La imagen es cruda, pero alude al hecho de que la carne en su realidad material acaba en residuos, restos, basura, de igual modo que el final de las máquinas. Si bien el planteamiento postpoético reconoce la finalidad de todo proceso en el residuo, hay que aclarar, sin embargo, que las estructuras vivas difieren de las máquinas porque su intento es mantener bajo su consumo de energía del entorno lo cual justifica, como indica Georgescu-Roegen (1971: 194), el establecer que dichas estructuras se rigen por leyes de la materia que no se ajustan estrictamente a lo físico-químico. Algo similar tiene lugar con las ecografías, los rayos X y otras representaciones de enfermedades que revelan aspectos del cuerpo humano hasta entonces ocultos a primera vista. La discrepancia entre la aparente solidez del exterior del cuerpo y lo que revelan los rayos X llama la atención sobre una divergencia que hay que notar al tratar con las apariencias y similitudes.

Y así lo confirma el padre: "para que un sistema biológico, químico o físico, sufra alguna clase de inestabilidad se necesita, en primer lugar, la existencia de al menos dos variables químicas, y, en segundo lugar, que estas tengan movimientos contrapuestos. De la inestabilidad resultante aparecerá un nuevo orden." Sirviéndose del ejemplo de la oferta y la demanda, a partir del modelo de Turing de "reacción-difusión" como dos variables que están sujetas a movimientos contrarios y que pueden provocar violentos movimientos financieros, el modelo que emerge es el de la tensión entre los polos del binomio. Toda obra para ser creíble debe llevar dentro una refutación de sí misma, e igual pasa con elementos naturales: agua, aire, arena… (*Ya nadie*, 2015: 120, 121, 122). Así el perfume de las flores es el proceso de putrefacción de sus pétalos, la otredad se da en el mimetismo, como el no ser en el ser, y son, precisamente, las imágenes fotográficas y las reproducciones del modelo real las que ilustran esa unión de contrarios.

La divergencia en la paridad: La vida y su lógica de inversión

La isla de Creta y su laberinto son el contexto del libro *Creta Lateral Travelling*, aunque, de algún modo, también forman parte de los otros poemarios pues en todos ellos la búsqueda de conocimiento atraviesa laberintos de distintos tipos, englobados en la contemporaneidad con toda su red de enlaces entre diversas y múltiples áreas epistemológicas y entre distintas épocas de tiempo y espacio. Las derivas postpoéticas son todo menos procesos lineales, y los enlaces que establecen entre temas tan distintos como teorías científicas, canciones populares, arte, tecnología dan prueba de que el "laberinto" es el contexto natural del avance postpoético. Y el discurso donde articular una búsqueda tan compleja tiene como referente ni más ni menos que la vida, un laberinto en su derecho y con sus propias leyes. El laberinto de la vida invierte la lógica de los laberintos pues la entrada en él es dificultosa, en comparación con la entrada en un laberinto convencional, y lo mismo sucede con la salida, que en el laberinto de la vida es muy fácil, no así en el laberinto convencional, por lo cual el hablante concluye que la medida a seguir para navegar en la vida es la de la inversión. Aquí, y como se viene analizando, se cuestionan las nociones de identidad, similitud y paridad. Lo que se considera "real" no es una noción estática y la contemporaneidad es una mezcla de elementos heterogéneos y heteróclitos, pues su ADN es la " contaminación" entre áreas dispares (o intersección ∩). De ahí que el hablante afirme que la TV es lo más real que existe al asumir ese mestizaje de realidad y ficción en el núcleo del contexto actual. Se trata de algo parecido a la noción de "antibiótico" en el cual se da la fusión de vida (biota) y veneno (anti), o en lo que ocurre al ver órganos reproducidos fielmente en radiografías y ecografías que nunca vemos por estar dentro de nosotros: "me imagino mi intestino armado, con tubos fluorescentes," dice el hablante, visionándose en aparatos reproductores de imágenes. O cuando conduciendo en línea recta de repente la carretera hace un viraje y hay que asumir el cambio por súbito que sea (*Antibiótico*, 2015: 544). Por eso no es posible hablar en términos de absolutos. Y otro ejemplo es el tren, con el silbato o escupitajo del operador del vagón primero que llega al último debido a la velocidad. La relatividad de espacio y tiempo en ese ejemplo depende del marco de referencia. Si ese tren representa la velocidad de la luz, el vagón primero y el último pierden su secuencialidad y se vuelven simultáneos en su diferencia.[20]

La realidad consiste en un intercambio constante de energía, materia e información, y constituye así una red compleja que como sistema abierto al entorno está fuera del equilibrio. Un fluir semejante se atribuye a la Postpoesía por tratarse de un sistema intrínsecamente conectivo con todo lo que le rodea, manteniendo una praxis de constante fluir entre lo de dentro y lo de fuera, y viceversa. Su topología rizomática se esparce e invade toda la superficie conectando y mezclando elementos heterogéneos: "El agua es fuego que, invertido, regresa [...] La fruta la componen trozos de agua sucia, unidos," lo que le lleva a preguntarse "¿En qué momento se instala / el laberinto de las permutaciones en tu cabeza?." Los orígenes no se elucidan pues si bien el agua regresa, "¿dónde están sus manantiales?." El hidrógeno en el agua es inflamable y al eliminar la vegetación y limitar la capacidad de los suelos para retener agua, el fuego aumenta el desagüe con lo que las precipitaciones que caen por las laderas son capturadas por plantas y por el terreno siendo enviadas de regreso a la atmósfera. Estos intercambios entre distintos estados y las constantes morfogénesis de la materia hacen que el hablar de estados puros y fijos resulte una falacia. Y así ocurre con la escritura, que se diluye al inscribirse: "La pantalla se llena de agujeros que tienen silueta de letra, / cuanto escribo se va por esos huecos" (*Ya nadie,* 2015: 102). Los huecos de la escritura aluden a su porosidad donde se da entrada a nuevos significados, pero también a la vulnerabilidad. La mujer, de nuevo, fue quien le mostró que hay igual número de razones para probar la imposibilidad de la vida tanto antes como después de la muerte. La vida es "imposible" porque está entretejida con su par, la muerte (*Carne,* 2015: 467).[21]

La afirmación de que "todo es superficie," siguiendo al poeta Ashbery en el epígrafe a *Antibiótico,* sugiere que la superficie es todo y no hay nada más allá de ella (2015: 527). La percepción de lo visible, de las formas, es el fenómeno que tiene lugar al nivel más inmediato, el de la percepción corporal, como un volver a lo pre-categórico o infraestructura en la base de las representaciones con el fin de desalojar o desentrañar nociones establecidas (Lefort, 2012: xxiv). Y eso es lo que le comunican "tus ojos," algo muy distinto a ese otro "algo" que creyó ver en esos ojos—repitiendo las palabras del replicante—y que nadie nunca había visto antes (porque no existió, fue una ilusión) (*Carne,* 2009: 467). Por otro lado, algo invisible, como los átomos, tienen un efecto radical: "un átomo emite un electrón / y reordena el mundo" (*Antibiótico,* 2015: 529), por lo que hay que asumir que no se trata del dualismo de superficie y fondo como opuestos, sino de entender que un lado integra su opuesto, o que la superficie incluye su inversión. Varios son los lugares donde la Postpoesía reitera la noción de opuestos que a la larga resultan ser pares y, viceversa, pares que resultan ser opuestos. "Copulamos hojas de sauce, / solo eso," declaración de que la vida y la muerte funcionan de manera complementaria. A pesar de esta verdad inapelable, el deseo humano es de reencarnarse; el texto postpoético no pierde el tiempo en proclamar la estupidez de esa esperanza, porque "es mentira, panoli, / no regresas" (*Antibiótico,* 2015: 569). El corredor que se detiene en un escaparate en la Zona Cero de Nueva York y ve allí la playa donde se inició el Maratón en la antigua Grecia observa cómo su ubicación "actual," "real" tiene su doble en otra de hace 21 siglos, constatando que llegar es regresar:

> 01010101010101010101010101 existía esta línea continua entre el *low tech* de las columnas del Partenón y el *high tech* del Código de Barras. La línea de quien empezó a correr hace 21 siglos en una playa de Maratón, y se detuvo en un escaparate de la Zona Cero a mirar otra playa digital, otra arena de píxeles y cifras en el cuarzo líquido de las pantallas: había una línea continua porque supo que al fin había regresado. (*Antibiótico,* 2015: 550)

Y los salmones lo ejemplifican en su viaje de vuelta al río yendo contra la corriente (*Antibiótico,* 2015: 550). Y así se confirma cuando el texto presenta el poema postpoético No. 0 donde lo que se observa y se cree que es lo real, al aplicar la electrodinámica de Maxwell a los cuerpos en movimiento, se confirman asimetrías que contradicen lo observado (*Antibiótico,* 2015: 555). Hay que aplicar otra lógica que contradiga la escuela logicista de figuras como Russell y Whitehead y apelar al papel fundamental que juega la intuición en las ciencias, tal y como apuntó Poincaré. Estos ejemplos, procedentes de varias áreas del conocimiento, coinciden en afirmar la paridad en movimientos dispares, como ir y volver, vida y muerte, y la lógica de la vida en la inversión.

Si todo se reduce a un juego de copias, de espejos de imágenes, la noción de originalidad y aura se anula y el texto gira en torno a sí mismo. Por eso, ante lo irrefutable de un modelo como el ADN, Baudrillard se pregunta si existe la posibilidad de luchar contra él, para acabar admitiendo que solo un desorden simbólico puede romper ese código (1988: 122). Según la Postpoesía y su entendimiento de que "Toda obra para ser creíble ha de llevar dentro una refutación de sí misma," la fijeza del ADN resultaría ser una vuelta al "delirious dream of reunifying the world under a unitary principle" [el sueño delirante de reunificar el mundo bajo un principio unitario] (Baudrillard, 1988: 141). Baudrillard admite que cuando un sistema logra el más alto grado de perfección—cuando A es A y 2+2=4—está llegando a su muerte debido a la entropía positiva (1988: 123). La salida de esa muerte entrópica es producir una catástrofe, es decir, llevar a cabo un viraje o *clinamen* e invertir el proceso o bien, desbancar el orden con su refutación. Por eso para el postpoeta, el ADN es una "cadena desoxirribonucleica que te asfixia / en el instante en que atraviesas el útero de la madre" (*Antibiótico,* 2015: 535). En la misma línea, la perfección como manzana en su totalidad es una "representación teatral" (*Creta,* 2015: 140) aunque, reconociendo esa verdad, seguimos atraídos por ella debido a la belleza y certeza que proporciona su forma. La reflexión sobre el ADN como modelo lleva a declarar: "Mapa: genoma y casete de territorio" (*Antibiótico,* 2015: 529), mientras que el cuerpo es un "fundir pistas, alterar pistas." En biología molecular y genética, el genoma consiste en todo el material genético de un organismo, es decir, el ADN. La metáfora trasplanta esa noción a la cartografía donde un mapa viene a contener todos los datos de un territorio dado, aunque hay diferencia, pues si el mapa funda y demarca pistas, el cuerpo también, aunque las altera. Y ahí radica la distancia entre el mapa, representacional como la fotografía, y el cuerpo que es lo vivo. Quizá la referencia aquí sea a lo que Schrödinger llamó "cristales aperiódicos" en la estructura geométrica del ADN, es decir, cristales en los que no hay una periodicidad en la red tridimensional (v. Hofstadter, 1999: 167). Pero en ambos casos se da un encuadre que es la totalidad y que no es posible trascender.

En la escritura rizomática de Mallo se ha perdido la clásica relación establecida por Saussure entre significante y significado: el valor referencial se anula en favor del valor de juego estructural. En vez de la referencialidad de producción, significación, sustancia, historia, lo "real," en suma, se pasa a la relatividad y a la simulación combinatoria (Baudrillard, 1988: 125). La simulación indica que los signos se intercambian entre sí exclusivamente sin interactuar con lo real; el signo se libera de tener que designar algo y a cambio se abre a la indeterminación y conmutabilidad. Este estado de cosas supone un golpe a la dimensión lineal del discurso y de las "commodities" [materias prima], a la era clásica del signo y de la producción. Estamos en la era de la simulación y, como es palpable, en lo intercambiable entre términos que antes eran contradictorios u opuestos dialécticamente: así entre lo feo y lo

Capítulo cinco

bello en la moda, entre la derecha y la izquierda en política, entre la verdad y la mentira en la publicidad y noticias, entre naturaleza y cultura. Todo se vuelve "undecidable" [indecidible] (Baudrillard, 1988: 128).

La reproducibilidad que caracteriza la contemporaneidad es un cáncer metastásico que se esparce, penetra y contamina todos los estratos sociales. Lo que se presenta como auténtico es mera simulación y el intento de recobrar su marca de veracidad acaba siendo otra repetición de lo mismo, de esa marca de supuesta autenticidad que no es más que otra simulación. La metástasis contemporánea conlleva la homofagia pues en el intento de querer aferrarse a lo auténtico se acaba por reproducirlo en un tipo de incesto de repetición de lo mismo. La reproducibilidad ha llegado a tal punto que los signos crean referentes que no existen en la realidad, imponiendo la representación sobre lo real. Diseños de cosas inexistentes proclaman la primacía del signo sobre el referente. Lo que parece ser natural conlleva su negativo, no solo en nociones que como el antibiótico o la lejía funcionan de forma positiva y negativa, sino también en elementos y acciones diversos a ellos, como los distintos factores que entran en el crecimiento de la fruta, o, en el ejemplo dado del agua y del fuego. Nada responde a un estado autónomo; son los "estados mezcla" los que imperan, con lo que lo real se conforma en lo que difiere de sí mismo.

Capítulo seis

Una polifónica cavidad resonante

A partir de la imagen de la "polifónica cavidad resonante"[1] que el postpoeta ofrece como clave para descifrar el significado del cosmos, el presente capítulo se enfoca en el análisis de las resonancias y de lo que podría considerarse su opuesto, los objetos. La importancia que la Postpoesía centra en estas áreas es sorpresiva por atribuir a la inmaterialidad de las resonancias el trascendental papel de ser una caja musical donde se contiene el conocimiento del mundo, y, por aplicar un valor igualmente cognitivo a los objetos—cuya asumida materialidad se opone a las resonancias—, para desplazar en ellos, en su otredad el foco del yo o antropocentrismo. En ambos casos la Postpoesía dirige la atención a ver las cosas de manera inusual, de atender a lo que generalmente se descarta por carecer de presencia material o por su aparente naturaleza inanimada, y de bajar al ser humano del trono que viene ocupando desde el Renacimiento. En ese margen entre lo evanescente y lo matérico, la Postpoesía sitúa la reflexión sobre el *Dasein* heideggeriano.

La vida, según se nos advierte en el libro *Creta Lateral Travelling*, es un laberinto que invierte la lógica de los laberintos pues es difícil de entrar, pero fácil de salir. Sin embargo, no hay la recompensa de un "conocimiento absoluto" por haber hallado la salida, más bien nos vemos confrontados con "la fragilidad absoluta, la duda suscitada por una caja musical a punto de cerrarse." Algo tan evanescente como esa "polifónica cavidad resonante" deviene el habitáculo final donde se guarda nada menos que la clave de la vida (*Creta*, 2015: 145).[2] La disparidad entre la grandiosidad del misterio a resolver y el objeto donde se guarda la clave parece encerrar una broma al darnos una pista que bien puede evaporarse en ondas sonoras. Pero quizá sea ahí precisamente, en disolver la creencia en una resolución definitiva, donde reside la clave.

Capítulo seis

Además de ser una "polifónica cavidad resonante" el lugar donde converge toda la investigación de la vida y el cosmos que ha venido ocupando los capítulos precedentes, sorprende de nuevo que su principal atractivo sea que está hueca. Para la Postpoesía es precisamente esa falta de solidez e inmaterialidad y su carácter probabilístico lo que hace de la "polifónica caja de resonancias" un ámbito rico en 'mensajes', retazos, ecos entrecruzándose, repletos de un conocimiento nunca plenamente manifiesto. Más que dirigir la búsqueda o investigación a poseer la cosa, las resonancias son las que nos poseen atrayéndonos la fluidez de su ámbito donde parecen flotar en suspenso todas las potencialidades, resistiendo la solidificación del lenguaje y contribuyendo a la invención creativa. Por eso, más que intentar interpretarlas, a las resonancias hay que considerarlas a distancia para poder así "reinventarlas remotas" (*Creta,* 2015: 141). A partir de referencias y ejemplos procedentes de distintos textos, el análisis revela que, a pesar de mantenerse indescifrables a un escrutinio lógico, las resonancias, como los ecos y los objetos, se desprenden del carácter definitivo de la muerte porque la sobrepasan. Por tanto, la investigación sobre las inmateriales resonancias resulta ser la de la caja musical que las contiene en su espacio hueco, de ahí que se trate de un objeto "rarísimo" al fundir los polos del binomio de lo material y lo inmaterial en una oquedad plena.

En la rarísima caja que es el cosmos, el espacio y el tiempo no cuentan cuando se trata de la transmisión de las resonancias, aunque sea de "un solo acontecimiento" donde "todo cuaja." En este sentido funcionan como las partes blandas de los fósiles que por haber sufrido la descomposición obligan a los paleontólogos a inventar a partir de lo que pueden inferir de ellas (*Ya nadie,* 2015: 49). A pesar de la falta de evidencia factual en las resonancias, el hablante postpoético caracteriza esta situación como "la lógica de aquello que más nos atrae: lo hueco. La superioridad poética del tambor respecto a la piedra." Curioso, entonces, es lo que nos espera a la salida del laberinto de la vida: la armonía de un vacío lleno. Quizá fuera esa compleja sencillez del enigma del cosmos lo que deja vislumbrar la declaración de Newton antes de morir: "No sé cómo puede verme el mundo, pero a mí me parece que solo he jugado como un niño en la playa, descubriendo por suerte un guijarro más liso o una concha más hermosa, mientras que el gran océano de la verdad permanece todavía desconocido ante mí."[3]

Una polifónica cavidad resonante

Las resonancias son fenómenos que comparten el carácter probabilístico del mundo cuántico y su naturaleza flotante y fluctuante.[4] Así entendió Wallace Stevens el potencial cognitivo de las resonancias cuando escribe: "there are words / better without an author, without a poet" [hay palabras / mejor sin un autor, sin un poeta] ("The Creations of Sound," 1990: 310–11), lo cual podría aplicarse al entendimiento del mismo Wittgenstein sobre discurso y silencio del punto 7 de su *Tractatus*. Cuando ya el discurso llega a su límite, queda, según Stevens, "a being of sound, whom one does not approach" [un ser del sonido al cual uno no se acerca], libre de toda asignación autorial. Walter Benjamin asocia la lejanía de las resonancias con la del aura frente a la cercanía de la huella (*TGB*, 2018: 24). Cuando observamos o perseguimos huellas nos hacemos con la cosa, pero en el aura, como en las resonancias, es la cosa la que se apodera de nosotros y nos retiene en su ámbito fluctuante. La atención dada a las resonancias corresponde a una visión del mundo como una totalidad, lo que Simone Weil llama *Gestalten* (cit. en Zwicky, 2012: 201). Las resonancias constituyen lo inefable, ya que suponen la integración de múltiples aspectos que ocurren simultáneamente, de ahí que el lenguaje, por su misma naturaleza de mantener las cosas en paro y de establecer distinciones, no se presta bien a articularlas (Zwicky 2012: 208).

La noción de lo hueco que está lleno y que nos confronta al salir del laberinto de la vida dirige la exploración del postpoeta a casos particulares que lo confirmen. Así, en los textos de *Creta Lateral Travelling*, la isla, su laberinto y presencia en la historia y la mitología se sitúan en paralelo con la vida humana, pues si Creta y su laberinto persistieron por 1.500 años es porque asumieron la realidad del laberinto que es la vida. Tras ese período, a Creta, como al abuelo del hablante (*Creta*, 2015: 146) y a todos los humanos, solo les quedaba "desaparecer en la poética creada por sus propios ecos." Las resonancias dan prueba de que el vacío no es tal pues sus ecos sobrepasan la muerte. Por tanto, plantean una nueva articulación de la dialéctica entre el creador y lo creado, la vida y la muerte, pues los términos se invierten: no es el creador o viviente el que sobrepasa su creación, sino sus resonancias las que prolongan el vivir. Por eso, visitando el Templo de Las Dobles Hachas en el palacio de Knossos, el postpoeta ve a un turista que le recuerda a su abuelo como si fuera un eco de su presencia, de cuando al irse a la cama, la familia le oía sus suspiros y palabras entrecortadas

Capítulo seis

resonando en el pasillo. Era "un vagar suyo entre lo indescifrable" (*Creta,* 2015: 144), hasta que un día lo vieron alejarse para siempre y nunca supieron qué decía ni a qué invocaba exactamente. Como ocurría con el abuelo, el discurso de las resonancias resulta incomprensible e indescifrable y lo que queda es "reinventarlas" asumiendo todo su potencial.

Para el físico teórico, filósofo y matemático Henri Poincaré, primero en proponer las ondas gravitatorias emanando de un cuerpo y propagándose a la velocidad de la luz tal y como requieren las transformaciones de Lorenz, las resonancias agrupan eventos dinámicos que conducen a colisiones entre operadores bien conocidos en la física de no equilibrio.[5] Esos operadores de colisión representan procesos difusivos que suponen la ruptura de la descripción determinista de la mecánica clásica porque, como indica Cioran, "Rien n'existe *en soi*. Nos vibrations constituent le monde" [Nada existe *en sí*. Nuestras vibraciones constituyen el mundo] (1993: 17). Por tanto, las resonancias implican dinamismo, colisiones, difusión, indeterminismo, lo opuesto al estatismo, la ontología, el absolutismo. Funcionan transmitiendo ecos a menudo incomprensibles o difíciles de articular, como cuando el hablante tiene un recuerdo de Santiago de Compostela, la ciudad donde estudió, que "no puede ser dibujado, ni musicalmente interpretado, esculpido o narrado sin degradación o pérdida." Es un recuerdo nítido que, sin embargo, se resiste a todo tipo de representación y por eso, siendo muy nítido es también "el más borroso" (*Creta,* 2015: 148), lo que sugiere la comparación con el "alfilereo de la lluvia sobre la claraboya de mi habitación," la típica lluvia o chirimiri que por su frecuencia y constancia en Galicia formaría su trasfondo sonoro más propio. Igual sucede con la canción que escuchó el primer día deshaciendo la maleta en la pensión y que decía lo difícil de olvidar pues se trata de los ecos, de los recuerdos persistiendo en el lenguaje del sonido de que hablaba Wallace Stevens. Las resonancias y ecos pueden ocurrir al revés: el alfilereo de la lluvia en el presente provoca la vuelta a la misma experiencia en el pasado pues "el eco recuerda a la vez que anticipa" (*Creta,* 2015: 160). Las resonancias presentan el reto de articular realidades que se resisten a quedar fijas en los signos, pues estamos en ese lenguaje del sonido (Stevens) y de emanaciones inconcretas de la vida (Wittgenstein). Estamos, también, en el aura de Benjamin donde las resonancias

Una polifónica cavidad resonante

nos atrapan en su cavidad sonora y nos confrontan con el reto de articularlas.

Relacionado con esa dificultad, el hablante se pregunta "¿Son las cosas una suma finita de parpadeos?" (*Creta*, 2015: 149). Ya vimos que pulsar el botón de ON / OFF es uno de esos parpadeos entre los que el hilo de vida y muerte se tensiona. El mismo reto se presenta al intentar determinar con exactitud el ser de las cosas. Y, como ejemplo concreto de esa situación, el texto sitúa esa pregunta en relación con las casas que se construyen hoy día con tabiques tan delgados que sus distintas habitaciones parecen fragmentos de la casa como una unidad. En esas casas "el cuerpo" se iguala al "mar de un archipiélago de días" porque se fragmenta en el fluir diario, y por esas estancias de la casa / discurso, los ecos, resonancias y reflejos se diluyen, disuelven y rebotan.[6] Por sus distintas estancias, la sombra del hablante se alarga de manera fantasmal (*Regreso*, 2015: 287), como esas relaciones en los enmarañamientos cuánticos tan "fantasmales" para Einstein. Fernández Mallo coincide con Wallace Stevens en que hay formas no siempre visibles portadoras de conocimiento: "in the shadowless atmosphere, / the knowledge of things lay round but unperceived" [en la atmósfera sin sombra / el conocimiento de las cosas descansa sin ser notado] (Stevens, 1990: 424–25).[7] Y así se entiende cuando al final y entre corchetes añade que "cada margen tiene su margen" en un proceso desplazándose *ad infinitum* que, como el tiempo topológico, se define en la complejidad de su indefinición e incompletitud.

En esta línea entra la imagen del tiempo como rebanada y su sutil guiño a la magdalena de Proust: "la rebanada captada entre dos parpadeos se aletarga." En el *intermezzo* apenas perceptible del ON / OFF donde se desarrolla la vida, el recuerdo se prolonga "como el cuchillo con que ella rebanaba el pan del desayuno antes de salir de casa" (*Creta*, 2015: 149, 155). El cotidiano gesto de rebanar el pan del desayuno se marca de agresividad por el corte que supone en el tiempo, despertando la memoria. También fue la mujer, como vimos, quien le enseñó que el azar es un suicidio diario (*Yo siempre*, 2009: 236) que en la rebanada comporta el despertar de la experiencia cargada a menudo de recuerdos dolorosos. Por eso en su abandono y soledad, es el hablante quien se deja "trocear por el silencio de la noche [lo exijo]," fragmentándose en las capas del tiempo que su memoria recorre, reducido a un estado de dependencia de los recuerdos vividos:

Capítulo seis

> Te busco y te encuentro. No te busco y también te encuentro. Me das tu mano, fría, la que nos da el espejo si lo tocamos, pero no exactamente, me dices unas palabras que salen de tus labios con la distorsión del eco, no las entiendo, remota pero presente, tardo en comprender, eres tú el eco. Paso ante las habitaciones, ante los salones, ante los bares cerrados, tardo en comprender, sólo donde todo es vacío, desolación o puro silencio, triunfa el eco; […].
> (*Regreso,* 2015: 256)

Experimentando a la mujer como remota y cercana al mismo tiempo, buscando percibir contactos, meros roces que resultan ser más desencuentros que encuentros por su imprecisión, más sufrimiento que placer, oye palabras, pero no logra entenderlas al llegar distorsionadas por el eco porque, como acaba por constatar, la mujer y el eco son la misma cosa y sus resonancias tienen amplio espacio en el hueco del abandono. En la inconcreción de los ecos y recuerdos, la conciencia del postpoeta se agudiza y reduce simultáneamente al no poder completar con palabras el deseo de capturar los recuerdos.

Los ecos se suceden y en ciertos casos resultan ser un hallazgo "infinitamente pequeño infinito" al recobrar y anticipar experiencias pasadas, infinitas por persistir en el espaciotiempo pero pequeñas por lo reducido de su enfoque. (*Creta,* 2015: 160). Así parece suceder cuando el hablante presiente un jadeo resonando que le recuerda cuando él y su pareja estuvieron nadando y luego reposaron en la arena. La "arena" invita la alusión a los relojes de arena y su cronometría, pero al ser "esqueleto de mar" el reposo en la arena—"reloj roto"—detiene el paso del tiempo. Por "el impecable lenguaje del eco," le llega al hablante ese recuerdo y a nosotros los famosos relojes derretidos de Dalí y su cuadro "La persistencia de la memoria." La imagen que comunica la intensidad de esa experiencia y su recuerdo, como un coágulo retenido en la memoria, es, como ya se vio, el pezón. Su redondez sugiere el tiempo cíclico y repetido y en este recuerdo, en particular, logra connotar la plenitud en un instante que es lo que la experiencia representó para el hablante. El pezón que acarició esa noche concentra en su forma precisa la esfericidad cósmica donde todo se repite; quizá por eso volver al pezón se asocia con volver al punto 7 del *Tractatus* pues, tratándose de un misterio y de una experiencia fuertemente sentida, el lenguaje es incapaz de articular esa metafísica.

Una polifónica cavidad resonante

El detenimiento del tiempo en esa escena no es un suceso común ante el inevitable avance temporal. La manera de combatir la desintegración del tiempo es saber "que el pan de cada día no es pan si no ha conocido el sabor de algunas palabras importantes como: *soledad, amor, muerte o vida"* (260). A la cotidianidad y su paso indetenible hay que adosar esas palabras y saborearlas con el pan de cada día porque hay que recorrer "todas las palabras que nombran todas las cosas," ya que constituyen la "realidad" y pueden contribuir a descifrar los ecos. El postpoeta busca fundir en el lenguaje lo inmaterial con lo concreto y ordinario, como el efecto que tuvo la magdalena que le dio la tía del narrador proustiano que, al mojarla en el té desencadenó los recuerdos. No hay, por tanto, una división entre lenguaje concreto y lenguaje abstracto, entre sabor y sentido. Y parece ser que fue eso precisamente lo que el hablante y / o la pareja hizo, recorrer "todas las palabras que nombran todas las cosas," es decir, "nombrar" lo vivido como medio de fijarlo; sin embargo, de lo único que sirvió fue de retrasar el proceso de "una lenta desintegración" y llegar "a la propia sombra." Nada quedó de aquellas formulaciones en palabras, solo "el eco de tu voz." El eco es lo que persiste del esfuerzo por hacer que los signos del lenguaje capten la vida en su concreción.

Habiendo conocido el fracaso del discurso en retener vivas las experiencias, el hablante opta por hacerse el sordo y refugiarse en lo hueco de la cavidad resonante ("es pura sordera, la más hueca, la de mí mismo") (*Regreso*, 2015: 260). Se propone así dejar de depender de los recuerdos pues como sucede cuando alguien insiste en repetir su nombre, la repetición misma del nombre acaba por desintegrarlo. Cuando Fernández Mallo titula el libro sobre la muerte de su padre *Ya nadie se llamará como yo,* parece estar refiriéndose a la inutilidad del nombre cuando el referente—en este caso la persona—desaparece. El nombre queda colgando sin asidero; nadie se llamará como el padre porque nadie es el padre y sin el referente, el nombre es inútil, o es Nadie, el "nombre" que Odiseo le dio al cíclope Polifemo. Lo que vuelve y continúa, como ilustra la muerte en el libro citado, son los ecos y resonancias. La Vida al nacer tiene su rebote en la Muerte, igual que el paraíso y su caída van unidos. Con la muerte, la autonomía del nombre, distintivo de la identidad en la cultura occidental marcando la distancia del ser humano de la naturaleza, se pierde como tal, mientras que la materia corporal del padre se disuelve en la atmósfera donde continúa existiendo en morfogénesis: "La muerte es múltiple" y el rostro o signo identitario, "carece de solución única"; y más adelante añade "la muerte […] solo es una alternativa," ya que las emanaciones de la vida se continúan en los ecos, reflejos y resonancias (*Ya nadie,* 2015: 109, 110).

En la "polifónica cavidad resonante" el postpoeta se encuentra "en el centro del invadeable páramo que por invadeable no tiene centro," cavidad resonante donde incluso escucha "el ruido de la soledad." Se trata de un "rumor ubicuo" pues cae como gasa sobre lo visible, especialmente en el otoño cuando la soledad se hace más palpable. Si se da la posibilidad de precisar el recuerdo en medio del rumor, hay que pagar un precio a cambio pues "no hay accidente que se precie sin su correspondiente pillaje." El "pillaje" es otra forma de la emboscada pues todo logro implica un precio: "Todas las cosas alcanzan y pierden el paraíso una vez al día: tu camisón a los pies de la cama" (*Regreso,* 2015: 237).⁸ En lo gráfico de esa imagen se funde el erotismo del camisón con su abandono. El rebote de la Vida en la Muerte, como de la vida y el lenguaje, es el mismo del que se da en el paraíso y su caída. Y aquí se encuadra la mayor emboscada.

El eco y el espejo ilustran esas paradojas al devolver una imagen sin entregarla: "esa voz que regresa invertida para recordarnos que afirmar algo equivale a fundar su contrario" (*Regreso,* 2015: 240). Por eso, el monigote le dice (¿con sorna?) al postpoeta que se tape los oídos cuando la mujer lo abandone pues, de ese modo, evitará escuchar con precisión el terrible vaticinio y su realización. Como se va viendo, las resonancias, ecos y espejos son en sí reproducciones, copias, repeticiones que comportan residuos de la vida, pero también disuelven su concreción.

Parte de las resonancias y su complejidad es que en su evanescencia son presencias que nos rodean y, como la atmósfera, no nos percatamos de ellas por permanecer invisibles. Así y, de nuevo, lo expresa Wallace Stevens: *"in the shadowless atmosphere,/ The knowledge of things lay around but unperceived"* (cit. en Gleick, 1987: 196) [En la atmósfera sin sombras, / El conocimiento de las cosas descansa sin ser notado]. Y ahí radica la ironía pues el conocimiento que deseamos revelar nos rodea, pero no lo percibimos, como ya nos alertó la cita de Italo Calvino que precede a la segunda parte del libro *Ya nadie se llamará como yo:* "La poesía de

Una polifónica cavidad resonante

lo invisible, la poesía de las infinitas potencialidades imprevisibles, así como la poesía de la nada, nacen de un poeta que no tiene dudas sobre la fisicidad del mundo" (*Ya nadie,* 2015: 111).[9]

El hijo en *Ya nadie se llamará como yo* busca resonancias del padre repitiendo la caminata de 12 kilómetro hasta el valle que hizo con él 40 años antes. Aunque los elementos del paisaje no son los mismos después de tanto tiempo, el hijo reconoce "todo al instante, como si por debajo del lugar permaneciera algo físico y material." El enclave real provoca el recuerdo y sus ecos y se convierte en repositorio de experiencias que el tiempo ha vuelto inmateriales. Los cambios de los elementos son superficiales pues lo que permanece es "algo que se halla más allá de la memoria y por ignorancia o abreviar llamamos *espacio.*" Lo inmaterial forma parte de lo real pues es claro que los muertos se propagan "Por todo cuanto no son" (*Ya nadie,* 2015: 103). Aunque el cuerpo del padre ha sido reducido a cenizas, el hijo lo reconoce como suyo en el entorno.

Siguiendo esa realidad que existe, pero no se ve, donde se ubican cosas y eventos, aunque no pertenezcan a ella, la elaboración sobre la polifónica caja resonante conduce a reflexiones sobre lo visible y lo invisible, sobre objetos y eventos cuyo lugar tampoco se precisa en un espacio concreto. Incluso conduce a considerar un pasado tan inmemorial como el del neandertal de quien, sin tener su presencia, recibimos la primera imagen de nuestra misma constitución física. Dando otro de los típicos "saltos cuánticos" de la Postpoesía, otros ejemplos son las novelas de Kafka donde domina la ambigüedad sobre las autoridades en poder, nunca sus presencias concretas, de igual modo que ocurre con el "plancton frente al agua del mar," o con el olor que caracteriza las iglesias creando un tipo de "paisaje continuo, virus que secretamente asegura la propagación y supervivencia de un hábitat, de un clima, de una especie" (*Ya nadie,* 2015: 47, 48). Ese olor marca la identidad de la institución tanto o más que su presencia física con sus estatutos y reglas. Igual ocurre con el perfume de los grandes almacenes como espacios del capitalismo, y el lenguaje sensorial, no expresado verbalmente, procedente del "sonido del interior de los cuerpos, el vaho que en la confrontación se eleva desde las trincheras." El discurso de los olores y de las sensaciones consiste en emanaciones de esa "polifónica cavidad resonante" donde se contiene una amplia gama de formas inmateriales pero vivas (*Ya nadie,* 2015: 48).

Capítulo seis

Por eso, y como parte de estas reflexiones, cuando investiga el trabajo del paleontólogo Stephen Jay Gould, el postpoeta expresa la "frustración irremediable" de que sus registros fósiles son siempre sólidos, mientras que las "partes blandas de los cuerpos, sujetas a descomposición" hay que inventarlas (*Ya nadie*, 2015: 49). El paleontólogo se enfrenta con un problema semejante al del hablante con las resonancias: ¿cómo describir esas partes blandas inexistentes, rayando en la metafísica sin caer en ella? La historia se conforma a partir de datos sólidos y de reconstrucciones, lo mismo que el conocimiento mezcla datos, inferencias mientras que "La memoria evoluciona hacia una apariencia / de molusco, pero no termina de abrir su concha / ni brindar su vulva." La analogía con el molusco recrea una imagen de la memoria como un tipo de exosqueleto, sugiriendo el proceso de solidificación que sufren los recuerdos en el paso del tiempo hasta volverse escleróticos. Su reticencia para abrirse evoca " una caja musical a punto de cerrarse" (*Creta*, 2015: 145), creándose en los dos casos un juego o danza entre lo que se transmite o se resiste a transmitir en los recuerdos, por un lado, y la evanescencia de sus resonancias amenazando su desaparición. Nos debemos contentar con momentos cuando es posible lograr el beneficio de ambos, como en el inusitado ejemplo de la pareja que tras compartir una bolsa de patatas fritas hace unos años se besa porque "El bolo alimenticio expresa una felicidad / como otra cualquiera" (*Ya nadie*, 2015: 52). Como aquel pan diario que se debía amasar con las experiencias cruciales de la existencia, la sencillez de esta escena cumple ese cometido y, en cierta manera, consigue que la felicidad de ese momento retenga su efímera existencia en la concreción del bolo alimenticio. Otros ejemplos deseables conllevarían la posibilidad de dar marcha atrás y visionar el evento al revés, como cuando " la cantera [...] suma piedras en vez de vaciarlas" o " el bolígrafo / que recupera su tinta—y la memoria de la tinta—." En estos últimos ejemplos, el hablante postpoético se deja llevar por las ilusiones de un "*wishful thinking*" por el cual sería posible ver la "película" del revés y hacer reversible lo que no lo es.[10]

En el ejemplo de un cubo "que sube el agua del pozo," como ocurriría en el vivir ordinario de algún lugar rural, se trata de algo concreto como modelo a seguir para la Postpoesía: lanzar el cubo de la palabra, por "parcheado" que esté de todas las adherencias referenciales, y adentrarlo en el pozo / memoria para extraer el agua de los recuerdos. Esa "pesca" de recuerdos se compara con colgar fotos de animales en Facebook, pues ambas son acciones donde el "pescador" exhibe su pesca como un trofeo de su logro. Lo notable en ambos casos es que la "pesca" saca a la luz un ser muerto, una imagen seca. A diferencia del deseo de que los recuerdos sepultados en la memoria dieran marcha atrás y, como el bolígrafo que recupera la tinta, recobraran vitalidad, lo que recupera la memoria a menudo no tiene ni siquiera energía resonante. Y algo parecido tiene lugar en el discurso histórico donde el trabajo de relatar lo ocurrido se suele centrar en las balas de guerras y contiendas, cuando en realidad tuvieron que ver más con el esfuerzo humano de manos involucradas en un trabajo directo y manual. El hacer diario y cotidiano de nuevo se posterga en favor de la pompa en torno a eventos de magnitud. Mediante ejemplos tan específicos, el hablante postpoético insiste en dejar de lado ilusiones idealizantes en favor de los medios materiales de que contamos, ya sea el cubo parcheado del lenguaje o las simples manos. (*Ya nadie*, 2015: 53, 54). Cuando algo impactante tiene lugar, el cubo cae al pozo de la memoria deteniendo el fluir de los recuerdos: "y el pozo se cerró para siempre." Retener lo cotidiano y diario de las experiencias pasadas, como los rasgos que definen a cada persona y su individualidad, es labor merecedora de llevar a cabo a pesar de su dificultad.

La dimensión ontológica de estas reflexiones se concretiza en la casa del lenguaje o cabaña de Heidegger, el filósofo del *Dasein*. El texto indica que para acceder a ella hay que ir "más allá" de paisajes movedizos, humeantes, plenos de miedo, es decir, más allá de resonancias y ecos sin base material, pues el Ser exige sobrepasar la naturaleza, la tierra en su elementalidad y manifestarse como entidad plena:

> llegué a la cabaña de Heidegger (en un principio no la reconocí como tuya)
>
> derribé la puerta de una patada (y con ello hago notar que mi pierna
> y el nazismo a pesar de opuestos eran más sólidos de lo que pareciera), accedí a una estancia no vacía, diferentes
> penumbras, que hacían de tabiques, se alternaban con la luz procedente de las ventanas.

Capítulo seis

> me senté a una mesa, dispuesta como para comer y a juzgar por
> su aspecto años atrás abandonada, moví la mano bajo el tablero
> de la silla, palpé unos objetos pegados, duros como piedras
> eran chicles,
> allí donde ha habido vano espejismo no
> puede no engendrarse vida. (*Ya nadie*, 2015: 61–62)

La patada que da al entrar en la cabaña alude, con las icónicas botas, al nazismo de su dueño, y, la intención de confrontar el código de firmeza ontológica en el sistema de Heidegger. La estancia no está vacía pues las penumbras son sus tabiques, sugiriendo una ontología muy diluida y también solidificada, como representan los chicles pegados bajo la silla, "duros como piedras." La solidificación de la movible estética del chicle es un ejemplo concreto, lleno de humor y desacato, de la solidificación a que ha quedado reducida la ontología heideggeriana. La reacción del postpoeta es declarar dicho sistema ontológico como "vano espejismo" (*Ya nadie*, 2015: 61, 62). El espejismo de una ontología del Ser como entidad estática y absoluta es una abstracción sin agencia en el mundo y su dinamismo heraclitiano: "La palabra *ser* no significa nada en la creciente maleza al otro lado de la casa" (*Ya nadie*, 2015: 100). Esa maleza del exterior, de la naturaleza y de la vida, en general, asedia el espejismo ontológico y cerrado con el engranaje de la vida libre de abstracciones restrictivas.

Y la vida se mantiene recurriendo a la capacidad inventiva e imaginativa de inferir sentidos en las resonancias y ecos. En ese espacio de la creatividad emerge una sombra que como flecha se clava en las aguas de la conciencia del hablante y las oscurece. Esa flecha tan erótica y evocadora de Cupido y sus enredos "ilumina lo que vengo inventando," es decir, su escritura postpoética (*Ya nadie*, 2015: 66), actuando a modo de epifanía iluminadora. Gracias a esa sombra, la conciencia del poeta se libera para poder articular las resonancias. La oscuridad es aquí, como en textos anteriores, la fuente de la luz para la articulación postpoética. Y en esa vena, el vidrio de la ventana difundiendo la luz no es la luz, y el álgebra sustituyendo números por letras "para operar sin necesidad de calcular" es otro modo de representar, no tanto de contener la verdad inapelable. La escritura postpoética se deshace de los mitos de trascendencia, como la luz, o de sistemas científicos entronados en solidez y veracidad, como el álgebra y las matemáticas, en general. Y así sucede con la Historia, otro fantasma de abstracciones.

Una polifónica cavidad resonante

Pero hay también que mantenerse alerta pues la sombra perfila figuras y formas sin entregar la totalidad, y puede ocurrir que cuando la sombra "viaja en contacto con el objeto" estemos en el ámbito de un romanticismo a lo Rosalía de Castro. En este entorno, el lenguaje intenta aprehender experiencias inmateriales cargándolas de significado simbólico y trascendente, como cuando la poeta gallega reacciona "asombrada" ante la sombra que la acompaña a ella y a todo en su entorno:

> Cando pensó que te fuches
> negra sombra que me
> asombras, ó pe dos meus
> cabezales tornas facéndom
> mofa. Cando maxino que e
> ida no mesmo sol te me
> amostras i eres a estrella que
> brila
> i eres o vento que zoa. Si cantan, es ti
> que canta
> si choran, es ti que
> choras i es o marmurio
> do río i es a noite, i es
> a aurora.
>
> En todo estás e ti es todo,
> Para mi i en min mesma moras,
> Nin me abandonarás nunca,
> Sombra que sempre me asombras.
> ("Negra sombra," Rosalía de Castro)
>
> [Cuando pienso que te fuiste, / negra sombra que me asombras, / a los pies de mis cabezales, / tornas haciéndome mofa. Cuando imagino que te has ido, / en el mismo sol te me muestras, / y eres la estrella que brilla, / y eres el viento que zumba. / Si cantan, eres tú que cantas, / si lloran, eres tú que lloras, / y eres el murmullo del río / y eres la noche y eres la aurora. / En todo estás y tú eres todo, / para mí y en mí misma moras, / sombra que siempre me asombras]

La conciencia de la hablante es acaparada por la sombra y lo que connota de lo incognoscible. Otras veces la sombra es "la que se proyecta a distancia," como cuando un avión vuela y se ve la sombra correr abajo sobre los campos "como el caudal de un río liso." La sombra en este caso señala la realidad concreta y cognoscible pero fluyente del avión. Sobre ella se ocupó Lucrecio y los astrónomos, en general, en el sentido de que la sombra "retorna" el objeto "avión" a la conciencia del hablante a pesar de su desaparición (*Ya nadie*, 2015: 31). Hay otra sombra que nunca se cita pero que "efervesce en el interior de los cuerpos, donde no llega la luz y el cielo / es un mar completamente aplanado." Esta tercera sombra apunta al desconocimiento sobre el interior del cuerpo que la carne bloquea a la vista. Sin embargo, las imágenes visuales en los nuevos métodos médicos, como las ecografías, rayos X y demás, inyectan luz en esa sombra, aunque a veces se trate de imágenes fijas que no captan el dinamismo de los órganos vitales. El postpoeta reflexiona sobre la sombra en el recinto de las resonancias, y a diferencia de su valor disminuido en el entendimiento tradicional, la sombra emerge como fuente de conocimiento postpoético al clavarse en la conciencia a modo de dardo, revelando con agudeza lo que se oculta tras ella.

Citando a "algún sabio oriental" que posiblemente dijo que "el tiempo es la eterna / transformación de una / misma sombra chinesca" (*Odisea*, 2015: 354), la sombra y sus múltiples pero opacas transformaciones son dobles de las capas, rebanadas y "filetes" en los que el tiempo se dobla y desdobla proyectándose, como en la caverna platónica, sobre un muro que resulta ser el tú [del hablante, de la escritura, de la mujer]. No es posible discernir con perfecta claridad o lograr un conocimiento completo, pero sus morfogénesis hacen de las sombras útiles proveedoras de cognición. Pero, si como dice Heráclito, quizá fuera mejor que consiguiéramos lo que deseamos, en vez de perseguir sombras y copias en busca de lo auténtico, ¿qué quedaría? ¿se pararía el fluir heraclitiano de la vida? ¿lograríamos dilucidar el sentido de todas esas sombras? El pensamiento de Heráclito sugiere que si lográramos dilucidar esas sombras abandonaríamos la búsqueda y el deseo de vivir al constatar que no hay nada tras ellas. Más adelante se afirma que "Perseguir algo equivale / a fundar su contrario," lo cual el místico Meister Eckhart (12601328) ratificó al decir *"ruego a Dios / que me vacíe de Dios"* (*Odisea*, 2015: 355). Deshacerse de las sombras o ignorarlas no parece la mejor opción ya que querer dilucidar la verdad en la luz plena del yo, sin los matices divergentes de las sombras, reduce la conciencia a un juego de solipsismo sin salida.

La oscuridad y sus sombras son fuente y medio de proceder hacia el conocimiento: "Bajo el agua hay un cuarto oscuro donde se

Una polifónica cavidad resonante

revela cuanto ves en la superficie. Lo que era ficción se convierte en documento y lo que era documento en ficción." Ese agua marcada por el autoconocimiento narcisista no conduce al ahogo del solipsismo sino a la revelación de la realidad reflejante de la superficie y el fondo, dos caras del mismo espejo. De ahí que escribir sea como "estar a 5.000 metros de profundidad mientras la memoria simula que hace surf." Y la referencia postpoética a un caso específico de esa situación es la de las madres en la playa aplicando crema facial a la espera del "melanoma que las disuelva para siempre" (*Ya nadie*, 2015: 85, 86). El exterior epidérmico retiene en su cámara oscura el potencial del cáncer en un intercambio reflejante entre ambos planos retroalimentándose.

Teniendo esto en cuenta, no hay que confiarse en la luz y sus certezas ni, por supuesto, en tajantes afirmaciones en la línea de la mecánica laplaciana. La luz no conoce matices y, por eso, si se gira para ver la casa del otro lado, lo que se ve es la maleza, su pasado e historia que el deslumbre externo oculta (*Ya nadie*, 2015: 100). Algo tan imperiosamente luminoso como es el sol "se nos niega estéticamente como experiencia directa de visión." La única manera de poder verlo es mediante "diversas técnicas de representación," tales como las fotografías, las radiografías, la escritura. Y lo mismo sucede con el yo, que solo podemos ver o mirar en diferido por medio de representaciones (*Ya nadie*, 2015: 87, 88). Por eso, el sol (tan fundamental) como el yo (igualmente fundamental) solo pueden "verse" mediante intermediarios que, como tal, los "falsifican," de ahí que nuestro conocimiento siempre sea mediatizado, no directo. Entre evidencias y fantasmas se sitúa el "ser y vivir," como ilustra la figura de Tom Sawyer, personaje de la novela de Mark Twain, *Las aventuras de Tom Sawyer* (1876). Si se quiere ser Tom Sawyer, nos dice el hablante postpoético, solo hace falta leer el libro pues "ser" es una abstracción. Vivir como Tom Sawyer, sin embargo, exige suplantar la abstracción del ser por la concreción del hacer, y el fantasma por la acción. Luchamos por articular en signos experiencias inasibles, aunque continuemos intentándolo porque la emboscada de llegar al sentido y configurarlo nos ha seducido.

Esa constatación se reitera cuando el postpoeta escribe: "El reflejo de tu cara en el río anuncia lo que crecerá / infinitamente incomunicado, pero contigo." De nuevo la escena de Narciso señala que el reflejo del rostro en el espejo del agua supone una revelación de lo que es intrínseco al yo, aunque se mantenga "infinitamente incomunicado" porque hay zonas en la identidad a las que es difícil o imposible acceder, como el náufrago que todos llevamos dentro, según dijo en otro lugar. Ese recinto es precisamente el que explora la Postpoesía como parte de su programa de desestabilizar certezas y dar un giro al paradigma de una realidad sólida. Cada cosa posee en sí misma algo y otro, de igual modo que "Hay en cada poro un paraíso y una catástrofe" (*Ya nadie,* 2015: 100). Lo notable es que lo otro en el yo es precisamente donde el yo se define, de igual modo que como se viene afirmando, es la sombra y la oscuridad, no la luz, donde se conforma la vida. Los ámbitos del eco, reflejo, espejo, resonancia, sombra suponen la otredad como emanación de la mismidad, por eso "las tumbas no están quietas, avanzan / hacia el centro de la Tierra, los esqueletos convierten calcio en hielo, y allí hierven" (*Ya nadie,* 2015: 101). En esta reflexión de la Postpoesía, la muerte no se revela como algo misterioso, sino como parte de la morfogénesis de la materia.

De resultas, se confronta con verdadera aprensión lo que llamamos realidad, como si a la vuelta de la esquina nos fuéramos a topar con algún imprevisto, algo así como sucede, en términos postpoéticos, cuando nadie llama al ascensor y sin embargo llega vacío, o darse cuenta de que hemos sino arrancados "de las formas orgánicas" y como seres medio vivos y medio muertos buscamos el regreso sin saber cómo ni dónde. O como las balas que alguien disparó al conquistar un territorio lejano y vuelven a repercutir en el valle donde el hablante pasea hoy día en enlaces "fantasmales" entre aquello que fue historia y el presente, pues "Todo movimiento es esbozo de otro que temes, y llega." Y así ocurre al notar que incluso las paredes de la habitación están construidas con materiales que llevan dentro animales triturados, polvo de insectos etcétera (*Ya nadie,* 2015: 105, 106). Esos ensamblajes son los que constituyen las paredes de la casa de la escritura y de la vida. Por eso es posible declarar que la poesía es el "fantasma" de la prosa y nada tiene que ver con la literatura. Si en algo la poesía se relaciona con la literatura es siendo su ciencia, ya que, desprovista de la discursividad, la poesía ronda más cercanamente con la realidad visible e invisible (*Ya nadie,* 2015: 96). La creencia en la luz como base del conocimiento sufre un fuerte revés en la Postpoesía y su indagación en la caja de resonancias. El rayo de iluminación, heraldo del conocimiento, resulta ser un teatro de sombras chinescas cuyos matices no revelan la plenitud del conocimiento, aunque sirven de estímulo para agudizar la conciencia e intentar completar con palabras lo que de otro modo se evaporaría.

"Nubes de sentido": Los objetos

En sus reflexiones sobre la sensibilidad contemporánea en la poesía, Fernández Mallo afirma la necesidad de "ampliar y reconfigurar el dominio poético," de crear una nueva arquitectura donde haya cabida para ese lenguaje nuevo que la Postpoesía plantea. Y, como se viene afirmando, el nuevo lenguaje tiene como objetivo no tanto crear una obra de arte que los museos erigirán en toda su gloria sino "la gigantesca obra de arte que hoy es la vida, con sus relaciones, sus flujos, su ficción, su uso" (*PP,* 2009: 69). En esa labor, Fernández Mallo reconoce las contribuciones de autores contemporáneos como Eloy Fernández Porta, Eduarda Moga, Pablo García Casado. De este último toma prestada su poética por venir muy a propósito para el estudio de los objetos en esta sección. La poética de García Casado habla de "La emoción objetiva," de "una fisiología del objeto comprendido en sí mismo," de "Pensar a partir de objetos" (*PP,* 2009: 71–72). La Postpoesía, por su parte, pide un "Pensar a partir de objetos" pues el objeto posee su propia fisiología y exige ser "comprendido en sí mismo" (*PP,* 2009: 72). El punto de vista es lo primero a tener en cuenta al tratar de los objetos, pues allí entra el juego de perspectivas y la disolución del yo, del antropocentrismo.

Otra contribución al estudio de los objetos procede de René Thom y su teoría de la catástrofe donde los objetos se describen como carentes de materialidad, "formas informes," dúctiles, indecibles ya que se desplazan por distintos campos de fuerza, "y a cada momento acaece una catástrofe que impide fijar su forma por un período prolongado de tiempo" (*PP,* 2009: 118). Hay, por tanto, en los objetos algo de ese elemento fantasmal que venimos analizando en las resonancias. De ahí que los objetos sean "nubes de sentido" que, por la densidad de su presencia matérica, comunican ecos, resonancias, olores, experiencias contenidas en su concreción. Son "fenómenos emergentes" (*TGB,* 2015b: 13, 22), por lo que ante cualquier objeto el individuo cree "ver" más allá de su presencia física, con lo cual funcionan como "objetos red" al constituir nudos, redes de relaciones simbólicas y matéricas en

Capítulo seis

el entramado espaciotemporal, generando sentido (*TGB,* 2018b: 17, 21). Fue Italo Calvino quien advirtió de tener cuidado con los objetos "que se introducen en un texto porque actúan de polo magnético en la narración, atraen al argumento, se vuelven objetivos potenciales de nuestra atención" (*Proyecto,* 2013: 404; *Blog Up,* 2012: 60). Los objetos, por tanto, son presencias concretas y, además, son emanaciones de sentido, como indicaran los escritores William Carlos Williams y, de nuevo, Italo Calvino, cuyos epígrafes aparecen en *Ya nadie se llamará como yo.* Reiterando lo ya citado, los escritores afirman que el poema, "como cualquier máquina" debe estar libre de todo elemento superfluo, y cuando se trata de lo invisible, de las "potencialidades imprevisibles" (2015: 21, 111), hay que tratarlas a partir de su origen "en la fisicidad del mundo." Según estas pautas, los objetos deben quedar libres de connotaciones sentimentales para ser considerados desde su propia concreción.

Wittgenstein proporciona una explicación donde lo concreto y la emoción del objeto se conjugan. Según el filósofo, los objetos constituyen la forma o sustancia [the fixed form] del mundo, pues contienen la posibilidad de abarcar todos los estados (Schulte, 1992: 51), lo cual concuerda con la caracterización que da Fernández Mallo de objetos como nudos donde convergen las significaciones. Al considerar los objetos, Wittgenstein también tiene en cuenta el ángulo de mira. Si se observan desde una postura realista, los objetos aparecen como si fueran átomos físicos, entidades reales que, aunque pueden entrar en composiciones varias, se mantienen intrínsecamente inalterables. Desde esta perspectiva, los objetos son "necessary existents" [existentes necesarios] (Schulte, 1992: 79), pues constituyen la forma fija del mundo. Pero si se observan desde el ángulo de lo sensorial, entonces son parte del campo perceptual del individuo. En el caso de Fernández Mallo, y en una situación cargada emocionalmente como es la muerte del padre, los objetos se presentan desde una perspectiva tanto realista como sensorial.

Así se da en *Ya nadie se llamará como yo,* cuando el hablante vuelve a la casa familiar situada en un contexto aparentemente rural donde se reúne con su madre y hermanas para asistir al funeral y entierro del padre. Muy al comienzo del libro, y dirigiéndose a un tú que parece ser el del padre, quiere dejar claro que su tratamiento de esta situación difiere del tradicional: "No era aquello la lógica de los malos poemas: / saquear tu intimidad sin ofrecer nada a cambio." Su acercamiento postpoético no va a "saquear" la subjetividad del padre, como tiende a ocurrir al recordar al difunto en el funeral. ¿Qué es, entonces, lo que la Postpoesía ofrece a cambio? La Postpoesía va a descentrar el yoísmo y su subjetividad y dirigir la atención al entorno (*PP*, 2009: 72), enfocándose en objetos relacionados con la muerte: la urna de las cenizas, la losa, la iglesia y el agua bendita, principalmente, para destacar su presencia física y matérica junto con sus emanaciones; se trata de descentralizar el foco antropomórfico en favor de la perspectiva objetual para llegar a "Una fisiología del objeto comprendido en sí mismo." La inversión con la cual desplazar el 'yo' en favor de la otredad del objeto se compara al desplazamiento de la Tierra del centro del universo por el sol en la revolución copernicana imperante desde el Renacimiento hasta llegar al test de Alan Turing (1912–1954) (2015: 26, 74). La analogía choca por lo exagerado, aunque quizá se explique con humor por el enorme peso que viene ocupando el 'yo' desde el renacimiento y la especial gravedad que adquiere en situaciones extremas como es la muerte. Ahí es precisamente cuando el 'yo' del difunto se desplaza para ser ocupado por la realidad matérica de los objetos y los familiares con su carga emocional.

El hablante en la casa familiar, insomne y rememorando al padre, caminando por el valle que recorrió con él, recordando eventos de los que hablaba el padre, como la guerra civil, concretiza sus reminiscencias en los objetos en torno al duelo. Al fijarse en la urna donde se guardan las cenizas, el foco de atención no son las cenizas, sino la urna en sí. El hablante se fija en su presencia física: "Cilíndrica, azul mate, del mismo color que las cenizas que iban dentro" (*Ya nadie*, 2015: 26), de modo que la urna emerge "de pronto" imponiendo su materialidad. Continente y contenido corren pareja, pues las cenizas y la urna se parecen en color. La conocida expresión de que somos polvo y en polvo nos hemos de convertir, adquiere un sentido nuevo pues el referente de la persona ha desaparecido para integrarse con la materia de la urna. Los sentimientos en torno al difunto se transfieren a la urna, contenedor de sus cenizas, reconociendo en ambos la materia y su morfogénesis.

Pero la analogía de la urna que "parece una bombonera / a la que hubieran extraído todo el azúcar," añade otra dimensión pues choca por la distancia entre los elementos comparados y el sesgo humorístico de precisar que se trata de bombones "sin azúcar" (*Ya nadie,* 2015: 40) cuando el tema en cuestión es la muerte. Al descontextualizar la urna y situarla en el ámbito de bombones y dulces, el objeto adquiere un "aura" diferente, si así se puede llamar, una "naturaleza extraña […] hasta ese momento impensable." El contenedor de cenizas y su contenido devienen otra cosa dando prueba de la ductilidad de la materia, como describiera René Thom. Y parecida ductilidad se aplica al proceso mental del hablante al imaginar la urna como una bombonera. El objeto se metamorfosea reflejando el fluido mental y libre del hablante a pesar de las restricciones del contexto (*Blog Up,* 2012: 181, 202). En la carga a la vez matérica y afectiva de la urna se ha producido un vaivén perceptivo de *foreground / background,* un juego complementario que marca el carácter de "fenómeno emergente" del objeto.

Esta elaboración en torno a la urna trae en mente otra urna famosa, la oda que el poeta John Keats (1795–1821) dedica a una urna griega. Al final donde Keats escribe:—"Beauty is truth, truth beauty"—la pregunta surge de a qué o a quién se refiere esa analogía. Una lectura viable es la de atribuir al poeta esa declaración, aunque también se da la posibilidad de que se refiera a la urna. En ambos casos, sin embargo, la ambigüedad se disuelve, pues Belleza y Verdad vienen a jugar un papel vaivén semejante al de *foreground / background,* pues tanto la urna como contenedor de cenizas o de bombones es tan bella y verdadera como el hablante/artífice que la concibió/creó.

En la misma línea de des-codificar la situación, cuando el hablante salió de la casa a las 4:30 de la madrugada tuvo la sensación de que todo en su entorno, él incluido, era "carne de interior, comida rápida a la espera / de ser descongelada" (*Ya nadie,* 2015: 41), refiriéndose, quizá, a las actitudes que se esperaba del grupo familiar en el contexto de la muerte y funeral del padre. La familia reunida para el funeral le parece al hablante como si fuera a posar para un spot publicitario sin el producto publicitado, es decir, el muerto. Debido a la recurrencia de gestos, rituales, ceremonias en torno a la muerte y el funeral, los asistentes adoptan las posturas que se espera de ellos en tal situación, de modo que todo el sentimentalismo se manifiesta como construcción y, por oposición, la muerte se declara como "una fiesta de la objetividad." Por eso el hablante sabe que la muerte es en sí analfabeta por carecer de referentes (*Ya nadie,* 2015: 65, 97).

Una polifónica cavidad resonante

La Postpoesía se refiere con frecuencia a la comida rápida y congelada como imagen de un discurso solidificado y muerto por la repetición de sus premisas. Y el hablante mismo se siente parte de una situación donde todo—expresiones de pésame, rituales, gestos, ceremonias—está congelado según un patrón repetido por generaciones. Pero la invención postpoética mira la torre de la iglesia sin campanario y a contraluz le parece el monolito de *2001*. La referencia es a la película de ciencia ficción de Stanley Kubrick *2001: A Space Odyssey* (1968). La iglesia, además, no es un espacio de acogida que invite por su calidez pues la frialdad permea los bancos, paredes y estatuas de yeso a la espera del calor de los cuerpos de los feligreses. Y durante la media hora que la familia pasa allí mientras tiene lugar el rito funeral, el hablante se ocupa en darle vueltas "a qué clase de agua es la bendita," cuestionando el concepto mismo de que una bendición cambie la naturaleza del agua pues, como sospecha, "acaso se trata de agua del río" (*Ya nadie*, 2015: 37).

Algo parecido ocurre con "el misterio" de la comunión. La única persona que recibe la comunión es una mujer a quien nadie conoce en un lugar rural donde normalmente se conoce todo el mundo, con lo cual, la comunión como ceremonia participativa queda reducida al mínimo. Quizá se trate de una peregrina, hallándonos en Galicia, la región del peregrinaje a Santiago de Compostela. Si la comunión, como se describe, es "recibir el misterio en la lengua," se plantea la cuestión de lo que se quiere decir por "el misterio de la comunión," algo transcendental, ciertamente que, sin embargo, al entrar en contacto con la lengua, pueda generar "por igual / peregrinos y bacterias" (*Ya nadie*, 2015: 38). También llamada Eucaristía, la Comunión ofrece el cuerpo y la sangre de Cristo en los sacramentos del pan y del vino como recuerdo de su sacrificio para la redención de todos. El tratamiento postpoético desplaza el misterio de la transubstanciación al plano material del pan y el vino donde la realidad de la infección se sitúa al mismo nivel que el valor redentor del sacramento.

La losa o tumba, otro objeto rodeado de secreto y misterio, de un tipo de tabú que impone respeto para abrirlo, queda expuesto al exterior cuando el hablante se atreve a echar una mirada dentro. El gesto de abrirla "apenas unos centímetros" le recuerda la linterna del acomodador en el patio de butacas interrumpiendo la oscuridad casi hipnótica en que están sumergidos los espectadores, sacándolos de ese estado de suspensión entre conciencia e inconsciencia. Por eso se entiende la referencia al felino de Erwin Schrödinger: "Como aquel gato que dentro de una caja estaba vivo / y muerto al mismo tiempo" (*Ya nadie,* 2015: 27) debido a estar enlazado a un evento subatómico que, sujeto al azar, puede que ocurra o no. Algo parecido sucede con la irrupción del exterior en el interior oscuro de la tumba que, como la linterna en la oscuridad del cine produce un tipo de cortocircuito, sacando a la luz a los hipnóticos espectadores—como a los intimidados por el supuesto misterio de la tumba—devolviéndolos a la conciencia del plano de la realidad ordinaria. Las consecuencias de mirar dentro de la tumba son considerables, como lo es la observación en la cuántica, pues provoca un "desorden," según el hablante, "en mi idea de lo que es y no es eterno" (*Ya nadie,* 2015: 32). Todo el misterio que rodea la muerte, pero también la Eucaristía, el agua bendita y demás acólitos, se confronta con una realidad material y concreta que hace tambalear sus fundamentos.

En la física de las emociones las péptidas o neurotransmisores transmiten mensajes químicos que se dispersan por todo el cuerpo. El efecto físico y el emotivo corren paralelos en cuanto a la convulsión, al caos que provocan.[11] Ver la tumba abierta, expuesta al exterior revela que hay vida dentro: "hay," dice el hablante, "brotes de ladrillo—esqueleto de fuego que, como *ellos,* arde sin descanso." Los brotes se aplican al ladrillo que tiene un "esqueleto de fuego" pues, como la arcilla cocida de la que se hizo el ladrillo, retiene ese fuego, ardiendo sin descanso, como el fuego de "*ellos.*" Escrito en cursiva, ese "ellos" se referiría a los familiares enterrados en ese panteón. Así se observan "manchas de humedad en el suelo" que se atribuye a que "sube el lenguaje de los cuerpos—mi abuela, por ejemplo." El interior de la tumba es un espacio activo donde los cuerpos se metamorfosean con los materiales, y toda la tumba se vuelve un tipo de vergel con los "brotes," "las manchas de humedad" y "el manto de líquenes en la pared lateral." La continuidad entre interior y exterior se reafirma cuando el texto compara ese manto de líquenes con "el cartel de un muro de un solar que nadie construirá." El desorden producido por el cambio postpoético de dirección en la experiencia de la muerte y todo lo relacionado en torno a ella es tal que el hablante confiesa "no hay espacio / en mi cabeza para más ideas" (*Ya nadie,* 2015: 32).

Una polifónica cavidad resonante

Por eso se explica la mención al bosón de Higgs: "Desde que en 2013 se confirmó la existencia del bosón de Higgs, / el *vacío* no es la *nada*, sino un lugar lleno de partículas." La referencia tiene que ver con la importancia del bosón de Higgs, efectivamente, pero sobre todo del campo Higgs del cual emerge el bosón. El campo [field] es el que cuenta pues según señala la teoría cuántica todo está constituido por campos o por combinación de campos. Como explica Sean Carroll en su fundamental libro sobre el bosón Higgs, lo que llamamos partículas, como se da en la cita de Fernández Mallo, son pequeñas vibraciones en los distintos campos (electromagnético, gravitacional, Higgs...). Por eso, no es acertado hablar de vacío; "el *vacío* no es la *nada*," confirma el postpoeta, pues el campo Higgs se extiende por todo el universo como una constante en el trasfondo; es el campo que nos rodea al movernos en el espacio y moviéndonos en él (Carroll, 2012: 33, 34, 35). Y así parece suceder con la losa que, de representar el estatismo de la muerte se revela como trasfondo en pleno dinamismo. Recuerda la expresión en la novela *Pedro Páramo* de Juan Rulfo que "cuando a los muertos viejos les llega la humedad comienzan a removerse. Y despiertan" (*Ya nadie*, 2015: 34, 84). La muerte no es un estado fijo, lo cual plantea "un problema, radical duda." Si el vacío está lleno de partículas, "La realidad, por mediación del lenguaje, como un río / se ha creado a la vez que escindido." Mediatizada por el lenguaje, la realidad se articula en el discurso y, al mismo tiempo, se escinde debido a la distancia entre signo y referente. ¿Cómo, entonces, y dónde buscar al tú, la otredad que es el padre muerto, la mujer que se ha ido y la escritura? ¿Se hallan dispersos entre las partículas o se difuminan en la nada? Si la nada queda reservada para el lenguaje de la poesía, de las religiones, para las resonancias quedan las partículas en el ámbito de lo "que algunos llaman lo difuso" (*Ya nadie*, 2015: 34). Lo difuso, como lo fantasmal de la cavidad resonante, es la realidad que sin ser concreta existe. Leibnitz lo resumiría en la pregunta, ¿por qué existe algo en lugar de nada?

La muerte entra en el dinamismo cósmico y se añade a la rotación de la Tierra en torno al sol. Los esqueletos se mantienen sólidos al convertir el calcio en hielo donde la vida se congela, pero no se aniquila. La muerte es un estado que sigue "hablando," como dan prueba la antropología y paleontología; incluso las cenizas sudan.

Capítulo seis

La urna, la losa, la iglesia adquieren una densidad que los hace funcionar a modo de nudos donde convergen múltiples hilos de significación. Como "nubes de sentido," son objetos dúctiles a la interpretación desde distintos ángulos de mira (*TGB*, 2018: 13, 17), funcionan como "objetos red" y devienen representaciones de los procesos dinámicos de la contemporaneidad, "fenómenos emergentes" en los que las convergencias de distintos enlaces semióticos dan lugar a la complejidad (*TGB*, 2018: 21, 22). En la novela *Limbo* se nos advierte de que los "objetos sobreactúan," apuntando a su impacto, y de que la muerte "acontece cuando los objetos dejan de sobre actuar para nosotros." Y por eso el postpoeta no entiende cuando la gente dice que nacemos y morimos solos, pues "desde el minuto cero al último nos acompañan objetos" (2014: 42).

A la imagen de la tumba en cuyas paredes crecen líquenes y hay huellas de cuerpos, y, a la de la casa de campo acosada por elementos naturales, el postpoeta añade otra ilustración de la realidad actual con la de una tarjeta de crédito perdida años atrás y que el postpoeta encuentra una noche cuando percibe su brillo entre los matorrales (*Ya nadie,* 2015: 42). La tarjeta de crédito es un signo de la cultura transaccional de la contemporaneidad donde los objetos pierden concreción al ser intercambiados por símbolos. Cuando el postpoeta la encuentra, la tarjeta está perforada por haber estado expuesta a la maleza de cardos, roedores, liquen, etcétera, resultando en un objeto híbrido de plástico y naturaleza. En la tarjeta se ha dado el encuentro de dos sistemas generalmente contrarios, pero interpenetrándose, el de la informática y mercantilismo capitalista y el de la naturaleza. Tras encontrarla y metérsela en el bolsillo, el postpoeta experimenta un tipo de epifanía donde siente "como si todos los signos se quedaran sin referente, como si *liquen, matorrales, roedores, tarjeta de crédito o contrato* fueran nombres objeto sin vida nuestra." La intra-actuación de tarjeta de plástico y naturaleza sufre un brusco cambio al meterla en el bolsillo donde cesa su contacto con el exterior y sus transacciones. En ese sistema sin contacto externo, la tarjeta se halla "sin vida nuestra," y deviene "opaca a mis manos como es opaco el Universo más allá del *horizonte de sucesos*," es decir, un tipo de vida a la que el hablante no tiene acceso. Lo artificial y lo natural, como lo tecnológico e informático y lo orgánico son sistemas opuestos pero complementarios.

Una polifónica cavidad resonante

En la relación cargada emocionalmente con la mujer, los objetos son, de nuevo, el foco de atención, y, en particular, la maleta, uno de los objetos que mejor representa su papel de fenómeno emergente de sentido (*TGB*, 2018: 22), nudo en el proceso temporal de la pareja, red de reacciones y enlaces activos, en apertura al entorno con el que mantiene interacciones constantes. Como objeto, la maleta representa lo que la Postpoesía considera como "una obra creada con su propio palimpsesto" (*PP*, 2009: 118). Tocarla, es decir, establecer un contacto directo con la maleta, "equivale a volver al principio" de la relación y a la promesa o potencial que el objeto augura de viaje o aventura para la pareja. Cuando la mujer se va llevándose la maleta, en el campo perceptual del postpoeta que lo observa desde la ventana de su cuarto de hotel, ambas, mujer y maleta, se funden en blanco, mientras los ojos, intentando retener la imagen, se reducen a agua por el llanto "o mejor, a cenizas" (*Regreso*, 2015: 230). La forma y presencia concretas de mujer y maleta se disuelven al alejarse, como la tarjeta volviéndose opaca al perder contacto con lo orgánico.

Las distintas referencias a lo largo de los poemarios caracterizan la relación con la mujer por recorridos, tanto de chiringuito a chiringuito en la isla, como de constantes circunvalaciones por su geografía. Cuando la mujer se va, el movimiento se estanca al mismo tiempo que todo se cierra en la isla al final de la temporada de verano. La imagen de la mujer se va desliando "en su propia maleta" comparable a "la borra del ombligo" (*Regreso*, 2015: 274). El hablante no deja dudas sobre la carga emocional investida en la maleta, por marcar el inicio de la relación: "Te la compré el mismo día que llegamos, sin regatear, a un exhippie, y pensé, esta maleta algún día cubicará nuestras almas. Pero de otra manera" (*Regreso*, 2015: 274). "Cubicar" es una curiosa opción como término pues determina el volumen de un cuerpo según sus dimensiones. Aquí se aplica a algo tan inconcreto como las almas que el hablante querría cubicar, dar volumen, forma, concreción y, de ese modo, fijar la relación mediante la maleta. El "Pero de otra manera," sin embargo, presagia la "descubicación" de la pareja, como parece indicar la maleta abierta en la "orilla en la playa," marcada por el continuo oleaje del mar y del tiempo. Abandonada en el límite de la orilla entre mar y arena, la maleta, como la tarjeta de crédito inmersa en la maleza, ha sido penetrada por el tiempo deviniendo una "piedra de salitre" inútil para lo que se esperó que fuera. El mismo sentido de mineralización temporal se da en la "inservible avioneta en el hangar, los senderos impracticables" (*Regreso,* 2015: 221). Maleta y avioneta pasan de significar movimiento en un sistema transaccional al estancamiento debido a distanciarse del vivir humano. La maleta es ahora un "ente material formado cuando / [por causas desconocidas] / en algún lugar del espacio se apelmaza el silencio" (*Odisea,* 2015: 428).

La maleta es además contenedora de objetos que son las pertenencias más personales de la mujer: "[el collar de falsas perlas, el bañador con arena, los tallos de hinojo, un libro amanerado de Anais Nin: legítimas perlas de tu ritual adolescente]" (*Regreso,* 2015: 234). El hablante no menciona los sentimientos que le provoca la vista de esos objetos, meramente los enumera como una lista de indicios sobre la mujer; la maleta que iba a cubicar sus almas acaba por cubicar una lista de objetos donde se concentra y reduce la identidad de la mujer. La tarjeta de crédito y la maleta han sufrido una reducción semejante, deviniendo cajas de resonancia de lo que fue algo vivo. Son nodos de una totalidad en el sentido hologramático (*TGB,* 2018: 26–27), ya que en sí mismos contienen lo que fue dinamismo transaccional y humano.

La maleta es un motivo frecuente en *Nocilla lab* ya que fue durante un viaje a la isla de Cerdeña con la mujer que los dos planearon "el Proyecto," supuestamente la Postpoesía cuyos folios se guardan en ella. En realidad, más que una maleta de viaje se trata del estuche para una guitarra Gibson Les Paul que el hablante compró en una gasolinera de Albacete. El gasolinero que se la vendió le dijo que el valor de la funda superaba la calidad ya alta de la guitarra, pues son fundas super resistentes e impermeables al agua (2013: 437). Como con la urna para las cenizas del padre, el valor de la maleta reside en su realidad concreta. Cuando la mujer la arroja al agua con todos los materiales para el Proyecto, una serie de sucesos tienen lugar que identifican la maleta con el movimiento: el doble de Agustín Fernández Mallo en el agroturismo / Penitenciaría donde la pareja pasó un tiempo es quien la recupera, aunque más tarde la "roba" o recupera el Fernández Mallo "real" quien lleva a cabo el Proyecto por sí solo. El juego del doble nos refiere a la oscilación entre identidad y otredad, tiñendo de dudas la autoría del proyecto. El agroturismo / Penitenciaría es otro caso de superposición de contrarios a lo que se añade la estructura laberíntica de ese lugar tan resonante de las cárceles de Pironesi.[12]

Una polifónica cavidad resonante

Todos estos avatares señalan los muchos circuitos que sufren los manuscritos y lo improcedente de hablar de orígenes, fuentes y autorías.[13] La maleta, cobertura contenedora de partituras y folios de escritura, es uno de esos objetos trashumantes con un sentido superior a su valoración.

Quizá por eso el hablante declare que los objetos son "dárdalos de aquel otro tiempo que me ocultaste [el tuyo]" (*Regreso*, 2015: 231). La opacidad del término "dárdalos" nos envuelve en una serie de resonancias que nublan la aprensión de un sentido fijo. Sugiere el nombre del estrecho de Dardanelos cerca de donde estaba situada la Troya histórica en la región turca llamada Çanakkale. Si así fuera, "aquel otro tiempo" que la mujer modelo le ocultó sería la de ser ella una réplica de la Helena de belleza ideal y su papel en la Odisea. Sugiere, también, el término "dárdano" como estudio del origen de palabras y sus cambios y posibles alusiones, sugiriendo la ductilidad de los objetos. En esta línea puede situarse el nombre Dardanos, hijo de Zeus y Electra. Dardanos fundó la ciudad de Troya por lo que su madre, Electra, transformada en una de las constelaciones, abandonó su lugar en el cielo para no ver la destrucción de la ciudad (Bulfinch, 1979: 206). Los objetos dárdanos serían los progenitores de esa Troya a conquistar, asociada con el ideal de Helena, la otredad que requiere la identidad. El nombre de Daedalus también cabe en este ámbito de resonancias. Artífice en la mitología griega, creador del laberinto de Creta, está presente en el nombre del personaje de Joyce, Stephen Dedalus. En este sentido los objetos / dédalos son artífices del tiempo por constituir nudos y cruces donde se enredan los significados y sus transformaciones. Y curiosamente, mientras que es posible despedirse de las personas, no lo es de las cosas, como sucede con la maleta porque sus resonancias perduran más allá de su presencia física (*Regreso*, 2015: 234). Otros objetos de los que es difícil o imposible despedirse son "de una muñeca, de unos labios, o de ese barco lastrado que es a veces el tiempo." La muñeca sería uno de los juguetes de la infancia que se recuerdan con afecto. Despedirse de los labios tampoco es posible pues son el lugar del beso donde el dúo yo / otro logra una rara y efímera unión de plenitud. Y como barco lastrado, el tiempo es esa costra mineralizada que nos sigue acosando con su olor y sabor a óxido. Si los objetos poseen tal poder de evocación hasta el punto de ocupar el espacio de la persona que conjuran, un posible medio de superar el abandono y sus resonancias sería acumulándolos para que ocupen todo el espacio y sus resonancias no dejen ningún resquicio que la mujer pudiera ocupar.

La acumulación de objetos es un fenómeno curioso pues no supone un aumento en la intensidad del efecto de su presencia física, como se podría imaginar, sino en lo que emana de ellos. Todos apilados, los objetos pierden su singularidad quedando reducidos a cáscaras: "las afueras de las cosas / con su masa de cielo quieto / y su horizonte adulterado." Lo que lleva al hiperrealismo de que habla Baudrillard en su libro *Fatal Strategies*. El hiperrealismo es según Baudrillard el triunfo de los objetos sobre los sujetos. Su tremenda proliferación en la cultura actual produce un tipo de "éxtasis" donde la reproducción es más real que lo real: es una hiperrealidad o excrecencia obscena. El sistema social actual ha llegado a un punto de saturación que, según Baudrillard, fija las cosas en un estado de inercia metastásica donde la dialéctica no tiene cabida (1990: 11, 13, 41). Así ocurre con este amontonamiento de objetos, simulacros de lo que fueron y significaron en su individualidad.

Y así lo entiende el postpoeta cuando cita directamente a Baudrillard: "*las cosas han encontrado un medio de escapar a la dialéctica / que las aburría: consiste / en proliferar al infinito*" (*Odisea*, 2015: 371–72). En el hiperrealismo, los objetos se reproducen desdeñando la dialéctica en la que mantenían el juego de la significación. Y se debe a que, como el mismo Baudrillard señala, "*El universo / no es dialéctico; está / condenado a los extremos, al no equilibrio.*" El hiperrealismo sería entonces un elemento de los sistemas de no equilibrio: "lo más feo que lo feo: lo monstruoso, / y lo sublime" (*Odisea*, 2015: 372). Esos extremos participan de un "posmoderno ejercicio de redundancias, un dominio / de lo simétrico"; es decir, una repetición de lo mismo al infinito. En este sentido, Baudrillard evoca la pregunta que se hacía el hablante sobre si fue el Minotauro disfrazado de Teseo quien salió del laberinto en una emboscada que dio lugar a la cultura extremada, "monstruosa" por antinatural del mundo actual. La proliferación de objetos simulacros provoca declarar que "las cosas solo adquieren valor / cuando son falsificadas" (*Ya nadie*, 2015: 30), atestiguando del fraude en la cultura actual al otorgar valor a objetos que son pura reproducción. Como prueba el postmodernismo, todo es replicable. Los ruidos que oye el médico en el pulmón son "réplicas" de ese pulmón que nos dan a saber lo que está pasando allí de normalidad o patología, pero sin contacto directo con el pulmón del que emiten. Las resonancias, como las réplicas, superan la presencia física, lo que indica que el realismo que afirma la verdad de presencias físicas y concretas se confronta o empareja con presencias invisibles e incluso las supera.

Pero, el otro extremo es cuando la materia aguarda "la patada que le devuelve fe en su silueta," la que dé el viraje para recobrar lo natural pues, de no darla, "El objeto se pasma / en la finitud que lo constituye," de igual modo que el solitario en la finitud "que le rodea." Ese pasmo de los objetos y del solitario es el hipnotismo de un modo de vivir inmovilizado por normas establecidas. Así ocurre con objetos fijos, como las fotografías, donde la "mirada en apariencia incompleta / [es la] que adquieren de repente / en las fotografías los muertos" (*Odisea*, 2015: 329, 330). Contienen el silencio, "ingrediente que la alquimia buscaba en los objetos" y que el Código de Barras garantiza debido a la fijeza de la información que contiene. Definido como "ente material formado cuando / [por causas desconocidas] / en algún lugar del espacio se apelmaza el silencio," el objeto "hipnotizado," es decir, fijado en su horizonte, se corresponde con el silencio apelmazado, exento de resonancias, aislado del exterior (*Odisea*, 2015: 333, 428). Cuando ese hipnotismo ocurre, se pierde la interacción de sujeto y objeto de que habla Merleau-Ponty: "The properties of the object and the intentions of the subject […] are not only intermingled; they also constitute a new whole" [Las propiedades del objeto y las intenciones del sujeto […] no solo están mezcladas; también constituyen un todo nuevo] (cit. en Varela, 1992: 331). La ruptura de la intraactuación sujeto / objeto o vida / objeto, como ocurre con la tarjeta de crédito, la avioneta y la maleta, conlleva la del conocimiento.

Cuando se trata del corazón, como la sede de sentimientos y emociones, centro de la subjetividad intimista, el postpoeta constata que es "el órgano interno y democrático que tardarás años / en reconocer como tuyo," porque nos resistimos a considerarlo como un órgano interno sin centralidad en el sistema democrático con todos los otros órganos del cuerpo. Cuando se implanta un marcapasos, como parece haber sido el caso del padre, el funcionamiento del corazón se vuelve comparable a una máquina, un "corazón eléctrico" que es, irónicamente, el que el hijo echa en falta ahora y lo que ve "desde el interior de una radiografía" (*Ya nadie*, 2015: 60). Las emociones vienen filtradas, mediatizadas, y la fusión de organismo y tecnología es parte de la contemporaneidad.

Capítulo seis

Con réplicas y resonancias superando la presencia física de objetos y otros fenómenos, con lo orgánico y lo mecánico en unión, la realidad se revela con capas movibles muy distante de ser, como se creía, una presencia sólida y estática.

***

"Quiero ser santa" es el título de una canción de *Parálisis Permanente,* un grupo musical post-punk de la España de los ochenta, precursor del "dark sound" de la Movida madrileña. En su tratado *Postpoesía,* Fernández Mallo se refiere a esa canción como un ejemplo del "nuevo paradigma" que suplante a la ortodoxia poética en España, inyectando una sensibilidad nueva en consonancia con la contemporaneidad (*PP,* 2009: 64–65). Así se evidencia al incluir esa canción propia de la cultura popular y, lo que es aún más significativo, su conexión con la mística, un ámbito tan aparentemente dispar de la contemporaneidad y donde la sensibilidad encuentra su más alto grado de expresión en una de sus representantes más icónicas, Sta. Teresa. En "Quiero ser santa" el deseo de tener estigmas evoca paralelos con los tatuajes, los estados alterados de la conciencia en la levitación y el éxtasis remiten al mundo de las drogas, la flagelación a prácticas masoquistas y el cuerpo incorrupto a una concepción de superar la materia en una línea que sugiere prácticas de la filosofía hindú. Esta referencia al final del análisis de resonancias en este capítulo es pertinente por lo que revela y confirma sobre la postura postpoética en lo que concierne a las resonancias, los objetos, las emociones y todo el ámbito del sentimentalismo.

En vez de enfocarse en lo emocional subjetivo entronizando al 'yo', la Postpoesía dirige la atención a la otredad del objeto, a la objetividad de la realidad concreta, como ilustra el paralelo entre el misticismo y las facetas de la canción punk.

Las resonancias, en toda la variedad que han desplegado en este análisis, dan prueba de ser existencias inexistentes en cuanto a la materialidad, pero existentes en cuanto a la emanación de objetos considerados como presencias inertes. Fernández Mallo se mantiene fiel a las propuestas de William Carlos Williams y de Italo Calvino sobre partir de una fe en la fisicidad y la materia. Las resonancias así lo ejemplifican pues su naturaleza, que bien podría calificarse de "fantasmal," tiene una realidad tan real como las

Una polifónica cavidad resonante

acciones a distancia que Einstein calificó de fantasmales pero que constituyen el engranaje del cosmos. En su misma inmaterialidad, las resonancias sobrepasan a la muerte; funcionan de acuerdo con su propia lógica donde lo material e inmaterial se superponen.

Las resonancias son objeto de atención postpoética porque prueban la existencia de realidades que sin ser materiales existen al igual que superficie y fondo constituyen dos caras de la misma moneda. Se trata, entonces, de una manera nueva de pensar en lo que es materia. Por eso el postpoeta insiste en servirse de términos del vivir cotidiano y su enlace con experiencias inmateriales en un proceso de retroalimentación. La premisa postpoética es de partir de lo concreto hacia lo general con el fin de afirmar el soporte matérico para sus argumentos. Y la atención a las resonancias estriba en el hecho de servir de acicates a la conciencia, haciéndola salir del bucle del solipsismo y abrirla al exterior, tanto a sus formas materiales como inmateriales.

Capítulo siete

El campo magnético terrestre o el campo geomagnético

[…] no te disculpes por buscar tu posición exacta en la Tierra, no es cierto que haya que vislumbrar la muerte para apreciar lo vivido, sólo es una alternativa […] te dejo un detector de latidos en los objetos, y los músculos y vísceras que haya podido tocar, y la idea de un camino—también te dejo—que conduce a unas alas de mariposa: activa las tormentas: evita las ceremonias: huye de la literatura: ten fe en la materia sobre todas las cosas. (*Ya nadie,* 2015: 109–10)

El texto citado, que bien puede llamarse el legado del padre, condensa una serie de puntos que en distintos modos el hijo viene desarrollando en su propuesta postpoética. El padre tiene razón en tranquilizar al hijo quien, como los textos han revelado, ha estado buscando su posición en la Tierra y el modo de salir de la encrucijada entre mantenerse aislado en la seguridad de su cuarto o escritorio o afrontar el riesgo que comporta abrirse al exterior.

Este capítulo va a trazar el vaivén que se articula en los distintos poemarios entre esos dos polos que el mismo postpoeta identifica como el refugio en la soledad fermiónica, por un lado, o asumir el riesgo de dar el salto cuántico y lanzarse al exterior, por otro.[1] Las palabras del padre, sin embargo, no describen la situación en términos tan extremos; al contrario, su legado le deja un camino, equipándole con la sensibilidad necesaria para detectar la vida incluso en objetos supuestamente inertes, camino que le conducirá a las alas de esa mariposa de la imaginación creativa pero que en su transcurso deberá confrontar, no eludir las tormentas, rechazar rituales establecidos por las convenciones y, por encima de todo, deberá mantener fe en la materia. A partir de una lectura detallada de textos procedentes de distintos libros, el análisis revelará la

Capítulo siete

opción del hijo y su propuesta postpoética por una posición en la Tierra que favorece el *intermezzo* entre tendencias opuestas o, en otros términos, entre "la tranquilizadora tradición y la novedad inquietante" (*PP,* 2009: 66). La importancia de este capítulo radica entonces en formular la premisa postpoética de mantener el suspenso con el fin de sostener el juego creativo de las potencialidades y evitar el colapso.

En la novela *Nocilla experience* (*Proyecto,* 2013: 222–23), un personaje llamado Marc recurre a la teoría sobre fermiones y bosones como referentes analógicos para explicar lo que él considera el paralelismo entre esas partículas y los seres humanos. La existencia de personas solitarias parece una réplica de la insociabilidad de los fermiones mientras que otras gentes, como los bosones, se "arreciman en cuanto pueden bajo asociaciones, grupos y demás apiñamientos a fin de enmascarar en la masa su genética mediocridad." Según el texto citado, parece evidente que el tipo solitario se sitúa a un nivel superior al del tipo sociable debido a un individualismo e independencia que su inteligencia le provee. Y así se confirma en los ejemplos que da Marc de vida fermiónica: Wittgenstein, Nietzsche, el Unabomber, Cioran, y sobre todo Henry J. Darger, el americano que "jamás salió de su habitación de Chicago" (*Proyecto,* 2013: 223). Los fermiones son partículas con un espín semi entero que las limita, debido al principio de exclusión del físico Wolfgang Pauli, a no poder ocupar simultáneamente, cuando se trata de dos o más fermiones idénticos, el mismo estado cuántico. Por tanto, los fermiones ocupan espacio porque no es posible apilarlos unos encima de otros. A este fenómeno se le denomina Soledad Fermiónica (*Odisea,* 2015: 390). Los bosones, por el contrario, tienen un espín entero que los dota de la sociabilidad de que están faltos los solitarios fermiones y les es posible amontonarse.

Hay varios personajes fermiones en la obra de Fernández Mallo, y el foco en ellos responde a esa felicidad **b** que propone la emboscada postpoética (v. Introducción). Marc es uno de ellos, como lo es Josecho, otro personaje en *Nocilla experience* quien practica "la soledad con verdadero fanatismo" y que, como su amigo Marc, tiene como exponentes de la vida plena en soledad a Nietzsche, Wittgenstein, el Unabomber, Ciorán y Tarzán. Pero para ambos el fermión absoluto sigue siendo Henry J. Darger. En la *narrativa transpoética* que practica Darger, donde las ciencias se identifican como la poética del nuevo siglo, el ejemplo más representativo se-

El campo magnético terrestre o el campo geomagnético

gún Josecho es la Teoría de la Soledad Fermiónica (*Proyecto,* 2013: 247).[2] Y es así porque los fermiones nos constituyen, pues la soledad "está ya en la cáscara / que es la esencia, / en la materia." Son el fundamento físico y material de nuestra existencia, un "paisaje por entero blanco" donde nadie está pues tal es su blancura que "su propia representación lo rechaza" (*Odisea,* 2015: 390, 431). Hay soledad en ámbitos donde los elementos se agrupan, pero sin enlaces entre ellos, así "los anuncios por palabras [...] los días del calendario [...] los elementos de la tabla periódica." La soledad, como el yo identitario, constituyen sistemas que no pueden representarse a sí mismos ya que el yo en su soledad viene a ser objeto y sujeto de su propia búsqueda, de ahí que solo sean accesibles y solo "*[de vez en cuando] / por sus correspondientes isótopos,"* es decir, por átomos pertenecientes al mismo elemento químico (*Proyecto,* 2013: 88, 246). Esta situación se aplica a la sociedad contemporánea donde la experiencia de soledad ocurre en medio de multitudes. En esa línea se entiende que la soledad resulte infinita si implica que nadie nos vigila u observa (*Proyecto,* 2013: 432).

En la física cuántica, la observadora y el objeto observado forman una totalidad indivisible en la cual se constituye la realidad, pero si no hay un otro observador, tampoco hay actividad creativa. Por eso Fernández Mallo insiste en el papel que juega la mirada que nos observa a la que designa como *sistema de referencia* pues considera que la noción de "identidad autocreada" es una "mentira consoladora" (2021: 70, 71). La supuesta superioridad y autosuficiencia del solitario fermión se ve limitada al constatar que su identidad "es la suma e interacción mutua de todas las informaciones en la Tierra en las que cada uno de nosotros aparecemos, que ni controlamos ni de las que tendremos jamás conocimiento" (2021:72). La noción de identidad cerrada en sí misma es "una alucinación del ego" (2021: 72) que es necesario remplazar por la de "*red compleja,* producto de lo que los demás dicen." El postpoeta coincide con la línea enunciada por Ernst Mach a comienzos del siglo XX quien, en su *The Analysis of Sensations* estableció que el sujeto se conforma a partir de las sensaciones y, una vez conformado, reacciona a su vez sobre las sensaciones. Si, como afirma Mach, lo que cuenta y constituye la identidad son las relaciones funcionales (1959: 26, 35), se entiende que Fernández Mallo, tratando de ser consecuente, apele por un "'estado mezcla'—la conocida paradoja del gato de Schrödinger" (2021: 79).

Capítulo siete

Como ya se vio, el hablante en *Joan Fontaine (Mi deconstrucción)* y en *Creta Lateral Travelling,* es uno de esos fermiones recluido en un cuarto sin contacto con el exterior. En ese espacio tipo laboratorio, el solitario lleva a cabo el experimento *performance* de *Joan Fontaine,* o en Creta se ocupa en mirar por la ventana una isla igualmente solitaria con la ida de los turistas al final del verano. La identificación de los dos solitarios en Creta—poeta e isla—es total, ya que, según admite el hablante, la geografía del lugar "te obliga a cumplir la peculiar simetría de coincidir exactamente con la isla" de modo que, como él mismo concluye: "eres una isla dentro de otra isla" (*Creta,* 2015: 247), resultando en el encasamiento propio del bucle referencial. La reclusión conforma el bucle y círculo cerrado del solipsismo carente del eco, de la otredad: "en las islas no hay eco, y eso las balancea definitivamente hacia una sensación que el resto de los lugares del mundo jamás conocerán: la soledad" (*El hacedor,* 2011: 94). Y puntualiza que no se trata de la soledad de cuando un amigo se muere o tu amante te abandona, sino "la soledad física, estructural, la soledad de lo que no encuentra espejo, rebote o eco" (*El hacedor,* 2011: 95). La ausencia del espejo y eco aluden al ir y volver del uno al otro, el rebote que constituye el vivir en su intercambio con la otredad y reitera lo ya dicho anteriormente sobre el yo solitario como un sistema que no puede representarse a sí mismo y que, por tanto, está condenado a la incompletitud a pesar de sus intentos de autonomía. En la soledad del hablante, el único enlace con el exterior es "detrás del cristal" de la ventana (*Regreso,* 2015: 219) por el que filtrar las observaciones, rumiarlas mentalmente mientras se rememora lo vivido, y particularmente, las experiencias con la mujer identificada como una modelo retirada. Ella es el tú protagonista de los recuerdos, y es también una proyección del hablante en diálogo consigo mismo y con el proceso de la escritura.

La reclusión de este hablante evoca la de tantos otros amantes abandonados a sus recuerdos en la tradición literaria. A diferencia de esos precedentes, este hablante no se encuentra en medio de una naturaleza indiferente a sus lamentos, o en alguna cueva donde ocultar su abandono. Se encuentra en un espacio típico de lo que Marc Augé, el antropólogo que acuñó el término "nolugar" denomina la supermodernidad: el cuarto de un hotel—un nolugar—igualmente solitario al final de la estación veraniega (Augé, 1995: 77–79). El desarraigo de ese cuarto subraya el del hablante,

El campo magnético terrestre o el campo geomagnético

reducido a un individualismo que marca la época a que pertenece donde ya todo parece haber sido vivido, experimentado, repetido, fotocopiado. Este solitario vive en un tipo de "burbuja" que caracteriza la contemporaneidad incluso en sus convenciones y reuniones donde los intercambios se mantienen totalmente "neutrales" (*Regreso,* 2015: 219). Estos no-lugares son "naves flotantes, limbos en tránsito […] lugares que no llegan a echar raíces" (*El hacedor,* 2011: 109–10) a lo que se añade la apatía o neutralidad del propio hablante quien declara que "ni celebro ni lamento," en un estado donde "desde siempre existo, pero nada soy" (*Regreso,* 2015: 219, 226). En este paisaje exento de signos, espacio de blancura donde las formas vivas parecen diluirse, su deseo sería

> levantar con lo vivido
> un teorema idempotente a la vida,
> pero [lo siento] no hay ya palabras en mi laboratorio,
> ni siquiera silencio, su extrarradio. (*Odisea,* 2015: 431)

Como ya se apuntó, la idempotencia es un teorema en matemáticas y lógica sobre la propiedad que permite llevar a cabo una acción varias veces y poder conseguir el mismo resultado que se obtendría de hacerlo solo una vez. Pero en su total aislamiento, el hablante está desposeído de las palabras con las que hacer que sus experiencias o "lo vivido" se equiparen con la vida misma. Su deseo es semejante al "reconocerse / en las analogías" que se da en los amantes y que al hacer el amor anuncia un nuevo estado, el estado $6.^0$ de la materia, "*presente instantáneo,* / esa inmensa utopía" (*Odisea,* 2015: 426).

No está de más reiterar algunas referencias dadas en capítulos anteriores por su pertinencia al tema que nos ocupa, como ocurre con la referencia al estado $6.^0$ de la materia como analogía de la simultaneidad e instantaneidad con que se experimenta el tiempo al hacer el amor.[3] La analogía se explica porque dicho estado es un sistema integrable donde la materia, según la formulación del físico Henri Poincaré, se encuentra en un presente instantáneo. Pero, como sistema integrable, su energía desciende a un nivel bajo, a un punto cero que según la tercera ley de la termodinámica implica una degeneración energética. Este tercer principio, también conocido como el Postulado de Nernst, afirma que al llegar al cero cualquier proceso de un sistema físico se detiene. Muchos sistemas tienen estados fundamentales degenerados, como ocurre con el

Capítulo siete

átomo de hidrógeno. La degeneración aumenta debido a que, como sucede en la materia, se produce un aumento en la densidad con la subsiguiente compresión y reducción de la celda de cada electrón (Thorne, 1994:145, 146, 151). Esta situación responde a la concepción ontológica de Parménides, objeto de estudio del físico y filósofo Ludwig Boltzmann quien llegó a la conclusión de que el aislamiento de ese estado conduce a la muerte térmica. Ese es el final al que podría llegar el hablante de continuar aislado pues, sin las palabras con las que formular su deseado teorema de idempotencia en su laboratorio de soledad fermiónica, el grado cero se aproxima. De seguir por este camino, el hijo no estaría tomando en cuenta el consejo del padre de tener fe en la materia por encima de todo, aunque llegue a admitir que el deseo de mantener un sistema integrable en el amor es "un resplandor ilógico" y utópico, pura idealización (*Odisea*, 2015: 426).[4]

Siguiendo la práctica postpoética de recurrir a ejemplos concretos para ilustrar las elaboraciones teóricas, y partir de ellos hacia lo general, casos de soledad fermiónica se dan, sin ir más lejos, en la vida de los padres, los del postpoeta según se supone, aunque la situación se duplica en muchas otras familias. Mientras el padre salía cada día para ir al trabajo volviendo por la noche para de madrugada salir otra vez "a buscar de nuevo luz / en la niebla" (*Odisea*, 2015: 352), la madre se quedaba en casa pasando las hojas de un libro. Sus lecturas más frecuentes, según recuerda el hablante, eran el *Quijote* y con menos frecuencia *El extranjero* de Camus, libros ambos con personajes de seres alienados. Junto a la soledad se da la monotonía de los días que, citando a Parménides, carecen de devenir y se llenan del estatismo y mismidad del Ente: "*El Ente está penetrado en el* Ente." La rutina afecta la comunicación entre los padres y con los hijos: "comienzan a dejar silencios [los padres] / cuando les hablas," dice el postpoeta, acabando por renunciar "a la tribu" de seguir en su papel de padres y, de resultas, poniendo fin a la infancia de los hijos. El grupo familiar queda reducido a la soledad de cada uno de sus miembros y el discurso, paralelamente, termina por ser una "tumoración en el Silencio, / órgano latiente de la Nada" (*Odisea*, 2015: 361, 385).

Otros ejemplos concretos de la soledad se dan en escenarios tan propios de la contemporaneidad como es el gimnasio con cada persona pedaleando en total silencio en bicicletas estáticas que no llegan a ninguna parte (*Odisea*, 2015: 441). Los frecuentadores

El campo magnético terrestre o el campo geomagnético

del gimnasio "Cada cual en su orden ensimismado," como los satélites en sus elipses, se "mueven desorbitados," persiguiendo *una historia de horizontes en retirada,"* es decir, un avance que nunca llega porque se mueve sin moverse. La expansión del universo, según el astrónomo Edwin Hubble refutó la teoría de la Constante Cosmológica que propuso Einstein al probarse que el cosmos no era estático que, como esos *"horizontes en retirada"* las galaxias se van distanciando de manera progresiva.[5] Los que pedalean en las máquinas del gimnasio son Sísifos que nunca alcanzan esos horizontes, ensimismados en un movimiento que no lleva a ninguna parte porque nunca van a poder dar alcance a un universo que se expande. Esta situación refleja mucha de la actividad que caracteriza el mundo actual cuyo dinamismo, a menudo eléctrico, aparenta un cambio que, a la larga, no ocurre. La paradoja en el conocido dicho de la famosa novela de Tomasi di Lampedusa, *Il Gattopardo,* "Se vogliamo che tutto rimanga come e', bisogna che tutto cambi" [si queremos que todo permanezca igual, hace falta que todo cambie], se traduce en la contemporaneidad en un movimiento repetido que aparenta el cambio cuando, en realidad, consiste en la reproducción de los mismos gestos.

Como en las máquinas del gimnasio, el amor pone en marcha "una genética imparable" que, en cierto sentido, la pareja de amantes—otro ejemplo de soledad fermiónica—reproduce en sus silenciosas circunvalaciones en torno a la isla en busca de ese "nuevo estado [6.⁰] de la materia" (*Carne,* 2015: 479, 501). Cobijándose en el bucle de ese movimiento, buscan replicar el beso que, como nudo o coágulo se considera la única cifra que "revalida cierta fe [por decir algo] en tu *línea de universo."* El término "línea de universo" se refiere a la trayectoria de una partícula en el espaciotiempo de cuatro dimensiones. Como forma geométrica introducida por Einstein y común en la relatividad, la línea de universo implica en la física clásica una sucesión causal de acontecimientos. En esa secuencialidad, el beso de unión circular y cerrada "revalida," aunque con reservas, la linealidad inevitable de la flecha del tiempo. El factor temporal introduce la divergencia en el núcleo de la pareja evidente en los ascensos y descensos en la relación que conducen a cada uno de ellos en direcciones contrarias: "uno subió y otro bajó [elige tú] una misma escalera" (*Carne,* 2015: 501). El intento de preservar el cierre unicelular de la relación resulta ilusorio pues se acaba por aterrizar en la tierra, "al cero cósmico, al hombre y su

Capítulo siete

residuo de amor [...] Solo eso," ya que por mucho"que se circunvale, [que] la ciudad invent[e]a límites" el destino final es el mar ("y llegamos al mar") (*Carne,* 2015: 479, 485).

En la trayectoria que la pareja deseaba para sí, los límites, bordes, fronteras funcionan a modo de cruces y obstáculos que introducen el cambio, la divergencia y la fragmentación, a pesar del lamento del hablante pues los dos estaban "[tan enteros, tan sólidos, tan para un final]." La inmensidad que el hablante percibía en el sexo de la mujer acaba en un "paisaje digital sin referencias" de "mares ascéticos." El trasvase de la carne a la imagen digital se compara con la de los órganos en ecografías "de riñón, de hígado, antesala del feto y de la vida que imaginamos, pero no tuvimos." El hablante lamenta el estado a que ha llegado la relación cuando ella fue "toda la carne que unas manos pueden llegar a abarcar." El cambio parece haberse producido en "un segundo, un rayo indefinido, un salto cuántico" (*Carne,* 2015: 485).[6]

La relación ha experimentado un cambio abrupto, un " salto cuántico" que, como explica Niels Bohr, se produce de un sistema cuántico a otro, de un nivel energético a otro. Como la famosa "*Eureka*" de Arquímedes, el "salto cuántico" en el cambio de la relación tiene mucho de iluminación tipo epifanía marcada por la intuición y el saber del cuerpo más que por seguir una senda estrictamente aristotélica. El postpoeta parece comprender la falsedad que se oculta tras los mitos de amor eterno y plenitud erótica al observar la yuxtaposición de carne y reproducción por imagen de órganos afectados por enfermedades mortales. La revelación es cognitiva al manifestar que erotismo y muerte, carne y enfermedad se superponen.

El ensimismamiento de la pareja en su estado unicelular, como el del hablante en el rincón más distanciado de su cuarto, sufre un viraje radical en ese salto cuántico desde lo háptico de la carne a lo tecnológico de las imágenes digitales con la energía en el sistema de la pareja degenerándose hasta bajar a un nivel insostenible. Con el "salto cuántico" la naturaleza viola el "principio" informal enunciado por Newton de que *natura non facit saltus* [la naturaleza no produce saltos (o discontinuidades)]. Lo abrupto y súbito del cambio se explica a menudo mediante los puntos de catástrofe en la teoría de René Thom y en la del caos formulada por Ilya Prigogine, puntos de catástrofe que son atractores extraños donde la naturaleza "toma una decisión" que cambia la situación radicalmente.

El campo magnético terrestre o el campo geomagnético

Según Fernández Mallo explica en *Postpoesía* (2009: 118, 171), la catástrofe es un "cambio súbito que le ocurre a un sistema dado," mientras que el *atractor caótico* no significa desorden sino " zona de *máxima complejidad"* que en sí conlleva *"máxima información."* Los puntos de catástrofe funcionan como una maniobra de supervivencia al efectuar un giro cambiando la dirección entrópica a que conduce el aislamiento (Fierobe, 1990: 37). Junto con la teoría del caos, los puntos de catástrofe sitúan en primer plano la importancia de los procesos no lineales. A ellos se une la física de Lucrecio caracterizada por la turbulencia como fuente de un nuevo orden y por identificar en un sistema en equilibrio la ausencia del orden debido a la falta de enlaces.

Estos cambios en la Naturaleza refuerzan la importancia del consejo del padre de prestar atención a la Tierra y efectuar un cambio para contrarrestar el estancamiento en la dirección entrópica de mantener el aislamiento. Los cambios no son debidos al azar sino motivados por una complejidad incontrastable. Mantener el orden de lo mismo es sinónimo de no Ser; la identidad es muerte mientras que el giro, la ruptura de la simetría es un requisito para la continuidad de la vida y del significado (Serres, 2018: 5, 6, 14).

Como ilustración del horror de seguir sujeto a la repetición de lo mismo, el texto reproduce un diálogo que tiene lugar en el film *September* (1987) dirigido por Woody Allen. Uno de los personajes, un físico llamado Lloyd en el film, considera que lanzar bombas que destruyan el planeta no es tan horrible como tener el conocimiento de que todo es casual y, por tanto, no importa lo que se haga, pues lo que ocurre acaba por desvanecerse ya que: "Todo el espacio y todo el tiempo no son más que una convulsión temporal" (*Regreso,* 2015: 232). Este físico reconoce la belleza de una noche estrellada, pero se abstiene de caer en romanticismos sentimentales ya que su profesionalismo le hace ver ese bello escenario como algo "fortuito, moralmente neutro, e increíblemente violento." Su escape de un saber tan aterrador por previsible es en los brazos de su mujer, Diane: "Por eso yo me aferro a Diane, es cariñosa, vital, me abraza mientras duermo, y no tengo que soñar con fotones y quarks." Hay que notar que el personaje de Diane en el film es todo menos "cariñosa," personaje más bien grosero y sin tacto, causante, además, del trauma de su hija, Lane. El consuelo que Lloyd encuentra en los brazos de esta mujer quizá se deba al terror que le produce creer en un cosmos determinado. Y, además,

Capítulo siete

pone en entredicho la fiabilidad en una felicidad basada en el aislamiento. Cuando el postpoeta se encuentra en una fiesta con un escritor mediocre y de nacionalidad danesa que le hace preguntas semejantes a las del film, sus respuestas son también semejantes. Por eso no puede por más que admitir que la reproducción de lo ya visto en el film en su conversación en la fiesta hace que ambos devengan apariencias (*Regreso,* 2015: 233).

La repetición de una serie de gestos previsibles marca también el final de la pareja. Ocurre en una situación con todos los elementos que tradicionalmente se incluyen en una escena romántica:

> Llegó la noche a la terraza sobre el mar; […] De la cocina sacaste unos martinis y te sentaste a mi lado con un cruce de piernas similar al de los tallos trepadores cuando buscan algo que no encuentran [por ejemplo, la luz]. El mar; solo mar que mirar. […] Después pusiste a Johann Sebastian, tu cuerpo instó a sus propias penumbras y se hizo un nudo entre los brazos de la silla en el sentido en que podemos calificar de nudo a la fusión de pétalos que es la flor cuando se cierra. Mirar el mar […].
> (*Regreso,* 2015: 255)

Es la previsibilidad de los gestos, expresiones, posturas, y la escena en sí, réplica de otras muchas escenas semejantes, el que todo parece funcionar según un orden determinista lo que lleva a la pareja a admitir que la relación ha terminado: "Fue esa noche cuando decidimos que lo real es real por convenio" (*Regreso,* 2015: 255). Todo ello es parte de las ceremonias que el padre le pidió que evitara por su mimetismo anti vital. Llegar a esa comprobación supuso un "descubrimiento" tras lo cual solo les quedaba "cerrar los ojos cuando tocara abrirlos y abrirlos cuando tocara cerrarlos," es decir, producir un giro drástico en el modo de hacer y contrariar las expectativas. Desde entonces, la historia de su relación consistió en "pájaros sin cielo: lluvia sin cielo; planetas sin cielo." El uso de los dos puntos para conectar las tres frases indica que cada una de ellas conduce a la siguiente que, a su vez, se mantiene por su conexión con la anterior. Sin cielo no hay providencia superior o escapes trascendentales, con lo que los elementos del escenario de amor romántico—pájaros, lluvia, planetas—quedan al desnudo, sin el resguardo de los mitos que los albergaban.

La admisión del salto cuántico conlleva el derrumbe de las certezas, "De todo, poco va quedando" (*Regreso,* 2015: 221). Figuras

El campo magnético terrestre o el campo geomagnético

como Annabel-Lee, la heroína de Poe que crecía "sin pensar en nada más que en amar y en ser amada," esa avioneta abandonada en el hangar con todos sus sueños de vuelos cancelados, o esa "moneda de todavía idénticas caras lanzadas al aire," de todo ello "poco va quedando." El hablante viene de hacer astillas su escritorio y ha quemado en una fogata todos sus papeles, marcando el final de los sueños de eternidad de la relación, de su propia escritura y del aislamiento fermiónico en que buscó refugiarse. De todo eso lo que queda es "la prosa y mi reflejo en esta ventana, ambos con sus insoportables defectos de forma" (*Regreso*, 2015: 271). Si como afirma al final del texto esa mujer / escritura idealizada existió alguna vez en algún lugar, ni ese tiempo ni ese lugar existen ya.

Mantenerse en el solipsismo del cuarto conduce a un final catastrófico, como bien sospecha el mismo hablante al repetir "Conozco de sobra adónde conduce todo esto," igualmente, ocurre al trasponer ese aislamiento a la relación de la pareja. La búsqueda de armonía y eternidad en la relación se desvanece ahora, pues "[todo presente es cera]" y todo decae y degenera: los barcos amarrados se astillan, como sucede con una escritura estancada en lugares comunes, los coches se oxidan e incluso las ilustraciones en revistas terminan por descolorarse. Con ironía reconoce la lejana existencia de "una certeza" que, con un viraje de humor negro, resulta ser "esos finales, irremediablemente amargos, de las canciones de Jacques Brel" (*Regreso*, 2015: 236).

La salida se encuentra en ese "azar inverso" (*TGB*, 2018b: 317–18) o lugar del desencuentro donde radica lo poético. Porque el hecho postpoético y su coincidencia con la cuántica, no se da en el encuentro ni en "el axioma de las paralelas" o sistemas continuos de similitud, sino en la disolución o aniquilación de la paridad, de la similitud, del mimetismo y solipsismo. El azar inverso conlleva la diferencia, la divergencia, la otredad: "El azar se da hoy cuando algo no se encuentra con algo, cuando dos o más objetos no pueden dar origen ni a un suceso común ni a una identificación de clase alguna" (*TGB*, 2018b: 317). La escritura debe conllevar la decapitación de la obra de arte a cada instante, de la cual emerge una reorganización dando pie a nuevas formas creativas.[7] Ya dijo Fernández Mallo en una de sus entrevistas que "Si no hay violencia estética en una obra, mejor no hacerla" (Hardisson Guimerá, 2012). El "azar inverso" es la violencia que da fin al aislamiento y solipsismo y abre las puertas al hecho postpoético (*TGB*, 2018b:

Capítulo siete

318). Es aquí donde el hijo pone en práctica la llamada del padre de "activa[r] las tormentas."

La dirección por seguir es, como aconsejó el padre, la de tomar ese camino poblado de pulsaciones y morfogénesis que supone, básicamente, volver a la Tierra o campo geomagnético donde nada muere en el dinamismo de la materia que es energía, y morir es solo "una alternativa" que ocurre al optar por un polo del binomio colapsando las potencialidades. Por eso el padre insiste en que el hijo tenga "fe en la materia sobre todas las cosas" y, desplazando así el *dictum* de "amar a Dios sobre todas las cosas," efectúe el paso desde la trascendencia a la inmanencia.

La vida reside en la materia, en la Tierra y el discurso, en su intento de aprehenderla, acaba por encubrirla. Al admitir que ya nadie se llamará como él, el padre sabe que el nombre, como distintivo de la identidad, queda colgando cuando el referente muere. Por eso no le deja a su hijo como legado su nombre, lo cual es lo habitual en la tradición patriarcal, sino "un bosque y algo más vivo dentro" (*Ya nadie*, 2015: 109); le deja, además, el placer de contemplar "un trozo de agua, un fragmento de sol" pues nada que se precie de ser "razonable" puede oponerse a ese placer. Y, sin embargo, el ser humano ha olvidado o abandonado esa apreciación básica de la naturaleza, llegando a considerar el bosque como un lugar desconocido y de potencial peligro. El bosque es, sin embargo, el ámbito de lo natural donde el padre sabe que es posible recuperar el conocimiento perdido sobre el fundamento de la vida en la materia. Y no es que el padre sea portavoz de un ecologismo sentimental o de un subjetivismo intimista. Al contrario, sabe que la creencia en "lo ilimitado nace de las limitaciones," que el "corazón es un órgano poroso," es decir, abierto al exterior en vez de cerrado en un círculo subjetivista, y que la centralidad tradicionalmente atribuida al corazón debe ceder a su apertura al exterior y a la relatividad del espacio y el tiempo.

"Veo un bosque y algo más vivo dentro (oración)," título de la segunda parte del libro *Ya nadie se llamará como yo,* se repite a lo largo de toda la sección funcionando a modo de letanía o estribillo para un texto identificado como "oración." En las secciones intercaladas entre el estribillo se tratan motivos diversos que principalmente giran en torno a la materia, a la inmanencia de la que ese bosque es parte. El estribillo repetido funciona a modo de atractor de gran fuerza, especialmente en la primera persona del verbo ver,

El campo magnético terrestre o el campo geomagnético

"Veo," ocupando el lugar inicial y "dentro," cerrando el verso del título a modo de apoyalibros. La exterioridad de la percepción se completa con la interioridad abarcando la integridad del "bosque" y ese "algo más vivo" que contiene en su núcleo. Su repetición resuena con intensidad y dirige la lectura según un ritmo de vaivén, cotejando el estribillo y los textos intercalados. La lectura atenta de esta sección ofrece una recapitulación poética de la Postpoesía y sus presupuestos (Stockwell, 2009: 55).

La repetición del estribillo logra el efecto de aplicar lo que Jonathan Culler llama "la regla de la relevancia" (1975: 115), y que consiste en leer el poema "as expressing a significant attitude to some problem concerning man and / or his relation to the universe" [como expresión de una actitud significativa respecto a algún problema que concierne al hombre y / o su relación con el universo]. Y así sucede con éste y, en general, con los textos de Fernández Mallo y la atención que exigen para entender que sus referencias y ejemplos, en apariencia incongruentes, conllevan un peso significativo. El "bosque" y su asiduidad en relatos y leyendas como lugar de confusión, de pérdida de dirección es, además, donde se encontraba ese peregrino de Dante citado al comienzo de este estudio. Divagando como el hablante postpoético por derivas varias, el postpoeta como el peregrino de Dante entiende que la pérdida es parte del caminar humano y que el error y el errar son a menudo la fuente de conocimiento. Otra asociación que viene en mente es la conocida expresión de "no podía ver el bosque por los árboles." No es ese el caso del padre, quien mantiene el balance entre los árboles como portadores de detalles y la amplitud del bosque, o entre lo que es por fuera y el interior. Y lo que allí ve es "algo más vivo," la vida en sí que el bosque contiene en cada de sus árboles como en su integridad y que se elabora en los textos intercalados.

Con su prescripción de tener fe en la materia, el padre nos devuelve al nivel básico que tan fácilmente se olvida en favor de elucubraciones conceptuales. Para ello, el texto postpoético recurre a la deixis con el fin de señalar casos específicos como ejemplos de lo que se quiere destacar. Así ocurre con el caso concreto de niños cuyos juegos se desarrollan en grandes superficies comerciales quienes, según la voz postpoética, han crecido en ese ambiente y "no conocen otra cosa." La civilización comercial e industrial se ha impuesto sobre la naturaleza hasta hacernos ver como algo "normal" una infancia distanciada de la tierra. Lo mismo sucede al

Capítulo siete

considerar la composición de la tierra batida en la cancha de tenis, violada su naturaleza al mezclarla con ladrillos triturados procedentes de urbanizaciones abandonadas (*Ya nadie,* 2015: 113–14), o en los animales que captamos en fotos en actitudes que asemejan poses cuando, en realidad, son modos de orientarse en el medio ambiente. Aunque en apariencia tan distintos, todos estos ejemplos sirven para construir representaciones mentales que, según la llamada teoría del texto mundial se conectan para comunicar y denunciar el olvido de la tierra, la desconsideración de los animales y su efecto en la vida humana.

Cuando se busca una aproximación a la naturaleza, construir una casa rural en medio del campo no es la mejor solución pues sus materiales de construcción en el mundo moderno tienen que resistir la agresividad de los elementos naturales, y mantener esa vivienda en medio de la naturaleza se convierte en una lucha por la vida, con un cuidado constante para controlar la maleza que amenazaría por engullirla. Las casas urbanas sobreviven porque están construidas con la solidez del cemento que las protege de factores externos como la polución. Y, sin embargo, sus mismas paredes

> llevan dentro animales triturados, finísimo polvo de insectos, algas de río, conchas marinas, cuernos de vaca, mamíferos de gran tamaño, algo que tuvo la alucinación de ser vida. (*Ya nadie,* 2015: 106)

Por mucho que se intente, nuestras viviendas urbanas se construyen a partir de elementos de la naturaleza pues, en última instancia, la tierra es su *oikos.* Pretender deshacerse de la Tierra es una ilusión.

El desinterés por la naturaleza es parte de vivir en una civilización regida principalmente por lo conceptual y sobre la base de un pasado del que solo aprendemos por las grafías, ya que lo sensorial y, en general, todas las "partes blandas" de sus restos se han perdido. Y, de acuerdo con la faceta relacional de la Postpoesía, el hablante encuentra un olvido semejante en la masa indiferenciada del *big bang* y también del indoeuropeo diversificándose en las distintas lenguas. El planteamiento conceptual nunca sigue el mismo ritmo de las manos y la mirada en su contacto directo con la materia. En la falta de coordinación entre cerebro y cuerpo es donde ocurren "los desarreglos que de verdad importan." Frente a la división en el cerebro y sus funciones entre el hemisferio derecho

El campo magnético terrestre o el campo geomagnético

y el izquierdo, el padre del postpoeta apela al "mapa indiferenciado" de la infancia antes de los cinco años de edad, mapa que la preeminencia de la razón con sus análisis y demarcaciones ha optado por olvidar (*Ya nadie,* 2015: 115, 116). Esas demarcaciones de la cultura actual se desentienden del potencial creativo que se da en lo informe.

Para hallar ejemplos de comportamientos que contradicen el raciocinio hay que volver al mundo natural, a los salmones, por ejemplo, cuyo movimiento depende de si se encuentran en el Pacífico o el Atlántico. Los salmones adaptan su comportamiento al medio en que se encuentran: los primeros regresan a las aguas donde nacieron y allí mueren, mientras que los del Atlántico sobreviven y repiten la ruta una vez más en un tipo de imagen especular (*Ya nadie,* 2015: 116117). Parece extraño que animales de la misma especie exhiban comportamientos tan distintos, pero aplicar razonamientos no es la mejor manera de entender la naturaleza y sus animales. Hay exigencias de la evolución y la supervivencia que determinan el comportamiento y que, en muchos casos difieren de lo que el humano optaría por hacer. En última instancia los ejemplos dados señalan la diferencia entre los animales no humanos y los humanos en cuanto al modo de comportarse con respecto al medio en que se desarrollan sus vidas: los primeros admiten su entorno y actúan de acuerdo con lo que se exige de él; el humano se impone e impone sus reglas a menudo en contra de lo que el medio ambiente requiere e, incluso, en contra de lo que su propia naturaleza humana exige para su mantenimiento y cuidado.

Y así se ejemplifica con Óscar Perez, el alpinista mencionado en el "poema-oración," persona que por su afición o profesión se supone que goza de la naturaleza y de aspirar el aire libre pero que, al ser malherido en el Himalaya, le pide a su amigo que se dispone a descender en busca de una ayuda que nunca llegaría, que le suba tabaco. Otro ejemplo es querer aprehender el mundo natural disecando animales, pues la muerte queda fijada en sus ojos como denuncia y acusación por someter su naturaleza a tal estatismo. Por eso el padre dice preferir los mataderos pues la práctica del desguace del animal con toda su crudeza es un tratamiento más "natural" que la supuesta preservación al disecarlos. Los museos son culpables de la misma tendencia de fijar la naturaleza en sus vitrinas donde se exhiben animales, normalmente en los sótanos de esos museos llamados paradójicamente de "Historia Natural."

Capítulo siete

Para contrarrestar estos ataques a la naturaleza, el hablante recurre a una práctica de la infancia, la de mezclar su sangre con la del tú, guardarla en un bote y refrigerarla. Evocando lo que se hace con el congelamiento de huevos para una fertilización futura, el postpoeta espera asegurarse de que en el futuro cuando mueran él y su interlocutor(-a), si vienen a por sus cuerpos y los someten a extremos análisis, no solo hallarán la coraza externa, sino también algo de lo que contenía en su interior (*Ya nadie,* 2015: 117, 118).

El énfasis en lo conceptual determina una actitud respecto al tiempo y al espacio que insiste en las medidas cronométricas con un ritmo acelerado en total desconsideración del lugar. Y si se tiene en cuenta el lugar, se da la tendencia a fijarlo estáticamente. Lo artificioso de estas opciones refleja la falta de comprensión del tiempo, del espacio y de su interconexión en espaciotiempo (*Ya nadie,* 2015: 119). La misma incomprensión se encuentra al insistir en estructuras binarias y en acercamientos estrictamente analíticos. Como contrapartida cabe mencionar el texto preliminar al poemario que discutimos, *Ya nadie se llamara como yo,* a cargo de Antonio Gamoneda titulado "Frontispicio, si lo es, para un libro que escribió, si lo escribió, Agustín Fernández Mallo, poeta y viviente, dicen" (*Ya nadie,* 2015: 15). Cada expresión en ese título va marcada de la duda, tanto en lo que se refiere a la naturaleza del texto en cuestión, como a la autoría del libro e identidad del presunto escritor y su estado de vivo o muerto. Incluso las "enjundiosas y poéticas" páginas que el presunto prologuista recibió del presunto autor y que, por "enjundiosas" hablan por sí mismas, se desmienten cuando en el cuerpo del poemario se lee "*todo era mentira y verdad al mismo tiempo*" (*Ya nadie,* 2015: 18, 98). Incluso la icónica frase de Hamlet "To be or not to be" que sirve de epígrafe, se altera "subrepticiamente" con el añadido siguiente: "*To be or not to be* apenas parecer ser, *that is the question.*" La aserción del Dasein heideggeriano se traduce en un mero "balbuceo ontológico" porque resulta ininteligible pensarse "en sí mismo" (*Ya nadie,* 2015: 15, 16). De ahí la pertinencia de referirse al felino de Schrödinger en la ambivalencia de su estado de vivo muerto o muerto vivo. Ante una ambigüedad de esta envergadura, conviene dejar de lado los intentos de entender la situación racionalmente y, en su lugar, abrirse a lo sensorial y a un entendimiento cuántico.[8] El frontispicio de Gamoneda es la expresión de lo indecible e incognoscible de las aporías, donde la imprecisión y ausencia de límites

El campo magnético terrestre o el campo geomagnético

constituyen lo único razonable, "la normalidad de no ser" (2015: 16). Y todo ello cae dentro de la incertidumbre que desde el siglo XIX venía acosando a las ciencias, tanto a la física con el principio de Heisenberg, la geometría con las propuestas no euclídeas y las matemáticas con la incompletitud de Kurt Gödel. Perdidas las certezas que desde tiempo inmemorial poseían las ciencias, lo que queda es ese balbuceo de ser y no ser. Gamoneda escribe su frontispicio acercándose al libro de Fernández Mallo como un científico lo haría ante un sistema formal en el que reconoce la existencia de afirmaciones que son verdaderas pero que es incapaz de rechazar o de probar, como ya declaró Gödel en sus teoremas.

En el comienzo mismo de la "oración" que venimos comentando se encuentra la referencia a "un ser indeterminado" que "vaga por los valles, aúlla en las cumbres, duerme bajo la nieve, sus huellas cobran en todo momento varias direcciones." La indeterminación de este ser lo sitúa en un sistema físico discontinuo y cuántico, sin adherencia a ninguna identidad prescrita y limitadora, ni a una dirección específica o comportamiento condicionado. Lo que sabemos es que está y se mueve en consonancia con el ritmo de la Tierra porque "siente el campo magnético terrestre." Más adelante declara: "En mí no hay cuerpo: soy una nave que viaja en la misma dirección que la Tierra" (*Ya nadie,* 2015: 114). Esta declaración incita la asociación de este ser sin cuerpo con el cuerpo sin órganos en la elaboración de Deleuze & Guattari. En ambos casos se trata de experimentar intensidades con anterioridad a ningún tipo de organización, de ser un continuum de inmanencia autoconstruyéndose continuamente. Por eso los teóricos asocian el cuerpo sin órganos con el huevo de la contemporaneidad por no ser ni anterior ni posterior de los padres al tratarse de involución creativa (1987: 153, 154, 164, 165).

Frente a metas y direcciones precisas, la indeterminación del ser que deambula por el bosque prefiere las transiciones y los intermedios. Por eso, según el texto, lo último que vemos de una persona no es ocupando una ubicación central, sino en transición con "su cuerpo atravesando una puerta," entrando en las capas y rodajas que constituyen el espaciotiempo y su red, participando en el devenir bergsoniano entre el pasado apenas rememorado y el futuro por venir.[9] Ese enlace entre distintas capas, entidades, tiempos y lugares es el que el texto identifica en escritores como Lucrecio, Whitman y David Foster Wallace, tres figuras distintas y, sin em-

Capítulo siete

bargo, enlazadas no por la linealidad de un vector, sino por "un músculo, una red" (*Ya nadie,* 2015: 115, 117–18), representantes del rechazo de la "literatura" codificada que el padre le aconsejaba a su hijo. Y así sucede también, según el texto, en un cuadro de Leonardo da Vinci "quien asó un buey en cuyo estómago previamente había introducido una ternera, y dentro del estómago de esa ternera una oveja, y dentro del estómago de la oveja un pollo, y dentro del estómago del pollo un huevo de pollo, y todo así, como por capas" (*Ya nadie,* 2015: 124–25). ¡Qué diferencia con los platos en restaurantes urbanos donde los cortes de carne proceden de distintos animales sin conexión alguna! Las "cajas chinas" en el cuadro de da Vinci representan los enlaces entre las distintas formas de vida, y se sugiere que podría haber sido la inspiración para el "*modelo de capas*" desarrollado por Eugene P. Wigner en 1950 (*Ya nadie,* 2015: 124). Wigner parece haber partido del deseo de "explicar el comportamiento de los neutrones y protones en el interior del núcleo atómico," es decir, el funcionamiento interno de la materia. Atendiendo a las partículas elementales, la estructura que conforman es la de estar anidadas unas con otras de tal modo que solo una explicación recursiva puede elucidar. Es decir, no es posible hablar de una partícula en sí sin referirse a todas las otras con las que se constituye en bucle (v. Hofstadter, 1999: 142). De acuerdo con ese principio, no es sostenible mantener que lo que consideramos elementos básicos, como "el agua, el aire, la arena, las piedras, etcétera" es lo que se ve a primera vista, según el llamado realismo ingenuo pues, para que sean creíbles, tienen que llevar en sí su misma refutación. La vida se sustenta en esas paradojas.

Al igual que Rembrandt en su cuadro "Buey desollado" presenta el cuerpo abierto y en plena luz del animal, los físicos llevan a cabo una función semejante abriendo en canal al átomo, y la ciencia médica, por su parte, examinando la interioridad del cuerpo, hasta muy reciente impenetrable a la vista, mediante rayos X, ecografías y otros métodos de diagnóstico por imagen (*Ya nadie,* 2015: 122, 124). En el plano de la biología molecular interesa en particular la morfogénesis por ser el foco que mueve la oración del padre y que en sí compendia el funcionamiento postpoético. Junto con el proceso de diferenciación celular, la morfogénesis es un fenómeno de gran complejidad debido a la interacción que tiene lugar en varios niveles y que estriba en mecanismos de retroalimentación [*feedbak*] y de retroalimentación proyectada hacia el

El campo magnético terrestre o el campo geomagnético

futuro [*feedforward*], es decir, en tener en cuenta lo que ha tenido lugar y lo que va a tener lugar. Estos procesos ocurren tanto dentro como entre las células y son los que informan a las células cuando iniciar y concluir la producción de proteínas (v. Hofstadter, 1999: 544). Un proceso analógico tiene lugar en la casa del lenguaje postpoético con metáforas que se apropian de otras existentes para proyectarlas en campos semánticos nuevos, y en un "estar de vuelta" que consiste en recorrer el círculo de la autorreferencialidad aplicando la autopoiesis.

Frente a los binarismos en los cuales el polo conceptual se suele situar en una jerarquía superior sobre el polo de lo sensorial, el cuerpo y las emociones, la naturaleza ofrece una multitud de ejemplos de que dichas polaridades son meras fabricaciones. Así, y como ya se apuntó, el perfume de las flores procede de la putrefacción de sus pétalos y el antibiótico es un veneno que cura. Y si Ofelia muere ahogada entre las flores, los peces devoran su cuerpo, pero dejan su vestido intacto "Quizá por culpa de esos tintes venidos de China" y porque saben discriminar entre lo natural y lo artificial. Así, las hormigas que avanzan hacia el campanario de alguna iglesia no siguen una dirección vectorial para llegar a la campana y, según dice la leyenda, al alcanzarla "ésta sonará de tal modo que resucitarán todos los insectos que alguna vez han existido." Esa llamada "de la selva," como diríamos, tiene más fuerza que las campanadas de la iglesia apelando a los fieles con mensajes de trascendencia. Y si hablamos del hielo y la roca, aunque el primero es más elemental, aun así, exige herramientas más sofisticadas para poder ser manipulado, lo cual muestra que lo elemental no es necesariamente simplista. Frente a la verticalidad en la que se afirma lo humano con la sobrecarga que supone para el corazón, la horizontalidad de los animales presenta una mejor estructura pues alinea corazones, cerebros y dientes (*Ya nadie,* 2015: 115, 125).

Lo humano ya no ocupa el lugar central pues nos hallamos "en la postmoda / del ser humano," y en vez de los movimientos hacia la trascendencia, el foco se sitúa en la inmanencia: "Creo firmemente que algún día nos veremos en el cielo de la carne," pues es donde todo converge. Hay que "revalidar el pacto entre el cuerpo / y su extrarradio." "Bajo tierra," en esa superficie que comprende lo de dentro y lo de fuera, "corren los animales hacia su metamorfosis, / las patas se alinean con el campo magnético terrestre." La variedad del mundo animal es tal que el lenguaje se queda corto para describirlo: el mundo natural tiene un alcance mayor que el del discurso. Esta aserción cuestiona la máxima de que al principio era el verbo y el verbo configuró la realidad, pues afirma: "el principio no fue la luz, / ni el verbo, ni el conflicto, el principio / fue el mal tiempo y borrasca en los pañales," es decir, aspectos de una realidad cotidiana y material. La borrasca, posiblemente del *big bang*, como la de los pañales en la excreción como parte esencial del vivir (engullir, desalojar), pone en primer plano la realidad del cuerpo y su extrarradio en la morfogénesis de la tierra (*Ya nadie*, 2015: 108, 109).

La Postpoesía debe fundir en el discurso la entidad material del lenguaje con su entorno que no es otro que la Tierra, y viajar en su misma dirección geomagnética (*Ya nadie*, 2015: 114), proclama la voz poética.[10] Recibir como legado el bosque y "algo más vivo dentro" supone captar la integridad del bosque y cada uno de sus árboles, de su floresta y animales que en su interior convocan la vida, y supone mantener el balance entre fondo y forma, entre el interior y el exterior. Se trata de lograr la intersección de "la lógica pura y el acto estético," de hallar ese *intermezzo* entre la tranquilidad que proporciona la tradición y la inquietud de lo novedoso, el intermedio que ofrece la complementariedad al permitir la descripción de polos que se excluyen mutuamente pero que a la vez se complementan. Este balance parece encarnarse en ese "ser indeterminado [que] vaga por los valles, aúlla por las cumbres, duerme bajo la nieve" y deja huellas que van en todas las direcciones. En ese ser se congrega "el campo magnético terrestre" (o campo geomagnético)**,** que se extiende desde el núcleo interno de la Tierra hasta el límite en el que se encuentra con el viento solar: una corriente de partículas energéticas que emana del Sol. Por eso "sus pisadas siguen las vetas de ciertos minerales." Y el lobo, que tradicionalmente vive en el bosque en los cuentos infantiles, nos expulsa de él "porque sabe que en su tórax hay una zona, no más grande que el hueso de una cereza, increíblemente dulce para un paladar que creemos haber olvidado" (*Ya nadie*, 2015: 113). Hemos perdido ese gusto, ese paladar para reconocer la dulzura que se esconde en las formas más naturales de vida.

Fernández Mallo concuerda con Prigogine y Stengers y el campo magnético cuando afirman que hay "*persistent* interactions in the natural world" [hay interacciones persistentes en el mundo natural]: incluso en el espacio o habitación donde nos hallamos,

El campo magnético terrestre o el campo geomagnético

multitud de moléculas están chocando sin parar (1997: 113). Estos choques constantes implican la irreversibilidad y nos dirigen a las resonancias de Poincaré que al difundirse se conectan con nuevos procesos dinámicos de difusión cuántica. La simetría del tiempo se rompe por lo que no es aplicable hablar de trayectorias sino de posibilidades o probabilidades. Contamos ahora con oscilaciones químicas, fluidos hidrodinámicos, fluctuaciones, ruidos, caos (Prigogine y Stengers, 1997: 126, 127). Hay en la materia un proceso de autoorganización, lo que Maturana y Varela elaboran en su teoría de la autopoiesis, autoorganización que tiene lugar dentro del sistema mismo, generando nuevas estructuras y patrones. Hay que entender, sin embargo, que la "transformación" del polvo que queda en la materia cósmica no invalida la visión determinista del mundo y las leyes de la naturaleza que indican que los cuerpos mueren. Pero Fernández Mallo añade que, como el bosón de Higgs, se trata de un vacío que no es la nada, sino algo virtual que contiene todas las partículas posibles (v. Prigogine y Stengers, 2009: 162).

El legado del padre, de tener fe en la materia sobre todas las cosas, con su paso de la trascendencia a la inmanencia se contiene en la afirmación del hablante (¿o es del padre?) quien dice no haber visto a Dios pues estuvo dentro de él, "especialmente / en sus testículos, esponjas empapadas / de un barro muy oscuro, pizarroso y basáltico." La referencia a un estadio primigenio parece acomodarse más al padre como partícipe de ese dios que es barro y materia donde hay renacuajos "a los que resulta imposible / encontrarles un comportamiento racional, una pauta" porque ante la materia, la razón se queda corta; pero puede aplicarse al hijo igualmente inmerso en el barro pegajoso del lenguaje. La materia-dios implica una reconfiguración de la creación según *Genésis* como un acto "biológico" que dio lugar al *big bang* en cuyo barro primordial ya se hallaba el padre y del que procede el hijo. Y, a medida que va rememorando los años de infancia y crecimiento, más y más se hace evidente que la materia impera y su sustancia es todo menos egocéntrica. Tanto Gérard Nerval, con su "Yo soy el otro," como Rimbaud, "Yo es (un) otro" han dado el estoque final a la noción de una identidad completa en la línea cartesiana. La identidad está en relación con la otredad.[11] El hijo concluye: "Todo esto carece de cocción, pero viene / a mi mente como un haz de luz e ilumina tu nombre" (*Ya nadie*, 2015: 107).

Capítulo siete

En esa sutil alusión a la teoría de lo crudo y lo cocido del antropólogo Lévi-Strauss, el hijo reconoce el carácter procesual de su propuesta postpoética y distanciamiento de ideas preconcebidas. Reconoce la complejidad de lo que viene tratando con el "cocinar" de su propuesta y sus infinitos círculos de autorreferencialidad. Pero también reconoce ese *eureka* de epifanía cognitiva que le viene gracias al nombre del padre. Ya nadie se llamará como el padre y todos se llamarán como él, porque el nombre se diluye en la materia donde toda la búsqueda de conocimiento debe moverse.[12]

Por eso la identidad del tú como el interlocutor a quien se dirige el postpoeta se mantiene ambivalente, particularmente hacia el final de *Ya nadie,* pudiendo tratarse del padre quien, en ciertos casos asume a su vez la voz poética, o la mujer con quien el postpoeta ha mantenido un intercambio en varios poemarios, y, por supuesto, la poesía / postpoesía misma que en sí engloba las voces anteriores. A todos ellos se les podría aplicar la declaración del postpoeta de que "todo esto carece de cocción pero viene / a mi mente como un haz de luz e ilumina tu nombre" (2015: 107). El postpoeta reconoce que su propuesta es un caminar con derivas y vericuetos distante aún de condensarse pues no es ese su objetivo sino mantenerse en el proceso de constante transformación. Hay que notar que las referencias al tú poseen un carácter revelador, de epifanía y aparición iluminadoras. Quizá por eso la identidad del tú se revela a veces en el femenino, llorando, "sentada en la cuneta" y preguntándose "'cómo podremos llegar al final del valle'" (*Ya nadie,* 2015: 108). Este tú femenino duda de poder llevar a cabo su función de guía que ilumine el camino. Por eso, y según las típicas metamorfosis postpoéticas, el tú adopta el género masculino del padre cuando encontramos en ese valle resonancias de las caminatas que padre e hijo hacían por la naturaleza. El valle, además, es toda la amplitud de la vida y el camino a seguir, así como de la búsqueda que ha emprendido el postpoeta / Odiseo con su propuesta.

Hay una conexión entre el valle y el padre pues no por nada es el padre quien le deja el bosque como legado al hijo. Si el tú femenino duda sobre poder iluminar el camino en su función de musa, el padre es el acompañante en ese trascurso postpoético. Así, cuando el postpoeta mira por la ventana de la cocina de su casa confiesa que "entre esa vegetación apareces tú: / cuchillo que se desfunde en sus metales pero no quema" (2015: 108). El padre-cuchillo / Postpoesía-cuchillo evocan los desguaces de animales en los mata-

El campo magnético terrestre o el campo geomagnético

deros que el padre prefería a las disecaciones (*Ya nadie,* 2015: 118). La violencia en ese tú / cuchillo que desecha cubiertas al desfundarse, sugiere una escritura dispuesta a "desguazar" y "deconstruir" mitos y sistemas super cocidos, "pero no quema" o destruye por completo pues sus miras son las de renovar. Es, otra vez, la puesta en práctica del consejo del padre de "activa[r] las tormentas."

Muy al final del libro el postpoeta intenta con un "En resumen" (2015: 126) proporcionar cierta definición a lo que ha venido explorando y que se concentra en los dualismos de escritura y realidad, signo y cosa, realismo e imaginación, naturaleza y cultura. El postpoeta explica que tomar literalmente lo que dice el poema es restarle valor al no distinguir la metáfora de la realidad. Un error semejante se daría al no reconocer que el trabajo es energía pues se trata de una transformación semejante a la que ocurre entre la metáfora y la realidad. Este tono didáctico, tan poco usual en el marco postpoético, se diluye cuando, como es más usual postpoéticamente, se trae a colación un caso donde lo anteriormente expuesto no sucede pues ¿cómo entender que "una tormenta en el Golfo de México [pueda] provocar el batir de alas de una mariposa de Bombay"? (2015: 126). Y aquí, siguiendo el camino del padre, llegamos a esas "alas de mariposa." La teoría del caos confirma el efecto de ese mero aleteo de las alas de la mariposa no importa la distancia ni el tiempo. Ya el padre parece haber sabido o intuido la realidad de fenómenos tan poco racionales cuando le dejó de legado "un detector de latidos en los objetos [...] y la idea de un camino—también te dejo—que conduce a unas alas de mariposa" (2015: 110).[13]

El libro concluye con un fragmento sobre una escena que tiene lugar en Bangladesh de trabajadores desguazando distintos tipos de barcos, tanto transatlánticos como de carga y petroleros, "verdaderas ciudades flotantes ahora en tierra" (2015: 127). El postpoeta / Odiseo parece haber llegado a su destino tras su accidentado nomadismo estético y encuentra en la escena de desguace una representación que le sirve para describir su propia experiencia. El barco es una imagen bien conocida del poema y del curso de la vida, y así lo entiende el postpoeta cuando dice: "En mí no hay cuerpo: soy una nave que viaja en la misma dirección que la Tierra" (*Ya nadie,* 2015: 114). La Postpoesía no está sola en recurrir a esta simbología pues Rimbaud, uno de los muchos referentes de Fernández Mallo, es autor de "El barco ebrio." El barco postpoético no es literalmente ebrio, pero sí está abierto o lo irracional y liminal, a algo parecido a ese desarreglo de los sentidos al que aspiraba el poeta francés. El realismo de la escena con los trabajadores desguazando el barco pieza por pieza con sus propias manos alude a la labor que la Postpoesía viene de llevar a cabo con el barco / poema como estructura fija, labor que ha hecho hincapié en lo matérico y cotidiano. Cada pieza tiene que ser del tamaño apropiado para poder ser transportada por cada uno de los trabajadores individualmente, lo cual supone una misión complicada ya que el número de piezas puede llegar al millón. Trabajo duro por la energía física que comporta, pero también porque, al tratarse de una estructura compleja, exige un esfuerzo intelectual. Hay que llevar a cabo la labor con cuidado, acarreando las tareas una por una, pues el desguace no tiene como fin destrozar el barco, sino desmontarlo. Ya se vio la cautela del postpoeta por renovar la poesía sin tener que destruir la ortodoxia ya que de ella viene gran parte de la inspiración en tanto en cuanto no contamina el sistema postpoético desde su interior.

Los trabajadores llevan a cabo su labor a partir de los extrarradios, la popa y la proa, evitando así que toda la estructura del barco se desmorone de primeras. De esos espacios liminales que la Postpoesía ha identificado como derivas, el trabajo avanza hacia "el punto central donde se ubica el *centro de gravedad*" siempre tanteando, pues no hay certeza de cuál sea el centro ya que cambia constantemente. En el proceso, el barco cambia de forma y colores siendo algunos de gran belleza mientras que otros son "francamente monstruosos" pues se trata de un proceso de experimentación y la belleza y el orden, principios centrales en la ortodoxia poética, deban dar entrada al azar en la Postpoesía. La última pieza "no más grande que la palma de la mano" los trabajadores la llaman "*alma.*" Un término tan fuera del marco postpoético va condicionado por la referencia al lugar del desguace, Bangladesh, al este de India con las connotaciones de misticismo y la búsqueda, como en el budismo, de un estado libre de sufrimiento y deseo.

El camino hasta llegar aquí ha sido largo y lleno de derivas, pero el logro lo justifica por proporcionar la posibilidad de hallar un modo de conjuntar lo absoluto con lo manual o háptico, el espíritu y el cuerpo, lo abstracto y lo concreto. Si antes, y siguiendo la presión osmótica el hablante resolvió no volver a escribir la palabra *alma* porque siempre fracasa (*Antibiótico*, 2015: 565), su nomadismo le ha conducido a confrontar esa misma palabra y

El campo magnético terrestre o el campo geomagnético

observar que ya no se escapa de la membrana porosa de la piel, sino que se acomoda en el espacio que le proporciona el cuenco de la mano, sumándose al ciclo biológico de la vida.[14] Aun así, los dos elementos que el postpoeta busca conjuntar, *alma,* escrito en cursiva tanto para dar énfasis como para indicar la extrañeza de ese término en el contexto en que aparece, y mano, es un intento que se resiste a la conformación por no poder ni decirse. Sin embargo, su aparente ausencia de lógica contiene una lógica que le es propia y que refleja la de la Postpoesía. Sus mecanismos, como se ha visto, recurren a analogías aparentemente incongruentes pero dotadas de un sentido propio que, desafiando los presupuestos de una verdad absoluta, son también conscientes de su fragilidad. Por ser inmaterial, el *alma* apela al papel de la intuición e imaginación como ingredientes necesarios en la investigación científica. Es precisamente su pertenencia a un sistema distinto al de la pragmática Postpoesía que hace del *alma* la presencia más apropiada para la labor manual y háptica del postpoeta. Y ahí entra su labor de trabajador artesano en su oficio o *poiesis,* queriendo "tocar" el alma con el lenguaje, sin apresarla porque ambos tienen que continuar "dándose la mano" para atravesar juntos el océano de palabras y cultura, escudriñando los secretos del cosmos y la vida.

"El barco ebrio" de Rimbaud emerge de nuevo en este encuentro de alma y mano por el cual hacer visible lo invisible gracias al trabajo físico y material. No por nada el poeta francés se calificaba de vidente, confesando su clarividencia cuando dice: "Et j'ai vu quelquefois ce que l'homme a cru voir!" [Y he visto algunas veces lo que el hombre ha creído ver] (1966: 116). Si el poeta vidente sobrepasa las apariencias y percibe a fondo, el postpoeta pone al descubierto lo que se viene manteniendo como algo invisible y único, rodeado de mitos y falsedades tanto en el arte y particularmente en el amor. Haciendo eco de las palabras del Replicante en el film *Blade Runner,* el hablante dice ver en los ojos de la mujer algo que nadie antes ha visto (*Carne,* 2015: 467). La supuesta ceguera general se debe a no haber visto en los ojos de la amada el proceso de mitificación sobre la singularidad y eternidad del amor en su veta más romántica.

Fernández Mallo también lanzó su barco postpoético en busca de las alas de mariposa que le legó su padre, recordando su infancia ya pasada y a menudo triste como la del niño Rimbaud también triste lanzando "Un bateau frêle comme un papillon de mai" [Un

Capítulo siete

barco frágil como una mariposa de Mayo" (1966: 120), procurando, como haría el postpoeta, inventar "de nouvelles fleurs, de nouveaux astres, de nouvelles chairs, des nouvelles langues" [nuevas flores, nuevos astros, nuevas sillas, nuevas lenguas] (1966: 206). La Postpoesía es un desguace de la estructura poética ortodoxa con el fin de renovar su entramado y liberarlo de funciones que lo constriñen semántica y vitalmente. Como en el desguace de animales en el matadero, que el padre prefería a disecarlos y exponerlos en las vitrinas de museos, el desguace postpoético abre la estructura del barco poético para que su interior sea visible, poniendo a la vista aquello que se ha mantenido oculto por la fuerza de las convenciones y que, por excesivo uso, está a punto de colapsar la estructura. El desguace postpoético o *poiesis* busca sobrepasar los dualismos que oponen lo interior / exterior, lo natural / sobrenatural, el cuerpo / la mente, la naturaleza / la cultura.

Lo que se aprecia en la escena de los tabajadores en Bangladesh es un *"fenómeno emergente"* (Fernández Mallo, 2021: 74) pues lo que puede resultar del encuentro de alma y mano excede la suma de sus partes: lo sublime y lo háptico se desentienden de órdenes jerárquicos para acogerse mutuamente y mantener un juego intra activo donde ambos floten en un dinamismo creativo constante y abierto. Si el salto cuántico promovió la salida de la soledad fermiónica, el bosque de la vida en el legado del padre activó el camino postpoético mediante un "detector de latidos" con el que captar las múltiples pulsaciones de la vida, aplicando músculos y vísceras tanto para contrarrestar el sólido peso de la tradición como para detectar los procesos más sutiles de la materia.

A modo de conclusiones

El desguace del barco de la poesía ortodoxa, desmontando su estructura con un atento cuidado de sus diferentes piezas, ha ocupado los poemarios de Fernández Mallo que se vienen analizando a lo largo de los capítulos de este estudio. Y es la Postpoesía, el instrumento para llevar a cabo dicha labor pues su fin es rescatar a la poesía del estancamiento que venía sufriendo bajo el régimen de convenciones que Fernández Mallo considera propias de una tradición ya anquilosada. La Postpoesía es la "cura," pero es también, como señala el título de este estudio, una emboscada en el sentido de que son sus propios instrumentos los que, buscando la renovación del lenguaje, acaban siendo emboscados o también, puede decirse, "seducidos," por su recursividad. No por eso se pierde partida pues la Postpoesía entiende el carácter contextual de sus propuestas y la ilusión que supone creer en soluciones definitivas. Si bien el rizoma del lenguaje puede resultar en un círculo sin salida, hay la probabilidad del inesperado salto cuántico dando un giro semántico que regenere el avance entrópico.

Sin repetir los argumentos ya discutidos en la introducción, la propuesta postpoética recibió una notable acogida por la crítica y el público, como atestiguan las publicaciones, premios y abundantes reconocimientos del autor en los medios de información y en entrevistas, ensayos y participaciones en simposios. Las críticas cuestionando lo novedoso de las propuestas postpoéticas tuvieron el efecto positivo de dar pie a un diálogo saludable no solo para la Postpoesía sino también para el estado de la escritura en la España contemporánea. Y es ese estado lo que concierne a la Postpoesía en su objetivo de ensayar "una poesía verdaderamente actual," plenamente instalada en la "posmodernidad tardía" en que vivimos. El alcance de sus miras dirige el proyecto postpoético por caminos transdisciplinarios que sobrepasan las tradicionales fronteras entre

A modo de conclusiones

áreas del conocimiento, los dualismos que organizan la cultura en compartimentos estanco de alta y popular, y, en general, los binomios que dominan el pensamiento occidental.

La transdisciplinariedad postpoética se refleja en la amplia gama de citas y referencias a autores y obras nacionales e internacionales, así como en sus estrategias donde la escritura comparte el espacio con la televisión, la música pop, los vídeos, el Internet, el cine, las artes plásticas, la publicidad y las ciencias, la física, en particular. La preparación profesional de Fernández Mallo como físico le permite ampliar las referencias a distintos principios, teorías y teoremas físicos desde la simple mención a una elaboración metafórica de contenido conceptual. Las metáforas postpoéticas son pragmáticas en el enlace que establecen entre lo teórico y abstracto de sus teorías con aspectos de la vida ordinaria y de la actualidad. Fernández Mallo y su Postpoesía dan prueba de una identidad española que se expande en círculos abarcando un Paneuropeísmo, un destacado gusto por el mundo norteamericano y, en general, por una cultura global que rechaza las jerarquías entre sus distintas manifestaciones. De ahí que sea posible aplicar a la Postpoesía otros términos más o menos sinónimos de lo transdisciplinar, como la transtextualidad de que habla Gérard Genette para describir lo que sitúa al texto en relación con otros textos, o intermedial para las convergencias entre textos y dentro del mismo texto. Lo que cuenta en gran medida en estos cruces es el linde o punto de contacto donde se produce lo híbrido intermedio, la zona mutante o mestiza de donde, según la Postpoesía, emerge el impulso creativo más de acuerdo con la actualidad.

Un nomadismo estético describe bien la amplitud trasndisciplinaria de la Postpoesía. Como Odiseo en el poema homérico, el postpoeta vive su Odisea según la idea de camino que le legó el padre, asumiendo todas sus pulsaciones y cambios inesperados, azares y encrucijadas hasta llegar de vuelta a su hogar que no es más que el *Oikos* o Tierra, el campo geomagnético donde se contiene la vida. Porque lo que queda claro desde el comienzo es que la búsqueda del Odiseo postpoeta es la de trabajar con el lenguaje de modo que sea posible cubrir la distancia entre signo y referente evitando caer en los mimetismos de un realismo ingenuo, de hacer que las teorías hallen asiento en la realidad; y al igual que Odiseo con sus ardides, confrontar la amenaza de quedar emboscado en la reflexividad de las palabras. Para ello, y como se va revelando a

A modo de conclusiones

lo largo de los poemarios, las teorías cuánticas de indivisibilidad entre observador y objeto observado y el Principio de la Complementariedad de Niels Bohr, prueban ser fundamentales para la Postpoesía al ofrecer medios de superar los binomios y llegar a explorar nuevas vías cognitivas.

De ahí que la poesía deba recuperar el gusto por la experimentación, de volverse un laboratorio donde cuestionar los valores establecidos y abrir puertas a perspectivas nuevas. La deconstrucción de *Rebecca,* el film de Alfred Hitchcock, al trasladar su formato al del vídeo para visionarlo de manera continua, fracasa en su objetivo de lograr un estado de resonancias místicas. Logra, sin embargo, un resultado inesperado y nuevo, un *remake* o producto híbrido que desbanca la unidad del film así como el totalitarismo del proyecto sobre el espacio, tiempo, y la presencia física. Por eso, cuando dice que ver el film de seguido "actuó como paisaje tipo ventanilla de tren," la visión lograda dista mucho de la epifanía mística (*Odisea,* 2015: 322), pero consigue, en su lugar, la de convertir al postpoeta en actor visionando un simulacro de realidad que el aclamado film presentaba como réplica fidedigna de lo real.

La mansión Mayerly en el film, doble del sistema cerrado de la poética ortodoxa, debe reemplazarse por lo que Fernández Mallo valora en el pragmatismo de la casa norteamericana. Aunque el diseño produce una primera impresión de confusión, según la perspectiva postpoética se trata de "contrastes" parecidos a las distintas fases por las que pasa la materia. Los rizomas de Deleuze & Guattari son un buen ejemplo del modelo deseado a cuyo logro contribuyen las estrategias postpoéticas de ensamblajes, retroalimentación, apropiacionismo, copias y plagios. Como nómada, la identidad del postpoeta es un hacerse en los rizomas, derivas y encuentros/desencuentros de la casa de la escritura con sus contrastes, fases, *nodos* o enlaces transdisciplinarios, apropiándose de retazos de distintas culturas, constituyéndose a modo de palimpsesto (*TGB,* 2018b: 220).

Las derivas conducen al postpoeta por áreas como la relatividad de Einstein y nociones del tiempo como proceso cíclico, entrópico e incluso, laberíntico, según las teorías de John A. Wheeler y Richard Feynman. Y, sobre todo, la Postpoesía se mantiene fiel al legado del padre en tener fe en la materia. La importancia de la materia para la metáfora postpoética encuentra en la física un terreno fecundo. La proliferación de referencias a teoremas, princi-

A modo de conclusiones

pios y teorías de la ciencia física y citas directas a textos bien reconocidos y a nombres de físicos famosos en los distintos poemarios, sirven generalmente de trasfondo a alguna situación de la vida ordinaria, de acuerdo con el acercamiento postpoético de aproximar lo abstracto a lo concreto. A diferencia del entendimiento clásico de la materia como sólida y estable, la Postpoesía busca captar la comprensión cuántica de la materia en su constante movimiento de miríadas de moléculas y partículas entremezclándose en una intra-actividad que constituye el cosmos, la vida. Entender y confiar en la materia supone dejar de lado las certezas que proceden de creer en una realidad independiente que existe "ahí fuera" con un orden lineal que asegura la causalidad y la posibilidad de obtener completitud epistemológica, de remplazar, en suma, los presupuestos de la física clásica por el potencial que contiene la materia en sus constantes evoluciones, potencial revitalizador pero apenas confortante pues va acompañado de la incertidumbre, indeterminismo e incompletitud de la física cuántica. Y al igual que con la materia, la Postpoesía no concibe un lenguaje como sistema fijo. El entramado de sus referencias informa de temporalidad las premisas postpoéticas y la importancia de la contextualización. En este entendimiento, las nociones de la termodinámica (irreversibilidad, entropía) juegan un papel fundamental (Prigogine y Stengers, 1984: 286–88).

El objetivo de las derivas no es llegar a una opción o final definitivo y concluso; se trata, más bien, de un final que nunca se produce, pues lo que cuenta es andar el camino y sopesar las alternativas. Así como en su legado el padre le aconsejó que dejara de buscar su "posición exacta en la Tierra," la Postpoesía favorece el estado de suspensión entre distintas opciones pues es ahí donde las potencialidades creativas se mantienen.

El foco postpoético en la materia se traduce en la importancia del cuerpo y lo biológico en la metáfora postpoética y su relación con la tecnología. La posibilidad de escudriñar en el interior del cuerpo, gracias a los nuevos métodos de diagnóstico médico (TAC, RMN, PET) marca la distancia de la Postpoesía con respecto al intimismo subjetivista en una poesía de corte romántico y de la experiencia. Se trata aquí de un nuevo tipo de subjetividad donde las ensoñaciones se reemplazan por una atención al cuerpo en sus diferentes partes—de igual modo que el postpoeta se acerca al cuerpo o casa del lenguaje como una conglomeración de elemen-

A modo de conclusiones

tos que se articulan en diferentes modos nunca en totalidades—. Entre esos elementos se encuentran presencias matéricas generalmente ausentes en la poesía tradicional, así los desechos, residuos, excrementos y basura. Fuera quedan las tendencias sublimadoras en verticalidad ascendente en beneficio del avance horizontal o lateral, como ya indica el título *Creta Lateral Travelling*. Junto con el ojo que capta el rayo de luz con sus fotones, el conocimiento participa del lado inverso y oscuro de la materia por vía del ano y sus "obscuritones"—invención puramente postpoética—, siguiendo un curso de luz-oscuridad que el postpoeta compara con el de los alimentos que el cuerpo ingiere, procesa y finalmente expulsa por el ojo inverso del ano. Luz y oscuridad se complementan en una asociación de contrarios que es propia de la reflexión metafórica en la Postpoesía y que se aplica a otras áreas, como el caos del cáncer y la armonía de la música de Bach, la chabacanería en la publicidad y el palacio de Knossos, el pasado y el presente, el interior y el exterior. Al efectuar el encuentro entre áreas de aparente disparidad semántica, la Postpoesía se mueve en una linde de creatividad novedosa por lo sorpresivo y por el humor inexpresivo [deadpan humor] con que se comunican con toda seriedad planteamientos inesperados pero dotados de un modo nuevo de ver las cosas.

Según el desarrollo anterior y teniendo en cuenta el carácter orgánico de la metáfora postpoética, no extraña la especial atención que la Postpoesía presta a la basura. Fernández Mallo es autor de todo un texto sobre el tema, *Tratado general de la basura* y su elaboración poética se encuentra de modo particular en *Yo siempre regreso a los pezones y al punto 7 del 'Tractatus, Carne de píxel y Antibiótico*. La basura incluso posee su propio protagonista en la figura del monigote que aparece en la puerta del inodoro en lugares públicos. Su escenario, el inodoro, es un tipo de panóptico a la inversa, desde el que personaje tan singular comunica el conocimiento del lado trasero. Como Odiseo volvió de sus aventuras, cargado de experiencias por estar "de vuelta de todo," el monigote es el sabio representante del conocimiento del reverso cuyas materias están también "de vuelta de todo." Las estrategias postpoéticas, ya mencionadas, son el reflejo discursivo de los procesos fisiológicos y escatológicos de la materia como proceso orgánico donde la vida se mantiene en su gestión entre pasado y futuro.

En la teoría de los agujeros negros, la basura se proyecta al cosmos con un sentido semejante al del inodoro o reverso por ser

A modo de conclusiones

el recipiente donde las estrellas colapsan al término de su ciclo. Y el papel higiénico del hotel, donde el postpoeta proyecta sus pixelados, deviene el manuscrito donde, "de vuelta" de una intensa relación sentimental, el postpoeta registra lo aprendido de la experiencia. La digitalización de la experiencia analógica condensa, como en el píxel, la utopía de lograr el conocimiento más completo de su relación con la mujer modelo retirada.

El Principio de la Complementariedad del físico cuántico Niels Bohr ofrece un modo de aproximarse a los binomios yo/tú, subjetividad/objetividad, interior/exterior y desbancar su dinámica de "o … o." Su ejemplo más representativo es el de la superposición cuántica de partícula y onda, fenómeno que desafía la lógica por mantener que una misma entidad puede ser dos cosas a la vez. El principio de Bohr permite dos tipos distintos de descripción para cada uno de los polos que, manteniendo su exclusión mutua, revela su complementariedad permitiendo obtener el conocimiento más completo del fenómeno. Para la encrucijada en que se encuentra el postpoeta entre la soledad y la apertura al exterior—las opciones **a** y **b** para la felicidad formuladas en la introducción—, la complementariedad revela la indivisibilidad entre su solitaria observación y la otredad de la mujer y del mundo, objeto de su observación. Son polos contrarios pero necesarios en la negociación de esa idea de camino que le legó el padre.

Las jerarquías que sitúan a un polo por encima del otro son, por tanto, construcciones artificiales; tampoco funciona sublimar la contrariedad de los polos en el *aufheben* hegeliano. La complementariedad y su papel en la metáfora postpoética es el nervio de la Postpoesía por negociar en un linde entre contrarios enlazando varias y distintas líneas de sentido, manteniéndolos en suspensión, flotando porque, como en el film *The Matrix*—el ejemplo dado por el autor—se han tomado las dos píldoras, la roja y la azul (*Postpoesía*, 2009: 91). Un proceso parecido se da en un sistema biológico, químico o físico donde hay variables dinámicas y movimientos contrarios que son necesarios para producir la inestabilidad que requiere el cambio y la evolución: se trata de la reorganización por la que el desorden conduce al orden. Y en el plano de la economía, un paralelo se encuentra en el giro en los sistemas que motivó el modelo de *reacción-difusión* de Alan Turing (1952), con el cual explicar movimientos financieros súbitos e inesperados según el funcionamiento de la oferta y la demanda.

A modo de conclusiones

En el campo del discurso, la aplicación novedosa del principio de complementariedad se lleva a cabo en conexión con el mito de la musa ideal guía e inspiración en la cultura occidental. La mujer con quien el postpoeta sostiene una relación es, curiosamente, una modelo "retirada" con lo cual sus dotes de ejemplaridad han quedado en el pasado. Pero es a partir de ella que una serie de figuras femeninas adoptan distintas actitudes muy distantes del prototipo de dama ideal y cuya ubicación en el límite del horizonte de sucesos de un agujero negro es significativa por su vulnerabilidad. Por eso la complementariedad de estos tipos femeninos con el modelo se vuelve perentoria y viceversa, pues la musa modelo, de no participar en la complementariedad, pasaría de ser retirada a desaparecer. El ingenioso tratamiento de un principio físico complejo con un tema literario bien conocido comunica la insistencia postpoética de relacionar la abstracción con lo concreto, y mantener el estado de suspenso o *intermezzo* "entre la tranquilizadora tradición y la novedad inquietante" (*PP,* 2009: 66).

Relacionado con el binomio modelo / réplica, la Postpoesía se ocupa de la reproducibilidad y su importancia en la cultura actual. La realidad como entidad absoluta e independiente pierde el trono que le asignó el Renacimiento para confrontar la copia, y la misma suerte se aplica a la unicidad de la obra de arte y al exclusivismo de la identidad. Y así lo confirma Fernández Mallo cuando dice que hoy día la noción del "yo" es un monolito de antaño cuya supuesta unicidad se ha vuelto alucinante (*TGB,* 2018b: 38, 40, 248), y lejos de mantenerse como un pilar autónomo, el "yo" no es más que "una hipótesis inamovible que al nacer se nos asigna y que hasta el final sin éxito intentamos demostrar" (*Proyecto,* 2013: 34).

Propio de la Postpoesía es mantener la existencia de un remanente de lo real en la copia o simulacro, difiriendo así del hiperrealismo de Baudrillard. Aun así, se reconoce que la reproducibilidad característica de la época actual es un cáncer metastásico que se esparce, penetra y contamina todos los estratos sociales. Lo que se presenta como auténtico es mera simulación y el intento de recobrar su marca de veracidad acaba siendo otra repetición de lo mismo, de esa marca de supuesta autenticidad que no es más que otra simulación. La metástasis contemporánea conlleva la homofagia pues en el intento de querer aferrarse a lo auténtico se acaba por reproducirlo en un tipo de incesto de repetición de lo mismo. La reproducibilidad ha llegado a tal punto que los signos crean

A modo de conclusiones

referentes que no existen en la realidad, imponiendo la representación sobre lo real. Los diseños de cosas inexistentes proclaman la primacía del signo sobre el referente, y los estados plenos conllevan su negativo, no solo en nociones que como el antibiótico o la lejía funcionan de forma positiva y negativa. Nada responde a un estado autónomo; son los "estados mezcla" los que imperan, con lo que lo real se conforma en lo que difiere de sí mismo.

El planteamiento de Alan Turing tiene un impacto en la Postpoesía pues el matemático británico representó algo bastante inaudito en los medios académicos de entonces, el de fundir el plano teórico y abstracto propio de las matemáticas con las cosas del mundo, de crear un puente entre esos polos semejante a lo que busca la Postpoesía en sus propuestas de desmontar el lenguaje poético de los ámbitos trascendentes para dar cabida a la inmanencia y reconocer el engranaje de tecnología y organismo. La máquina de Turing junto con los cuestionamientos de Wittgenstein sobre términos abstractos y su posible sentido en el mundo real, en suma, las crecientes dudas sobre toda la estructura de la lógica matemática, ofrecen un marco en el que se inscribe la Postpoesía y su desafío a un orden sistemático, lineal y causal que la ortodoxia poética tan bien representaba. La Postpoesía podría ofrecer una alternativa intermedia, un tipo de poética aplicada a la contemporaneidad.[1] Sin embargo, reconoce que sus propias estrategias son reflejo del mismo fenómeno de la reproducibilidad, por lo cual se plantea el que su oferta de algo novedoso no sea más que producto de la vanidad, sujeto al cambio y como su prefijo "post-" indica, su novedad lleva la marca de lo que la precede. Uno de los epígrafes a *Carne de píxel* se transcribe directamente del grupo musical La Costa Brava, *Falsos mitos sobre la piel y el cabello:* "Quién hará esta música sonar, reflejo de la / vanidad, cuando nadie quiera oírnos más" (2015: 465).

Además, la materia no es la entidad sólida e inerte, como ya Marx anunció para los sólidos disolviéndose en aire. La Postpoesía explora la inmaterialidad de la materia mediante la imagen de la "polifónica cavidad resonante" que, como el cofre de los tesoros va a contener la clave del enigma vital y cósmico. La pretensión de tal propuesta no pasa desapercibida, sobre todo si la revelación de un enigma de tal calibre se ubica en algo tan inaprensible como son las resonancias. No por eso el postpoeta se retrae de mantener la importancia de las resonancias por inmateriales que sean

A modo de conclusiones

y desbancar los absolutos. Así lo confirma su confrontación con Heidegger, el gran portavoz del Ser, con mayúscula. La seriedad de este cometido se mezcla de humor en la imagen de los chicles solidificados que el postpoeta encuentra por todas partes en la cabaña de Heidegger, evidencias de que las elucubraciones ontológicas son como masticar el chicle, un dar vueltas entre lengua y paladar sin llegar a ninguna parte más allá de las propias circunvalaciones.

En vez de seguir repitiendo absolutos, las resonancias dan prueba de la existencia de realidades que sin ser materiales existen. Se trata, entonces, de una manera nueva de pensar y concebir lo que es la materia y lo real. Y son las resonancias las que se manifiestan en fenómenos tan inesperados como el parpadeo entre el ON y el OFF, la atracción por lo vacío o hueco a pesar de ser un páramo imposible de atravesar por carecer de centro, el surgir y decaer de todas las cosas en todo momento, la negación inscrita en toda afirmación, lo inmaterial de lo real, la paradoja de encontrar sustento de la realidad en las sombras, lo incomunicable de la identidad en el reflejo que Narciso ve en las aguas.

La atención a las resonancias, por tanto, estriba en el hecho de servir de acicate para abrir la conciencia y la percepción a lo inmaterial de la materia. Y así sucede con los objetos, cualificando su entendimiento como presencias concretas. Para el postpoeta, los objetos son "nubes de sentido" entendiendo por tal que la concreción como característica asumida para los objetos no es sola y exclusivamente la de una presencia sólida. Según la teoría de la catástrofe de René Thom, los objetos exhalan formas fantasmales más allá de su presencia física creando en su entorno una red de relaciones simbólicas y matéricas. Son potencialidades imposibles de predecir que, sin embargo, exigen ser tratadas desde el mundo físico. A raíz de estas reflexiones, el tratamiento de los objetos en torno al funeral del padre—urna para las cenizas, losa, iglesia…—tiene como objetivo recobrar su sentido material como objetos y sus emanaciones, desplazando la atención desde la subjetividad a la objetividad. Este trasvase o vaivén de *foreground / background* es otra manera de concebir la complementariedad entre contrarios que aquí se establece entre la materialidad del objeto y su emergencia sensorial.

El Capítulo siete cierra el estudio a partir del legado del padre en el libro *Ya nadie se llamará como yo,* entrelazándolo con la situación de encrucijada en que se encuentra el postpoeta—el *"mezzo*

A modo de conclusiones

della nostra vita" de Dante que servía de epígrafe a las derivas. Las palabras del padre son advertencias dirigidas al conflicto del hijo entre mantenerse en la complacencia que produce el cobijo de la tradición y las certezas de la causalidad y los absolutos por la inquietud de acceder a un lugar alterno o heterotopía (*PP,* 2009: 63, 66) donde las habituales ceremonias y rituales se alteran por las "tormentas" de los saltos cuánticos, los puntos de catástrofe, el caos y las geometrías no euclidianas. Suplantar una escritura basada en convenciones y expectativas aceptadas por un público mayoritario, por una propuesta postpoética que niega toda proclama de autoría y que desplaza el sentimentalismo y la subjetividad intimista en favor de la presencia matérica de los objetos, que carece de un centro dirigente y que no llega a un final conclusivo, supone un viraje drástico. El post- de la Postpoesía implica estrategias de apropiacionismo, plagio, retroalimentación, copias, transdisciplinariedad y ensamblajes, en suma, instrumentos que valorizan lo relacional, la complementariedad, las zonas liminales; implica estar alerta a tener que efectuar un viraje o *clinamen* como cambio súbito que, activando tormentas de rechazo e incluso ridículo por parte del público, reorganizará, sin embargo, el avance lineal entrópico y su repetición de ceremonias y de "literatura" en favor de la vida. El Proyecto postpoético implica un avance en el retorno, un generar hacia la ruina, un espacio que no ofrece ni abrigo ni seguridad, pero que, precisamente por eso, incita la expansión imaginativa, creativa y vital. El nómada postpoético rechaza toda premisa de origen e identidad y parece asumir para sí la respuesta de Odiseo, su alter ego, a la pregunta del gigante Polifemo sobre su identidad: él es Outis / Nadie porque es todos embarcados en la misma búsqueda de conocimiento frente a la visión monocular del Polifemo de la ortodoxia.

La emboscada postpoética tiene como portavoz a un hablante / Odiseo quien, de vuelta de sus aventuras y experiencias, exhibe unos recursos que, parecidos a los ardides típicos del personaje homérico, le sirven para navegar en una realidad incierta, y como dicho personaje, pide reconocimiento por la novedad de sus propuestas, aunque admitiendo que se trata de retroalimentaciones y apropiaciones, copias de otros materiales ya existentes. En abierta oposición a las pretensiones de verdad de la poética ortodoxa, la Postpoesía se proclama reproducible y por eso, precisamente, puede acabar no siendo más que un proyecto vanidoso (*Carne,* 2015: 465).

A modo de conclusiones

La inserción de la Postpoesía en la más candente contemporaneidad parte de un realismo crítico que percibe la continuidad de la existencia en lo no visible, que nada tiene que ver con el misterio o la trascendencia pues existe en la misma inmaterialidad de las resonancias, en las imágenes de órganos internos que revelan los rayos X y otros métodos médicos, en bebidas con ingredientes 0, en gases donde las sustancias se disuelven, incluso en elementos sin referentes en la realidad, todo ello cuestionando los supuestos de una realidad sólida.

Para el psicólogo Lev Vygotsky, el valor estético de una obra reside, precisamente en la complejidad de sus estrategias creativas debido al efecto que producen en la lectora. Y así sucede con la Postpoesía al exigir un esfuerzo de atención que se compensa con un aumento de la reacción estética. Los saltos entre distintos temas o planos que a primera vista poco tienen en común, desafían el tradicional orden causal para destacar la divergencia como uno de los mayores componentes de la creatividad, por la variedad de fuentes a que recurre y por lo novedoso de su capacidad relacional y asociativa (cit. en Kharkhurin, 2016: 60, 61). Y ocurre a menudo que cuando el sentido se revela, la expectativa de tener una epifanía no se cumple en el sentido convencional, pues se trata de poner de manifiesto lo inesperado y sorprendente en lo intrascendente, la relevancia de lo cotidiano en la abstracción.

La travesía nomádica de la Postpoesía consiste en un trabajo intenso que incluye tanto el esfuerzo consciente como el dejarse llevar por los chispazos y *eurekas* de lo irracional y de la intuición que, en el caso del postpoeta se asocia con el saboreo de Nocilla, esa pastosidad que se pega al paladar y aunque se saboree moviéndola de un lado a otro de la boca, permanece informe (*Proyecto,* 2013: 428). Si Proust respondió al chispazo de la magdalena mojada en el té que le ofreció su tía, el postpoeta reconoce en Nocilla los movimientos evolutivos de un sistema de signos que se resiste a ser fijado en configuraciones determinadas, que además es pegajoso pues se mantiene conectado siendo imposible separarlo en entidades autónomas y que insiste en continuar evolucionando sin fines conclusivos.

Las estrategias de la ecología cognitiva se revelan útiles en la lectura de los textos postpoéticos ya que reúnen la multidimensionalidad de contextos en los cuales somos actores y lectores imaginando, pensando, reaccionando, comunicando en interactividad con el entorno.² Este acercamiento exige prestar atención al conjunto ya que no hay un foco que se erija como faro de guía. Hay que entender, entonces, que la disparidad de los elementos no es sinónima de disgregación ya que se hallan interconectados al adoptar nuevos ángulos de mira que revelan enlaces no siempre aparentes a primera vista. Fernández Mallo conecta entidades supuestamente dispares que descubren una analogía no evidente pero cargada de patrones relacionales llenos de perspectivas inesperadas. El lugar central que ocupa la contemporaneidad en la Postpoesía exige reconocer un mundo al que solo podemos acceder directamente mediante la percepción y la cognición. Stockwell lo llama "realismo experiencial" y, como la visión cuántica, ese mundo ahí fuera debe ser experimentado en la observación y la subjetividad, pues es nuestro cerebro y sus conceptualizaciones los que lo configuran. En ese marco, Fernández Mallo concuerda con la poética cognitiva y con la cuántica de Niels Bohr de que hay continuidad entre el lenguaje natural y el de la literatura o de las ciencias (Stockwell, 2009: 3, 4).

El desguace postpoético de la estética ortodoxa implica aceptar que la visión panóptica tan propia del Renacimiento y que Petrarca ejemplifica al subir al Mont Ventoux para lograr ver la totalidad (Fernández Mallo, 2021: 61–62), no se alcanza y que quizá la visión a la que es posible acceder consista en el vaivén que la física establece entre lo macroscópico y lo microscópico, entre el ON y el OFF en la complementariedad de contrarios o en ver, como hace el postpoeta en la particularidad háptica del cuenco de su mano la infinitud de lo inasible e inmaterial que, en un momento se atrevió a llamar "alma," para luego eliminar dicho término de su escritura porque no resuelve nada (*Antibiótico,* 2015: 565). Pero, en un viraje propiamente postpoético, el alma, como la metáfora, acaba revelándose como un punto sin dimensión que, a diferencia de la dimensión única de la escritura, "se propaga infinita sobre lo escrito" facilitando el regreso a "aquellas dependencias del sueño" (*Odisea* 2015: 377). Y acorde con lo que la Postpoesía viene afirmando, nada hay que no venga de algo anterior, de la dinámica de mirar hacia atrás y hacia adelante, del "eco de agua" que persiste en los versos (*Antibiótico,* 2015: 565). Además, ya le avisó el padre y, también la teoría del caos, de los efectos tan notables que tiene algo tan aparentemente nimio como el aleteo de una mariposa,

A modo de conclusiones

aunque, con anterioridad ya lo hizo William Blake sosteniendo la infinitud en la palma de su mano de cuyos versos los de Fernández Mallo son pura resonancia.[3]

Notas

Introducción

1. El Principio de Indeterminación o Incertidumbre que el físico Werner Heisenberg propuso en 1927 establece la imposibilidad de determinar la posición y el movimiento de un objeto simultáneamente pues al determinar con certeza una de esas variables, el conocimiento que se puede obtener de la otra disminuye.

2. El fermión, nombre dado por Paul Dirac a esta partícula subatómica tomado del físico Enrico Fermi (1901–1954), responde al Principio de exclusión de Pauli, lo que significa que solo un fermión puede ocupar un particular estado cuántico en un tiempo dado, de ahí que el fermión sea una partícula solitaria frente al bosón, partícula sociable por tender a reunirse con otras partículas. Este tema se elabora en el capítulo siete de este estudio.

3. En el poema "Alusión a la muerte del coronel Francisco Borges" (1833–74) del libro *El hacedor (de Borges), Remake* (Fernández Mallo, 2011: 145), el hablante se refiere a las alusiones y su problema pues "la cadena de causas y efectos se pierde, / deviene bucle y termina / por aludirlo a uno mismo." Mantener la causalidad en el sistema del lenguaje resulta una idealización. La emboscada postpoética adquiere rasgos del extraño bucle que el lógico Kurt Gödel identificó en sus teoremas de la Incompletitud. Ahí se afirma que ninguna teoría matemática formal es consistente y completa pues sus enunciados no se pueden ni probar ni refutar a partir de ellos; son indecidibles al afirmar la consistencia de la teoría sirviéndose de sus mismos axiomas. La Postpoesía en sus elaboraciones discursivas y reconocimiento de la recursividad alude a la Incompletitud de Gödel como a la Incertidumbre de Heisenberg, reflejando sus enlaces con la física cuántica.

4. Otros autores, como Manuel Guerrero, cuestionan la situación "descentrada" de las obras a fines del siglo XX por carecer de un modelo a seguir en su lectura (v. Fernández Porta, 324).

5. Dicha superposición se entiende como un electrón con dos energías diferentes simultáneamente o estando en distintos lugares a la vez, lo cual desafía cualquier intento de lógica. Sin embargo, el experimento cuántico standard de la doble rendija lo prueba y, como habrá lugar en los capítulos siguientes, el postpoeta se sirve de dicha superposición como fuente de potencialidades imaginativas, y así lo afirma Fernández Mallo en la cita.

Notas

6. En *Mutantes: Antología de nueva narrativa* (nova 20) (Aldebarán 2007), selección y prólogo de Julio Ortega y Juan Ferre, se incluyen unos 20 autores representantes del deseo de la nueva narrativa practicada por el grupo Nocilla de superar el estancamiento de la narrativa en España de los último años. En su ensayo sobre la Postpoesía, Fernández Mallo recurre al mismo término, "mutante," para referirse a la conjunción o "colisión" que se da en su propuesta, por incluir afinidades y también oposiciones cuya impureza es precisamente lo más idóneo para que de ahí surja "la mutación del ADN" que se espera de la ortodoxia gracias a la Postpoesía (*PP,* 2009, 119). Otra antología es *Tripulantes. Nueva antología de Vinalia Trippers* (2007), editada por Vicente Muñoz Álvarez y David González, con prólogo de Vicente Muñoz Álvarez (Editorial: España: Eclipsados, 2007). Se trata de una antología de relatos breves que pueden clasificarse como poemas en prosa, conmemorando el aniversario del fanzine español *Vinalia Trippers*. Algunos de entre los muchos autores incluidos son Eloy Fernández Porta, Ricardo Menéndez Salmón y J.J. Sanz.

7. Sobre la urgente cura que la poesía ortodoxa requiere según la Postpoesía, véase Gala 2021b.

8. Fernández Mallo habla sobre la heterotopía como "un espacio que establece relaciones entre objetos, en principio no relacionables de manera evidente, y mucho menos relacionables a través del tiempo cronológico" (2010: 15).

9. Para Fraser, la estructura caótica de la trilogía *Nocilla* parece clamar por algún sentido de unidad (2012: 1). Esa sería la reacción esperada dentro del paradigma clásico que es, sin embargo, el que la Postpoesía busca desbancar pues es en la multiplicidad de referencias, cruces de niveles semánticos y registros donde la "cura" postpoética se aplica para facilitar la apertura a un nuevo modo de ver. El mismo Fraser reconoce la resistencia del texto postpoético a una organización lineal y unitaria cuando describe la "cacofonía" del proyecto *Nocilla* y la necesidad de la lectora de adoptar expectativas diferentes (4).

10. Para describir la realidad contemporánea, Fernández Mallo se sirve de un símil: "un televisor lleno de canales que cada cual va seleccionando y mezclando a fin de encontrar el hilo poético que teja su obra. O bien que la Historia es un supermercado en el que cada cual va cogiendo productos para armar su propio carrito de la compra" (2010: 10).

11. Con la ciencia y la poesía, Fernández Mallo busca permutar sus funciones, "hacer de la ciencia una especie de poesía y de la poesía una falsa ciencia" (2010: 10).

12. Pierre Simon Laplace (1749–1827) es conocido por su formulación del determinismo causal en 1814; para él las probabilidades eran brechas para el conocimiento que había que solventar. El estado presente del universo es para Laplace el efecto de su pasado y la causa de su futuro, según afirma en su ensayo filosófico sobre las probabilidades. Partiendo de dicha fuente, Laplace afirma que si un intelecto o inteligencia en un cierto momento conoce todas las fuerzas que ponen en movimiento la naturaleza, si conoce todas las posiciones de que se compone la naturaleza, y si dicho intelecto pudiera analizar toda esa información, lograría condensar en una sola fórmula los movimientos de los cuerpos más grandes del universo, así como de los más pequeños átomos. Nada sería incierto para ese intelecto.

13. Aquí sigo la pauta que ya inicié en publicaciones anteriores, en particular en mi libro de 2011, *Poetry, Physics, and Painting in Twentieth-Century Spain,* traducido al español como *Sinergias. Poesía, física y pintura en la España del siglo XX* (Anthropos, 2015) y, más recientemente, en *Clara Janés. La poética cuántica o la física de la poesía* (Madrid, Consejo Superior de Investigaciones Científicas, 2021. Para otras fuentes, ver Obras citadas bajo Gala.

Capítulo uno

1. Fernández Porta cita a Fredric Jameson y su teoría del formato vídeo en el ámbito de la imagen contemporánea y su efecto en "la gestión de la memoria visual y afectiva." El ejemplo dado procede de un relato de J.G. Ballard sobre un crítico de televisión que vive aislado del exterior y se dedica a visionar el film *Psicosis* de manera continua. La semejanza con el caso del postpoeta y su proyecto sobre el film *Rebecca* es evidente, al igual que el fracaso de eliminar la presencia física en favor de la tecnología (v. Fernández Porta, 166–67).

2. Para el físico Ilya Prigogine, pasamos del estatismo del 'Ser' (como se hallaba Manderley, estado que el ejecutante quiere reproducir en su cuarto) al 'Devenir' con que ambos contextos, el del film y el del ejecutante se confrontan ["We are led from a world of 'being' to a world of 'becoming'"] (2003: 39, 27).

3. Fernández Porta cita al norteamericano John Barth y su elaboración sobre el arabesco—técnica relacionada con el rizoma—en conexión con el diseño de alfombras y felpudos en la tradición persa cuyos rasgos distintivos son: "la relatividad de los bordes del dibujo, que se amplían para dar lugar a otras formas, la supeditación del tema a la forma, y en términos psicológicos, la desaparición del yo en el vacío" (318).

4. Para un estudio del valor cognitivo de los poemas-artefacto en la Postpoesía, véase el estudio incluido en las obras citadas: "Creative Artifacts: Agustín Fernández Mallo's Post-Poetry Proposal (Sharing Thoughts with Wittgenstein)" [Artefactos creativos: La propuesta postpoética de Agustín Fernández Mallo (compartiendo pensamientos con Wittgenstein)] en Gala, 2015: 165–210.

5. Juan Benet, Cioran y Octavio Paz, tres referentes en la Postpoesía, comentan sobre la falsedad del yo identitario y la prevalencia de los mitos. Según Cioran, "L'homme n'invente pas d'erreur plus précieuse ni d'illusion plus substantielle que le *moi*. Il respire, et il s'imagine unique; son cœur bat, parce qu'il est *lui*. EL YO" [El hombre no inventa un error más precioso ni de ilusión más substancial que el *yo*. Él respira, y se imagina único; su corazón bate, porque él es él. EL YO" (1993: 22). Para Octavio Paz, "el yo no es ni mío ni es tuyo, es un estado, un parpadeo" (1974: 54) y Juan Benet se asom-

Notas

bra "de la veracidad de los mitos y de lo bien fundadas que están casi todas nuestras leyendas" (1974: 189).

6. Los enmarañamientos o enredamientos cuánticos describen los enlaces entre partículas no importa la distancia en tiempo y espacio, de modo que el estado cuántico de cada partícula no puede describirse independientemente con respecto al estado de otras partículas. Aquí radica la disparidad existente entre la física clásica y la cuántica y causa del rechazo de la cuántica por Einstein para quien los enmarañamientos eran casos de "acción escalofriante a distancia" (escalofriante o espeluznante o misteriosa) [spooky action at a distance].

7. Para una extendida elaboración sobre los recursos postpoéticos con fines cognitivo-curativos respecto a la ortodoxia poética, incluyendo la metáfora, véase Gala, 2021b: 233.

8. La transdisciplinariedad, del físico rumano Basarab Nicolescu, se define en uno de sus teoremas poéticos como "una tentativa de hallar un equilibrio entre el saber y el ser" (Nicolescu, 2013: 30). Busca superar los dualismos en la tradición occidental y supone un entendimiento del saber como un cruce de fronteras disciplinarias. En el contexto de la transdisciplinariedad y a lo largo de este estudio se citarán autores que son referentes frecuentes en los escritos de Fernández Mallo, entre los que destacan, algunos ya citados como Wittgenstein, Juan Benet, Cioran y Octavio Paz.

9. El padre del poeta en su "legado" (v. Capítulo siete), se sirve de la misma palabra, "ceremonia" con igual sentido que Octavio Paz, aconsejando al hijo a que "evit[e] las ceremonias."

10. Hacia el final de su recorrido, el postpoeta reconsiderará este rechazo de la palabra "alma" cuando sea posible insertarla en la carne (v. Capítulo siete).

11. El valor cognitivo de la Postpoesía y la demanda que impone a la lectora se desarrollan en Gala, 2021b, en particular en páginas 218–20.

12. La razón poética es la propuesta de María Zambrano, a quien Fernández Mallo menciona, para reconciliar vida y razón y saber que es a la vez pasional y racional: "saber de reconciliación" que intenta paliar extremismos. Se trata de una equilibrada simbiosis, dramática y gozosa, límite entre inmersión y emergencia (Maillard, 1992: 28, 29, 49). La distinción que Zambrano establece entre conocimiento y saber puede aplicarse a Fernández Mallo, entendiendo en ambos que el conocimiento es el resultado de un método y el saber nace de una pasión, o sea, de un padecer la verdad de la vida tratándose de un don diferente al conocimiento adquirido por el esfuerzo (Maillard, 1992: 48).

13. Según Zambrano, San Juan realiza una autofagia o destrucción de su individualidad que desencadena una transmutación durante la cual se abre un espacio vacío, una "nada": la noche oscura (Maillard, 1992: 143). La nada es una síntesis total de los opuestos; es el punto final de un proceso en el cual el individuo ha ido sintetizando progresivamente los pares de opuestos. Pero en esa síntesis hegeliana se da fin a la tensión que mantiene el generar significados. El logro místico supone el final del bucle con la autodevoración del solipsismo.

Notas

14. Sobre el juego de cajas chinas en la metáfora postpoética, la figura del cono es muy ilustrativa (v. Gala, 2021b: 222–23, principalmente).

Capítulo dos

1. Según Fernández Porta, "deriva designa una modalidad de desarrollo narrativo voluble, digresivo, más atento a los *entre-i-surts* de la memoria cultural […] que a la ortodoxia de la linealidad […] es puro movimiento sin fin" (320).

2. En uno de sus blogs fechado 12/5/09, Fernández Mallo identifica al cantante y compositor Antonio Vega como una de las influencias mayores en sus escritos. Sus canciones llenas de metáforas ligaban "la física con determinada sentimentalidad," identificándose con lo que, en su estimación, el cantante sentía como él ante la ciencia, "una emoción estética" (*Blog Up*, 2012: 120–21).

3. Según Fernández Mallo, lo que tiene lugar es "un Proceso de Amplificación Irreversible" por el cual, al apropiar un texto científico e insertarlo en un texto poético, el científico deja de estar sujeto a la falsación pues ahora es cierto *per se*, ya que en el poema postpoético los dos campos conviven (*PP*, 2009: 125–26, 128, 129).

4. El ensayo de Ignacio Infante trata el tema del "remake" de Fernández Mallo sobre *El Hacedor* de Borges y las implicaciones legales y literarias en torno a nociones de intertextualidad, transtextualidad e intermedialidad.

5. Partiendo de la común definición de que el arte supone "una sublimación de la materia," y según el sentido de la palabra "sublimación" como paso de un estado sólido al gaseoso sin intermediarios, Fernández Mallo concluye que aplicado al arte la sublimación supondría un tipo de "*platónico movimiento de materia* cercano al pensamiento mágico" (*PP*, 2009: 108).

6. La función Delta trae a la mente la novela de Rosa Montero de ese título donde, en líneas generales, las características de dicha función corresponden con la protagonista compensando sus experiencias de desamor y su temor a ser abandonada y morir sola.

7. El tema de la pareja o "espejismo llamado pareja" (*Carne*, 2015: 493), según el postpoeta, se desarrolla principalmente en el Capítulo cuatro.

8. Dicho experimento consiste en disparar un montón de partículas elementales, electrones, por ejemplo, contra una pantalla, enfrente de la cual se coloca un obstáculo que puede ser una pared con dos ranuras finas, paralelas y en sentido vertical. En vez de actuar como perdigones y pasar por una u otra ranura, como la física clásica nos haría creer, los electrones no dejan un bulto detrás de cada ranura, como se esperaría, sino un patrón de interferencia como si dos ondas estuvieran chocando y creando rizos y ondas. Si disparamos los electrones uno por uno, pasa lo mismo, de lo cual se deduce que cada electrón actúa como una onda interfiriendo consigo mismo, como si simultáneamente estuviera pasando por las dos ranuras al mismo tiempo. Si mediante dispositivos en las ranuras etiquetamos a los electrones según la ranura por la que pasen (permitiéndonos así saber por dónde andan), el

Notas

patrón de interferencia no ocurre y lo que vemos son dos bultos en la pantalla, como si los electrones de repente se dieran cuenta de que están siendo observados y deciden por tanto actuar como perdigones. Si los etiquetamos cuando pasan por las ranuras y con otro dispositivo borramos las etiquetas antes de que choquen con la pantalla, los electrones vuelven a su comportamiento de onda y el patrón de interferencia reaparece de nuevo. La hibridez del electrón (de onda y partícula) es la de no estar ni aquí ni allí, de ser al ser percibido

9. En el texto de *Antibiótico* (2015: 537) se inserta, en un párrafo en prosa y entre paréntesis, una descripción de los dos sistemas caóticos sencillos que, siguiendo la estrategia del apropiacionismo, el autor toma directamente de Ilya Prigogine.

10. Aquí Fernández Mallo menciona al californiano George Kubler, enunciador del "tiempo topológico" en su libro *The Shape of Time* (1962) donde lo distingue del "tiempo biológico y del cronológicamente vectorial o hegeliano" (*Blog Up,* 2012: 166167).

11. De igual modo que la Postpoesía rechaza el aislamiento del entorno, rechaza también el tratamiento museístico del pasado, bien ejemplificado en el caso de Creta, por ser inoperante. Los restos de esa cultura, y del pasado, en general, no deben tratarse como piezas solidificadas pues siguen teniendo agencia en el presente.

12. Respecto al tiempo, es interesante observar que el mismo Fernández Mallo se pregunta cuánto tiempo durará lo innovador de su Postpoesía. Reconoce así que la conexión del discurso postpoético con la realidad es una relación compleja y provisional (v. *Carne,* 2015: 465).

13. Como se verá en el Capítulo cinco, el cuerpo de la danesa pelirroja y antropóloga es liviano por estar "agujereado" de pecas / pecados debido a haber cometido el "pecado" de indagar en el conocimiento (v. pp. 131–34)

14. Según Heráclito, todas las cosas se gobiernan a través / por medio de las cosas, no girando en torno a sí mismas (v. Prigogine, 2003: 54).

15. Según Hawking, parece haber un boquete en los agujeros negros por el que entra y sale la luz (1988: 112).

16. La obra *El hacedor (de Borges) Remake* muestra la irreversibilidad del tiempo con un experimento para verificar la entropía. Se trata de un cajón de arena dividido por la mitad, con arena negra a un lado y blanca al otro. Si un niño corre en el sentido de las agujas del reloj por el cajón cientos de veces, la arena se mezclará y se volverá gris; pero si corre en la dirección contraria, no se recupera el estado original, "*sino un mayor grado de grisura y un aumento de entropía*" (Fernández Mallo, 2011: 75). De ello viene la ocurrencia que los "lugares tienen un *espesor de tiempo* dirigido en dos direcciones: el tiempo que, vertical, se alza por encima de la tierra, y el que, también vertical, se hunde hacia su primer estrato en la tierra. Superficies terrestre, celeste y subterrestre, y las 3 se nos presentan en cada instante, simultáneamente. Tiempo palimpsesto. Un lugar en el que el tiempo se expande elásticamente sin dejar de ser un solo tiempo" (2011: 76).

17. Poincaré es quien mantuvo la imposibilidad de sistemas de integrabili-

Notas

dad debido a las resonancias y la radiación que conllevan (Prigogine, 2003: 27).

Capítulo tres

1. Citando a Calvin Tomkins (*Duchamp*, Barcelona, Anagrama, 1999, pp. 238–39), González Fernández menciona una anécdota sobre Duchamp quien con motivo de la boda de su hermana envió como regalo "unas instrucciones para colgar un tratado de geometría de la ventana de su apartamento y fijarlo con cordel, para que el viento pudiera 'hojear el libro, escoger los problemas, pasar las páginas y arrancarlas'." González Fernández identifica referencias semejantes a esa imagen en Roberto Bolaño (*2666*) y en la novela de Fernández Mallo *Nocilla experience* (*Proyecto*, 2013: 202) (González Fernández, 2012: 297–98). A estas referencias se pueden añadir las que analizamos aquí en dos poemarios de Fernández Mallo, *Antibiótico* y *Creta Lateral Travelling*.

2. La noción de "rebanadas" alude al hecho de ver el cuerpo según sus partes, no como una totalidad unitaria, semejante al texto postpoético formado de elementos diversos cuya articulación no conduce a una totalidad.

3. En *Nocilla experience*, el hablante discute un experimento en la Universidad de Southern California sobre el punto ciego que todos tenemos en el ojo, lo que permite ver la totalidad de una casa, aunque unos árboles tapen parte de ella, pues lo que no vemos, lo imaginamos. Ese punto lo inventa todo, "un punto que demuestra que la metáfora es constitutiva al propio cerebro, el punto donde se generan las cosas de orden poético. A ese "punto ciego" debería llamársele "punto poético." Y en nuestras vidas hay también "puntos oscuros, puntos que no vemos y que reconstruimos imaginariamente con un artefacto que damos en llamar memoria" (*Proyecto*, 2013: 254

4. Como dice Octavio Paz, otro referente para Fernández Mallo, la escritura "es una ceremonia, girar de una palabra que aparece y desaparece en sus giros. Edifico torres de aire" (1974: 20).

5. Agradezco a uno de los lectores del manuscrito de este libro la conexión entre amor y basura con los versos de Yeats: "But Love has pitched his mansion in / the place of excrement" [Pero el Amor ha montado su mansión en / el lugar del excremento] ("Crazy Jane Talks with the Bishop").

6. La idea ecológica de reciclar que surge en la década de 1970 se entiende en el arte como un medio de hallar nuevos significados en objetos viejos y formas de vida antiguas. El arte busca incorporar el proceso de la desintegración como marco para nuevos tipos de integración, recurriendo a materias como los escombros para construir formas nuevas (Berman, 1982: 337, 341).

7. En el episodio 17 del *Ulysses* de Joyce, titulado "Ithaca," Bloom y Dedalus orinan en el jardín trasero de la casa. Entre distintos temas, discuten la trayectoria de la orina que también se trata en *Antibiótico* de Fernández Mallo: "la esperanza cóncava que se forma / al mear sobre la nieve" (2015: 529). La parábola que la orina forma en su descenso se identifica con la esperanza al romper con su tibieza la rigidez de la nieve (v. Gala, 2021b: 225),

Notas

y sugiere la geometría no euclidiana con curvas que rompen la linealidad. El foco en la perspectiva del monigote se da también en Leopold Bloom quien en el episodio 4, "Calipso," visita un retrete donde defeca.

8. La ortografía de los dos puntos es la que se aplica a los pechos, según ya se dijo anteriormente, para indicar el círculo de recursividad con el monigote.

9. La etimología de "residuo" viene del latín "re-sedeo" como lo que "no deja avanzar, lo que detiene cierta maquinaria intrínseca a la vida" (*Proyecto*, 2013: 541). Se produce, entonces, un duelo entre el avance vital y el detenimiento de lo que queda como residuo que, a su vez, acaba por integrarse en el ciclo vital como lo que persiste de lo anteriormente vivido.

10. Según Moser, el reciclaje supone un proceso más intenso y de mayor alcance que el de re-utilizar o re-usar. Reutilizar supone repetir y aunque el objeto reusado sufre transformaciones, aún se le puede reconocer. En el reciclaje el cambio es mucho mayor pues se enfoca en el material de que está hecho el objeto con el fin de usarlo en un ciclo de producción nuevo. Por eso el reciclaje borra la identidad del objeto e incluso la destruye. Destruye todo lo que sea Gestalt del objeto, la forma que lo identifique.

11. La frase del monigote sobre el punki y el maricón de playa viene de una canción del grupo Siniestro Total.

12. Ozias Reno destaca el carácter "vibrante" de la basura, su valor de ser índice de la vida y cuyo proceso de descomposición de la materia puede considerarse como pérdida y al mismo tiempo como continuación de la vida. Se da un enlace entre la basura y el mundo sin poder concretar donde termina una y comienza el otro (v. Fernández Porta 202).

13. Thompson señala que la basura o, específicamente, "rubbish theory" [teoría de la basura], se enfoca en el borde o límite "where the object passes from one category to another" [donde el objeto pasa de una categoría otra], como de lo crudo a lo procesado o de lo transitorio a lo durable. De lo que se deduce el carácter dinámico de la basura "in that it pictures both the boundary and the various possible transmissions across it" [en que imagina tanto el límite como las varias y posibles transmisiones a través de él] (2017: 98).

14. Henseler habla de la conexión entre la basura y los procesos químicos e industriales con modos culturales de producción, lo que algunos críticos llaman "trash aesthetics" [estética de la basura] o "rubbish theory" [teoría de la basura]. Y, como se va viendo, la basura está lejos de ser estática pues incluye "significados metafísicos y metafóricos con interconexiones inesperadas." Según Henseler, "For Mallo, trash contains the knowledge and referential possibilities of the entire world" [Para Mallo, la basura contiene el conocimiento y las posibilidades referenciales del mundo entero] (2011: 239, 240).

15. Octavio Paz habla del ensamblaje, no sucesión, de espacios y tiempos que es el universo, "una asamblea de mundos en rotación" (1974: 134–35).

16. En los pixelados se da lo que Fernández Porta llama "utopías de la visión características de nuestra época: la visión privilegiada de la matriz, del código de datos […] un pensar sin cuerpo" (186).

17. La referencia al gas trae en mente a J. C. Maxwell y su tratamiento de

Notas

los gases como grupos de moléculas por lo que no es posible afirmar nada con total certeza.

18. En *Nocilla lab,* la pareja sabía que tras realizar el Proyecto en el que habían trabajado un año, sería el fin de su relación y pasarían al estado de la ruina, de lo inhóspito (*Proyecto,* 2013: 442).

19. Según se analizará en el Capítulo cuatro, las diferentes configuraciones femeninas presentan modos diversos de abordar ese horizonte de sucesos con distintos resultados y / o actitudes ante la escritura, la creatividad y la vida. No se trata de figuras individuales, sino que todas conforman una totalidad con distintas facetas; por eso el hablante se refiere a la mujer como "muñeca rusa," evocando *la matrioska* con varias muñecas metidas unas dentro de otras con tamaños que van disminuyendo. En el caso postpoético, el tamaño mayor corresponde a la modelo retirada, mientras que las otras figuras femeninas varían de "tamaño" según sea el papel o influencia que ejerzan.

20. Según Jonathan Culler en un ensayo publicado en 1988 "Trash has thus become an essential resource for modern art" y "in a world of rubbish, art has learned to exploit rubbish" [La basura se ha convertido en un recurso esencial para el arte moderno, [y] en el mundo de la basura, el arte ha aprendido a explotar la basura] (1988: 179, 181).

Capítulo cuatro

1. Al comienzo de este estudio, ese espacio intermedio se identificó como la felicidad **a** o "difícil equilibrio del funambulista" (v. Introducción).

2. En la elaboración de Deleuze & Guattari, la mujer o yin es la fuerza innata e instintiva que al transmitirse al yang se vuelve aún mucho más innata con un aumento de poderes (1987: 157). Lo curioso, por asociarse con la flotación en la Complementariedad es que la condición para que se mantenga ese balance en Deleuze & Guattari es que el hombre no eyacule, no en el sentido de controlar, desplazar o retrasar el deseo sino de constituir "an intensive body without organs" [un cuerpo intensivo sin órganos].

3. En su formulación del Principio de la Complementariedad Niels Bohr parte del cuanto de acción, la constante física denotada como -*h*- que Max Plank descubrió en 1900. La -*h*- es una magnitud fundamental en la mecánica cuántica y define la menor cantidad de energía que es posible transmitir en una longitud de onda y que solo puede ser liberada en "paquetes" [quanta] discretos, es decir, pequeños. El cuanto de acción establece un límite entre los fenómenos microscópicos y macroscópicos. Debido a su indivisibilidad, a nivel atómico no es posible atender a las coordenadas de espacio-tiempo y de causalidad ya que en la cuántica la observación es parte intrínseca del fenómeno lo cual introduce en el proceso un elemento irracional. El físico teórico Wolfgang Pauli es quien confirmó la presencia de la conciencia en la física cuántica y, de resultas, la indeterminación en el conocimiento.

4. En su poema, Wallace Stevens ofrece una interesante perspectiva en lo que concierne a las emboscadas postpoéticas. Su noción de los "inherent opposites" [opuestos inherentes] se ilustra con una serie de situaciones donde

Notas

opuestos constituyen realmente una unidad esencial; son opuestos que "partake of one" [participan de uno, de la unidad]. Paradojas de este tipo serían inaceptables en un entendimiento clásico, pero son las que plantea la Postpoesía al tratar el binomio realidad / discurso, fuera / dentro, cuerpo / mente, y las que lanza a la ortodoxia para sacarle de su estancamiento. En las condiciones dinámicas del cosmos, Wallace Stevens y Fernández Mallo saben que si en la acera del avance por donde transcurren esas condiciones se marcan con tiza los polos A y B, el caminante atento a su entorno percibirá la interconexión entre ellos y su propio movimiento. Frente a la creencia mantenida desde Platón que la escritura es la bastarda y falsa externalidad del fondo de la autenticidad y, en especial, de la poesía como el ámbito de la subjetividad, de profundas emociones y sentimientos, Fernández Mallo señala y se enfoca en la Complementariedad entre superficie y fondo: "Bajo el agua hay un cuarto oscuro donde se revela cuanto ves en la superficie," de modo que "Lo que era ficción se convierte en documento, y lo que era documento en ficción" (*Ya nadie*, 2015: 85). Superficie y fondo, documento y ficción no son opuestos irreconciliables sino entidades intercambiables y complementarias

5. Fue Heisenberg quien le oyó a Bohr decir esas palabras que se le quedaron fijas y las interpretó como que "el científico ha de crear intuiciones" (Fernández Mallo, 2014: 14)]. Si, según el hablante, la muerte es analfabeta por carecer de referentes, todo en la isla, menos las tumbas, tenía su correspondiente placa metálica de datos. La excepción de las tumbas era porque "En ellas no funcionaba el binomio antes / ahora" (*Trilogía de la guerra*, 2018b: 20), solo los epitafios son "sintagmas sin dialéctica" (*Creta*, 2015: 167).

6. Las paradojas son las que sostienen la vida pues, sin ellas, como se indica en *Nocilla lab*, la novedad absoluta sería una monstruosidad (*Proyecto*, 2013: 401). Y así es porque las paradojas, como bien entendió Niels Bohr, son las que "crean conflictos entre 2 o más sistemas, ya sean sistemas vivos, mecánicos o simbólicos." Y citando a Prigogine, la vida se encuentra en lugares donde no hay equilibrio y la paradoja es una forma de equilibrio. Según la pauta postpoética de apelar a ejemplos de la más cercana contemporaneidad, el ejemplo de pura paradoja se da en la rebanada de pan con Nocilla y la fascinación que produce "toda esa pastosidad que se hormigonaba en mi boca, toda la antimetafísica que recorría aquella masa sin centro de gravedad definido en mi boca, toda aquella cosa marrón que solo era espesa piel … superficie, apariencia, simulacro…residuo, excremento, conservantes y saborizantes que, por pura paradoja, generan vida" (*Proyecto*, 2013: 428). Algo tan cotidiano, con reminiscencias de la magdalena de Proust, es lo que le incitó al hablante a renegar de la metafísica y llegar a "su salto evolutivo."

7. La antimetafísica que el hablante de *Nocilla lab* identifica con la pastosidad de la crema Nocilla, de cuya experiencia logró dar su salto evolutivo y renegar de la metafísica (*Proyecto*, 2013: 428), se encuentra también en el agua mineral con gas: "Microesferas de aire que suben verticalmente a velocidad constante sin que les importe la *curvatura del Universo*. Un ascender que carece de correlato e imagen en el espacio-tiempo" (*Proyecto*, 2013: 263).

8. En *Nocilla experience* se habla del horizonte, con la silueta humana

Notas

vertical cortando la horizontalidad y formando la primera encrucijada: "hasta ese momento el horizonte era atemporal, ingenuo y neutro […] por eso las burbujas del agua mineral inauguran su propio horizonte en su ascender vertical hasta que el agua se congela y en estado fósil quedan atrapadas" (*Proyecto*, 2013: 320).

9. Estas figuras femeninas evocan otras en el poema homérico, como las silenciosas mujeres de Troya quienes, tras la derrota son sorteadas a los guerrero griegos. Tampoco oímos sus voces en el texto postpoético; nos llegan por las observaciones del hablante.

10. Sabemos que en algunas versiones Helena fue divinizada y enviada a los Campos Elíseos, lo cual reitera su asociación con la poesía como ideal de belleza del que la modelo ofrece un atisbo distante pero insistente del objetivo postpoético.

11. Andrei Pleşu ofrece otra opción semejante a la del tercero incluido que en su terminología es el ángel definido como la perfecta expresión cultural de la imaginación, interpretación e inspiración, por ocupar un lugar intermedio, zona de plena movilidad, de densidad diferente y de intra-actividad entre entidades diversas. Y eso es posible porque la labor del ángel es reducir la distancia que nos separa de lo absoluto y, perteneciente a la categoría de la imaginario, le toca transformar barreras y límites en algo poroso. Pleşu interpreta el mundo de los ángeles basándose en las teorías de Nicolescu y el tercero oculto o incluido. El ángel, en su propuesta, transforma el límite que separa polos opuestos en algo flexible "within which the entities, although they interpenetrate, still remain indistinct" [dentro del cual las entidades, aunque se compenetran entre sí, aun así, permanecen indistintas]. El ángel funciona como un interfaz facilitando el diálogo entre sujeto y objeto, pero sin fundirlos en una síntesis, y como el tercero oculto, actúa a modo de "an accelerator which we will use to create perspectival spaces" [un acelerador que usaremos para crear espacios de perspectiva] (Francisc-Norbert *et al.*, 2012: 132, 140).

Capítulo cinco

1. Esa serie de términos proceden del libro *Antibiótico* y se refieren a "esta casa bajo cero," alusión, como se ha visto, a la casa de la escritura y de las relaciones. La pareja ha llegado a esa casa donde todo está congelado y donde el "tú" se queda para construir su " libro del frío," el de la soledad fermiónica del distanciamiento del exterior.

2. La diferencia entre la copia respecto al "original" que, en realidad, es otra copia, es lo que Marcel Duchamp llama el "infradelgado" [inframince], o residuo que queda y se escapa de la copia perfecta y hace que el sistema difiera de sí mismo. La noción de un objeto igual a sí mismo (A=A) es una idealización pues nunca nada es igual a sí mismo (*TGB*, 2018b: 242, 251).

3. Cioran, otro de los referentes de Fernández Mallo, pregunta sobre dónde buscar lo real. Su respuesta concuerda con la atención al lenguaje en la Postpoesía: "Seul l'artiste rend le monde présent et seule l'expression sauve les choses de leur irréalité" [Solo el artista hace presente el mundo y solo la expresión salva las cosas de su irrealidad] (1993: 16), con el proviso postpoético de que la inscripción conforma la realidad y simultáneamente la distancia.

4. Fernández Mallo se interesa por el proceso de alimentos desde el estado crudo o cocido hasta su metamorfosis final en lo podrido o desechos, como en el ser humano la ingestión de alimentos acaba en los excrementos (v. Capítulo tres) y su conexión con la escritura. Sobre el binomio escritura / realidad, Octavio Paz comenta que, mientras los nombres chupan la médula de las cosas por lo cual las cosas mueren en la página, los nombres se multiplican (1974: 51).

5. En páginas anteriores los pechos y pezones han sido signos de circularidad autorreferencial de un tipo de infinitud al modo de la teoría de conjuntos de Cantor. Sin embargo, la pronta aparición de antinomias, como en los versos de Fernández Mallo, hicieron tambalear los axiomas y la veracidad de la lógica matemática. Wittgenstein se opuso a la teoría de conjuntos por considerarla platónica, lo cual se ajustaría a la manera de tratar el conjunto de los pechos por Fernández Mallo.

6. La casa parece estar sometida a la elasticidad de la topología.

7. Así se reitera en *Nocilla lab* (*Proyecto,* 2013: 463), "todo ocurre por lo menos 2 veces, es la única manera de crear el ritmo, la onda periódica que da pie a una ley poderosa que es la ley del símil, de las semejanzas."

8. En torno a las mutaciones, Fernández Mallo discute el teorema de Noether (1915) donde a cada invariancia se aplica una Ley de Conservación de la Energía. Se entiende, entonces, que para que el mundo funcione y el cambio, ya sea en el espacio o tiempo, sea efectivo, otra cosa tiene que conservarse (*La mirada imposible,* 2021: 55–57). De nuevo, se insiste en la otredad en la identidad o, en este caso, la conservación en la mutación.

9. La Creación de Pares es un proceso que ocurre en algunas reacciones nucleares con alta energía, en rayos cósmicos y en los aceleradores de partículas cuando electrones y positrones se colisionan, dando pie a que aparezcan partículas desconocidas hasta entonces.

10. Respecto a los gemelos o pares, en la teoría de la relatividad, que Fernández Mallo menciona en *Nocilla experience* (*Proyecto,* 2013: 280), se da la paradoja de los gemelos debida a la dilatación del tiempo en los cuerpos en movimiento. Si uno de los gemelos viaja en una nave cercana a la velocidad de la luz durante un año, al volver a la Tierra encontrará que su gemelo ha envejecido.

11. El libro fue ganador de tres premios, el Pulitzer, el National Book Award y el National Book Critics Circle Award. Su título procede de un cuadro homónimo del pintor renacentista Parmigianino.

12. Esta noción del proceso económico responde a un modelo totalmente mecánico, aislado en su movimiento circular entre producción y consumo que, según señala Georgescu-Roegen, pocas veces permite la entrada de una variable que dé constancia de los recursos naturales (1971: 2).

13. En *Nocilla experience* leemos que los espejos "No deben estar en otra posición que no sea la vertical, no deben reflejar otro mundo que no sea el que se alza elevado en paralelo a las líneas de fuerza gravitatorias […] un es-

Notas

pejo en el suelo horizontal" sería una monstruosidad pues reflejaría "el vacío del cielo y su ausencia de horizonte"; también sería monstruosidad "un espejo pegado al techo, copiándonos sin descanso a vista de pájaro, todos convertidos en mapas, en meros croquis andantes que flotan por encima del centro de la Tierra"[…] Pero "los espejos ya no importan a nadie, a nadie interesan ya las copias , el *morphing* (tratamiento informático de los rostros que distorsiona las facciones sin llegar a desfigurarlas del todo) arrasa" (*Proyecto*, 2013: 327).

14. fernandezmallo.megustaleer.com/2012/01/31/williams-carlos-williams/

15. Georgescu-Roegen aduce, sin embargo, que ninguna máquina es capaz de razonar de manera dialéctica pues la flexibilidad del cerebro humano no se da en la máquina debido a que el pensamiento "is a never-ending process of Change which […] is in essence dialectical" [es un proceso interminable de Cambio lo cual […] es esencialmente dialéctico] (1971: 90).

16. Para un desarrollo de la relación entre Turing y Wittgenstein y sus distintos acercamientos, ver Hodges, 1983: 153–57.

17. En *Limbo* leemos: "Lo monstruoso no es necesariamente lo feo, monstruoso es aquello que no está en su propia naturaleza" (2014: 21). Esta distinción es pertinente debido a la tendencia a asumir la identificación de monstruosidad y fealdad. Apunta a la perspectiva mantenida por Fernández Mallo, en base a sus escritos, que lo no natural (máquinas, robots) tienen su propia legitimidad. Al mismo tiempo, y como se discutirá a continuación, Fernández Mallo denuncia el mal tratamiento de animales como otro efecto de la primacía dada a lo humano a expensas de otras formas de vida ya sean naturales o artificiales.

18. Los robots se evalúan, como explica Plant, según sea su comportamiento y apariencia humanos y su valor estriba en el grado que logren de aproximarse a lo humano (1997: 104).

19. En el caso de Joseph Campbell, autor icónico sobre temas como el arquetipo del héroe y el estudio comparativo de mitologías y religión, la contemplación del interior de una PC le impresionó por su estructura de mandala en los microcircuitos. Su comentario al que lo entrevistaba fue: "Es toda una jerarquía de ángeles dispuestos en láminas." Fernández Mallo incluye esta referencia procedente de Mark Dery, escritor y crítico de temas sobre cibercultura, en su novela *Nocilla dream* reafirmando el enlace entre las culturas y puntos de mira de dos autores, Campbell y Dery aparentemente tan distantes (2013: 77).

20. En esta sección, así como en la de resonancias (Capítulo seis), Fernández Mallo discute su entendimiento de la realidad y, fundamentalmente, de la materia, foco básico de su búsqueda epistemológica. Y lo que rechaza en todas sus investigaciones es la creencia en un realismo ingenuo de que hay una realidad ahí fuera. Por el contrario, constata que hay resonancias, ecos donde la vida persiste más allá de lo que es visible en la superficie; que hay máquinas que sin ser algo vivo funcionan como seres vivos, que hay pares que son diferentes en su paridad, y que, por tanto, definir categóricamente lo

Notas

que es la realidad, la materia, es imposible. La materia sigue siendo un reto al conocimiento.

21. Según Poincaré, las leyes de la física dan prueba de que todo se encamina hacia la muerte, por tanto "life is an exception which it is necessary to explain" [la vida es una excepción que es necesario explicar] (cit. en Georgescu-Roegen, 1971: 189).

Capítulo seis

1. (*Creta,* 2015: 145)

2. La preponderancia del sonido sirve de epígrafe procedente de Philip Ball a la novela *Nocilla lab*: "Hay ruido en todas partes. A cualquier temperatura por encima de cero absoluto los átomos se agitan con energía termal. Esto pone en marcha un zumbido de fondo que impregna toda la materia" (2013: 395).

3. Fuente: Amate Pou, Jordi. *Paseando por una parte de la Historia: Antología de citas,* Penguin Random House Grupo Editorial, España, 2017, p. 117. Disponible en: citas.in/frases/57369-isaac-newton-he-sido-un-nino-pequeno-que-jugando-en-laplaya/ [Consulta: 12/14/2021].

4. Uno de los ejemplos de resonancias más famoso es el desastre en el Puente Tacoma Narrows que colapsó en 1940 en Washington, USA. La causa no fue solo una resonancia mecánica sino también un aleteo aeroelástico, proceso que tiene lugar cuando se producen oscilaciones complejas y variadas debido a vientos que pasan.

5. Las transformaciones de Lorentz (Hendrik Antoon Lorentz, 1853–1928) establecieron la base matemática de la teoría de la relatividad especial de Einstein; son transformaciones o conjunto de relaciones que determinan con precisión el tipo de geometría que se necesita para la teoría de Einstein.

6. Pequeños desplazamientos en la manera en que los muebles están dispuestos en un cuarto pueden provocar "importantes variaciones sonoras," como descubren los personajes en la novela *Limbo.* Y las canciones no pueden cuartearse porque una canción no tiene partes, "sino entrelazamientos continuos de ondas sonoras" (2014: 131, 133). Estos ejemplos de *Limbo* apuntan a lo indiscernible de las resonancias en los poemarios que analizamos.

7. El poema "The Solitude of Cataracts" [La soledad de las cataratas], de donde procede la cita, aparece en la red con una versión distinta a la del libro en Obras citadas: thew2o.medium.com/chaos-and-the-ocean-bdb6a003e1fd De este sitio proceden los versos que también aparecen en el libro de Gleick (1987: 196).

8. Según la entropía, todo avanza en un proceso constante de degradación, de orden a desorden, así como de un fluir que es a la vez siempre presente (Georgescu-Roegen, 1971: 6, 130), que justifica el aserto de Poincaré de que la vida es una excepción que requiere explicación (cit. en Georgescu-Roegen, 1971: 189). El rebote entre nacer y morir es el factor específico de la evolución.

9. En *Limbo* se encuentra la referencia al *"ruido cuántico"* pues como no

Notas

existe el vacío, incluso "en la ausencia total de materia hay unas partículas que nacen y viven y desaparecen en milésimas de segundo, partículas virtuales, las llaman *ruido cuántico,* tales corpúsculos emergen de un estado imposible, recorren un espacio que es la nada y se sumergen de nuevo en otro espacio igualmente imposible"; no da tiempo a fotografiarlas ni a medirlas, "así es el Universo" (2014: 153–54). La cita concuerda con la identificación anterior de las resonancias con el mundo cuántico y sus fluctuaciones, ecos, rumores.

10. Como se describe en la termodinámica, una transformación reversible es una transformación ideal. No se da en la realidad porque "para que el sistema pase de un estado de equilibrio a otro, tiene que producirse un desequilibrio, y en la transformación reversible todos los estados que la constituyen son de equilibrio" (Arenas, 2016: 43).

11. Según Candace Pert, funcionamos a modo de diapasón cargado de moléculas emotivas que vibra y envía dichas vibraciones a otras personas; nuestras emociones son las que dirigen las interacciones entre todos nuestros órganos y sistemas. Estamos conectados con todos los demás (2018: n.p.).

12. En *Trilogía de la guerra* el hablante menciona haber visitado el Museo de Einstein, "plagado de escaleras y espejos" que le pareció "un legítimo laberinto de Piranesi" (2018a: 429).

13. También se evocan los avatares que Cervantes describe sobre el hallazgo del manuscrito de su novela cuando explica que los primeros capítulos procedieron de los archivos de La Mancha y el resto fue traducido a partir de un texto en árabe de Cide Hamete Benengeli. El "circuito" sugiere también el motivo común en la Postpoesía de la noción de laberinto.

Capítulo siete

1. Se trata de la misma disyuntiva ya planteada al comienzo de este estudio (v. págs. 7–8) entre las dos formas de felicidad a y b (*Carne*, 2002: 500).

2. Curiosamente, a pesar de su declaración sobre la soledad y sus favoritos representantes, Josecho admite que no le gustaba ni su soledad ni Ciorán, ni Wittgenstein, por lo que decide salir de su cuarto pues "no hay soledad en un mundo ocupado por un solo objeto," y "fue a por ello," es decir, al entorno donde decide insertarse (*Proyecto,* 2013: 89).

3. La teoría de la Idempotencia, el estado sexto de la materia y la tercera ley de la termodinámica se discuten principalmente en el Capítulo dos en relación con el postpoeta y el padre.

4. Esta referencia al amor como sistema integrable se desarrolló en el Capítulo cinco y Fernández Mallo reelabora el tema en *La mirada imposible.*

5. Constante Cosmológica a la que el postpoeta alude en el texto 56 de *Odisea,* 2015: 426.

6. Hay aquí una posible alusión a la ecuación de Paul Dirac quien a fines de la década de 1929 indicó la asociación de cada fermión con su opuesto o "antipartícula"; según Dirac, de esa unión ambos se aniquilan en radiación energética (Carroll, 2012: 44).

7. Las estructuras disipativas en la teoría del caos de Prigogine proceden

Notas

de casos de entropía generando procesos irreversibles que conducen a una autoorganización de la que se crean dichas estructuras. Estas estructuras están lejos del equilibrio y abiertas termodinámicamente, intercambiando energía y masa con el entorno. Suponen un contraste con sistemas conservadores y presentan una autoorganización en medio de una situación de caos imprevisible.

8. En Ciorán, uno de los autores favoritos por Fernández Mallo, encontramos una referencia en consonancia con las paradojas que venimos discutiendo y con el mismo Niels Bohr y su declaración de la Complementariedad como el medio de lograr el conocimiento más completo del fenómeno: "Nous vivons véritablement quand nous soumettons une pasión à l'épreuve de son contraire. Ne pas prendre un remède sans avoir pris de poisons, et vice versa. Quand on montre une pente, être simultanément au point symétrique de la descente. De la sorte, aucune des possibilités d'être ne nous échappera" [Vivimos verdaderamente cuando sometemos una pasión a la prueba de su contraria. No se tome un remedio sin haber tomado venenos, y viceversa. Cuando se muestra una pendiente, estar simultáneamente en el punto simétrico del descenso. De ese modo, ninguna de las posibilidades de ser nos escapará] (1993: 56–57).

9. Para Bergson lo real "is something intermediate between divided extension [the time interval] and pure inextension [the instant" [es algo intermedio entre la extensión dividida [el intervalo de tiempo] y la pura inextensión [el instante]" (1913: 326).

10. Aludiendo a lo que ocurre con los dibujos animados de Manga que, a diferencia de la animación Disney donde el personaje dibujado es el que se mueve, hay un cambio del sistema de referencia de antropocéntrico a terraqueocéntrico y es el paisaje el que se mueve, una "naturaleza viviente, un trepidante paso de árboles, ríos, pájaros y hierbas que se mueven sin que nadie las mueva." La gran diferencia con los comics de Disney es que si eliminamos a los personajes lo que queda es un "paisaje mineralizado, naturaleza postnuclear" (*El hacedor*, 2011: 162

11. En el título, *Ya nadie se llamará como yo,* hay, también un aspecto de querer disipar la identidad en favor de la materia, de lo que Duns Scotus llamó haecceity / heceidad, es decir, la cualidad de algo de estar y ser en el aquí y el ahora, lo que el padre, al morir, no tiene como individualidad con un nombre identitario, pero que la materia contiene. Hay en esta "abdicación" de la identidad una respuesta a los tiempos donde la individualidad se halla fragmentada, pero también el desplazamiento de la centralidad que el ego ha ocupado en la tradición occidental.

12. Los nombres propios presentan un problema, como analiza John R. Searle (cit. en Tsur, 1992: 234), pues son puras marcas sin sentido ya que no incluyen ninguna descripción respecto al referente.

13. El "efecto mariposa" procede de un proverbio chino según el cual el aleteo de las alas de una mariposa puede sentirse al otro lado del mundo. Este efecto se conecta con la teoría del caos y las investigaciones del matemático y meteorólogo Edward Lorenz. Cuando se trata de un sistema no determinis-

Notas

ta, los pequeños cambios pueden tener consecuencias muy grandes pues la perturbación inicial, por pequeña que sea, se amplifica y provoca un efecto notable.

14. En el Capítulo uno se exploró el reduccionismo de la casa de la escritura que aquí se condensa en la metáfora del alma en la mano como "punto sin dimensión" (*Odisea,* 2015: 377). La escritura es reduccionista pero la metáfora posee amplitud semántica.

A modo de conclusiones

1. Para un desarrollo de la relación entre Turing y Wittgenstein y sus distintos acercamientos, ver Hodges, 1983: 153–57.

2. El término "ecología cognitiva" es un préstamo que la biología toma de la ciencia cognitiva con el fin de integrar la ecología behaviorista "with an understanding of the underlying psychological and neural mechanisms" [con un entendimiento de los mecanismos psicológicos y neurales subyacentes] (Healy y Braithwaite, 2000: 22).

3. La referencia implícita es a los versos de Blake: "To see a world in a grain of sand / and a heaven in a wildflower, / hold infinity in the palm of your hand, / an eternity in an hour" [ver un mundo en un grano de arena / y un Cielo en una flor silvestre, / sostener la infinitud en la palma de la mano, / y la eternidad en una hora].

Obras citadas

Arenas, Albino Gómez. *Termodinámica [I]. Fundamentos.* EDISOFER, 2016.

Armon-Jones, Claire. "The Thesis of Constructionism." *The Social Construction of Emotions,* ed. por Rom Harré, Basil Blackwell Inc., 1986, pp. 32–56.

Augé, Marc. *Non-Places: Introduction to an Anthropology of Supermodernity,* Verso, 1995.

Azancot, Nuria. "La Generación Nocilla y el Afterpop piden paso." *El Cultural,* 2007. www.candaya.com/antigua/nocillageneracion.pdf.

—. "Agustín Fernández Mallo: "La poesía, si no se *resetea* a cada instante, no es poesía." *El Cultural,* 2015. elcultural.com/agustinfernandez-mallo-la-poesia-si-no-se-resetea-a-cada-instante-no-es-poesia

Badía Fumaz, Rocío. "Poéticas explícitas en la poesía española última." *TRANS-,* no. 11, 2011. trans.revues.org/445

Barad, Karen. "Quantum Entanglements and Hauntological Relations of Inheritance: Dis/continuities, Space Time Enfoldings, and Justice-to-come," *Derrida Today,* vol. 3, no. 2, 2010, pp. 240–68.

Barrow, John D. *The World within the World,* Clarendon Press, 1988.

Barthes, Roland. "The Death of the Author." *Image, Music, Text,* trad. de Stephen Heath. Hill & Wang, 1977, pp. 142–48.

Baudrillard, Jean. *Selected Writings,* ed. por Mark Poster. Stanford UP, 1988.

—. *Fatal Strategies,* trad. de Philip Beitchman y W.G.J. Niesluchowski, ed. por Jim Fleming, Semiotext(E) / Pluto, 1990.

Benet, Juan. *Volverás a Región,* 2ª ed., Destino, 1974.

Bergson, Henri. *Matter and Memory.* Allen & Company Limited, 1913.

Berman, Marshall. *All that Is Solid Melts into Air. The Experience of Modernity.* Simon and Schuster, 1982.

Bermúdez, Víctor. "Sobre el filamento de las bombillas. Entrevista al poeta y físico Agustín Fernández Mallo." 2018. www.researchgate.net/

Obras citadas

    publication/331822063_Sobre_el_filamento_de_las_bombillas_Entrevista_al_poeta_y_fisico_Agustin_Fernandez_Mallo

Bjelland, Tamara. "Que ningún poeta se quede atrás: Agustín Fernández Mallo propone una nueva poesía española." *Arizona Journal of Hispanic Cultural Studies,* no. 14, 2010, 323–33.

Bohr, Niels. *Atomic Physics and Human Knowledge.* John Wiley and Sons, Inc., 1958.

—. *Atomic Theory and the Description of Nature. Four Essays with an Introductory Survey.* Cambridge UP, 1961.

Borges, Jorge Luis. "El otro." www.poeticous.com/borges/el-otro-3

Botting, Eileen Hunt. *Artificial Life after Frankenstein.* U Pennsylvania P, 2020.

Bowman, Gary F. *Essential Quantum Mechanics.* Oxford UP, 2008.

Bulfinch, Thomas. *Bulfinch's Mythology. Including the Complete Texts of the Age of Fable, the Age of Chivalry, Legends of Charlemagne.* Crown Publishers, 1979.

Calvo, Javier. "La historia de la nocilla," *La Vanguardia. Cultura,* 2007. www.lavanguardia.com/cultura/20070912/53397180493/la-historia-de-la-nocilla.html

Caro, Manuel J. y John W. MURPHY (eds.). *The World of Quantum Culture.* Praeger, 2002.

—. Entrevista. "Gregorio Morales. Ética y estética cuánticas." *Arizona Journal of Hispanic Cultural Studies,* vol. 4, 2000, pp. 235–48.

Carrión, Jorge. "¿Generación? ¿Nocilla?." 2007. vicenteluismora.blogspot.com/2007/07/generacin-nocilla.html

—. "Jot Down." *Contemporary Culture Magazine,* septiembre 2021, no. 34. www.jotdown.es/2020/04/agustin-fernandez-mallo-soy-escritor-paraestar-en-mi-casa-escribiendo-no-para-estar-por-ahi-animando-fiestas-bodas-y-bautizos/

Carroll, Sean. *The Particle at the End of the Universe. How the Hunt for the Higgs Boson Leads Us to the Edge of a New World.* Penguin Group, 2012.

Cioran. *Bréviare des vaincus,* trad. de Alain Paruit, Gallimard, 1993.

Cirlot, Juan-Eduardo. *Diccionario de símbolos,* 6.ª edición. Labor, 1985.

Connor, Steven. *Postmodernist Culture. An Introduction to Theories of the Contemporary.* Blackwell Publishers, 1989.

Corominas i Julián, Jordi. "Conversación con Agustín Fernández Mallo," *Revista de letras,* 2011. revistadeletras.net/dialogo-con-agustinfernandez-mallo/.

Obras citadas

Crary, Jonathan y Sanford Kwinter (eds.). *Incorporations,* vol. 6, Zone Books, 1992.

Culler, Jonathan. *Structuralist Poetics. Structuralism, Linguistics, and the Study of Literature.* Cornell UP, 1975.

—. *Framing the Sign. Criticism and its Institutions.* U of Oklahoma P, 1988.

Deleuze, Gilles. "Spinoza and Us," en *Incorporations,* Jonathan Crary y Sanford Kwinter (eds.), vol. 6, Zone Books, 1992, pp. 625–32.

Deleuze, Gilles y Felix Guattari. *A Thousand Plateaus. Capitalism and Schizophrenia,* trad. de Brian Massumi, U of Minnesota P, 1987.

Diario de Mallorca. "Entrevista a Agustín Fernández Mallo. Para ser un buen autor y hacer algo serio hay que escribir para uno mismo." 2011. www.diariodemallorca.es/sociedad-cultura/2011/03/01/buen-autor-serio-hayescribir/649565.html.

Espigado, Miguel. "Generación Nocilla. La no Generación Nocilla." generacionnocilla.blogspot.com/2007/07/qu-es-la-generacin-nocilla.html.24/07/2007.

Evia, Elena. "Autores del siglo XXI. Fernández Mallo y Menéndez Salmón se convierten en los grandes autores emergentes de la cita Atlas Literario Español." *El Periódico,* 29 de junio del 2007. www.elperiodico.com/es/barcelona/20070629/autores-siglo-xxi-5460371

Fernández Mallo, Agustín. "Acerca de lo que pienso," *Cuadernos hispanoamericanos,* 721–22, 2010, pp. 7–18. —, *Postpoesía. Hacia un nuevo paradigma,* Anagrama, 2009 (col. Argumentos, Finalista Premio Anagrama de Ensayo).

—. *Blog Up. Ensayos sobre cultura y sociedad,* Teresa Gómez Trueba (ed.), Secretariado de Publicaciones e Intercambio Editorial, Universidad de Valladolid, 2012. —. *Nocilla Experience,* Santillana, 2008.

—. *El hacedor (de Borges), Remake,* Alfaguara, 2011.

—. *Limbo,* Alfaguara, 2014.

—. *La mirada imposible,* Wunderkammer, 2021.

—. "Para ser un buen autor y hacer algo serio hay que escribir para uno mismo," *Diario de Mallorca,* 1 de marzo de 2011. www.diariodemallorca.es/sociedad-cultura/2011/03/01/buen-autor-serio-hay-escribir/649565.html.

—. *Proyecto Nocilla. Nocilla Dream. Nocilla experience. Nocilla lab*, Alfaguara, 2013.

—. *Teoría general de la basura (cultura, apropiación, complejidad),* Galaxia Gutenberg, 2018. —. *Trilogía de la guerra,* Seix Barral, 2018 (col. Seix Barral Premio Biblioteca   Breve).

Obras citadas

—. *Ya nadie se llamará como yo. Poesía reunida (1998–2012)*, front. de Antonio Gamoneda, pról. de Pablo García Casado, Planeta, 2015, (col. Seix Barral Los Tres Mundos Poesía).

Fernández Porta, Eloy. *Afterpop. La literatura de la implosión mediática*. Berenice, 2007.

Fierobe, Claude. "Le point catastrophique: L'éclairage de la théorie des catastrophes," en *Du fantastique en littérature: figure et figurations: éléments pour une poétique du fantastique sur quelques exemples anglo-saxons: ouvrage collectif*, Université de Provence Aix Marseille, 1990, pp. 35–44.

Francisc-Norbert, Ormeny y Theodora-Eva STÂNCEL. "Transdisciplinarity Approach of Imagination and Angels—The Transcultural Hidden Third: From Andrei Pleşu to Basarab Nicolescu." *Studia Universitatis Babes-Bolyai. Studia Europaea*, vol. 57, no. 1, 2012, pp. 129–59.

Fraser, Benjamin. "On Nocilla and the Urbanization of Consciousness: Multiplicity and Interdisciplinarity in Agustín Fernández Mallo's Fragmented Trilogy Author(s)." *Hispania*, vol. 95, no. 1, 2012, pp. 1–13.

Gala, Candelas. *Poetry, Physics, and Painting in Twentieth-Century Spain*. Palgrave Macmillan, 2011. Trad. de Isabel Palomo como *Sinergias. Poesía, física y pintura en la España del siglo XX*, Anthropos, 2016.

—. "*Antibiótico* anti-ortodoxia: Agustín Fernández Mallo y las propuestas cognitivo-curativas de su Postpoesía" *Paisajes cognitivos de la poesía*, Amelia Gamoneda y Candela Salgado Ivanich (eds.), Delirio, 2021b, pp. 215–33. —. *Creative Cognition and the Cultural Panorama of Twentieth-Century Spain*. Palgrave Macmillan, 2015.

—. "Creative Artifacts: Agustín Fernández Mallo's Post-Poetry Proposal (Sharing Thoughts with Wittgenstein)." *Creative Cognition and the Cultural Panorama of Twentieth-Century Spain*, Palgrave Macmillan, 2015.

—. *Clara Janés. La poética cuántica o la física de la poesía*, Consejo Superior de Investigaciones Científicas, 2021a.

Gamoneda, Amelia (ed.). *Espectro de la analogía*, Abada Editores, 2015.

Georgescu-Roegen, Nicholas. *The Entropy Law and the Economic Process*, Harvard UP, 1971.

Gleick, James. *Chaos. Making a New Science*, Penguin Books, 1987.

Gomatam, Ravi. "Niels Bohr's Interpretation and the Copenhagen Interpretation—Are the Two Incompatible?," *The University of Chicago Press Journal*, 74.5, 2007, pp. 736–48.

González Fernández, Francisco. *Esperando a Gödel. Literatura y matemáticas*, Nivola, 2012.

Obras citadas

Greenblatt, Stephen. *The Swerve: How the World Became Modern*, W.W. Norton, 2011.

Greene, Brian. *The Fabric of the Cosmos. Space, Time, and the Texture of Reality*, Vintage Books, 2005.

Halpern, Paul. *The Quantum Labyrinth. How Richard Feynman and John Wheeler Revolutionized Time and Reality*, Basic Books, 2017.

Hardisson Guimerá, Julio. "Agustín Fernández Mallo: 'Si no hay violencia estética en una obra, mejor no hacerla'," *Pliego suelto. Revista de Literatura y Alrededores*, 04/12/2012. www.pliegosuelto.com/?p=3418

Harré, Rom. "An Outline of the Social Constructionist Viewpoint." *The Social Construction of Emotions*, Rom Harré (ed.), Basil Blackwell Inc., 1986, pp. 2–4.

Hawking, Stephen W. *A Brief History of Time. From the Big Bang to Black Holes*, Bantam Books, 1988.

Healy, Sue y Victoria Braithwaite. "Cognitive Ecology: A Field of Substance?" *Trends in Ecology and Evolution*, no. 15, 2000, pp. 22–26.

Henseler, Christine. "Ode to Trash. The Spam Poetics of Agustín Fernández Mallo," *Cuaderno Internacional de Estudios Humanísticos y Literatura*, no. 16, 2011, pp. 239–47.

Hodges, Andrew. *Alan Turing: The Enigma*, Simon and Schuster, 1983.

Hofstadter, Douglas R. *Gödel, Escher, Bach: An Eternal Golden Braid*, Basic Books, 1999.

Hunt Botting, Eileen. *Artificial Life after Frankenstein*, U of Pennsylvania P, 2020.

Indurkhya, Bipin. *Metaphor and Cognition. An Interactionist Approach*, Springer Science+Business Media, 1992.

Infante, Ignacio, "Remaking Poetics after Postmodernism: Intertextuality, Intermediality, and Cultural Circulation in the Wake of Borges." *Comparative Literature* vol. 67, no. 1, 2015, pp. 114–29.

Iser, Wolfgang. *The Act of Reading. A Theory of Aesthetic Response*, The Johns Hopkins UP, 1978.

Jameson, Fredric. *The Prison-House of Language. A Critical Account of Structuralism and Russian Formalism*, Princeton UP, 1972.

Kharkhurin, Anatoly V. "Cognitive Poetry: Theoretical Framework for the Application of Cognitive Psychology Techniques to Poetic Text," *Creative Theories, Research, Application* vol. 3, no. 1, 2016, pp. 59–83.

Kostelanetz, Richard. "How to Be a Difficult Poet." *The New York Times*, 23 de mayo, 1976. www.nytimes.com/1976/05/23/archives/how-to-be-a-difficult-poetjohn-ashbery-has-won-major-prizes-and.html

Obras citadas

Kothari, D.S. "The Complementarity Principle and Eastern Philosophy." A.P. French y P.J. Kennedy (eds), *Niels Bohr. A Centenary Volume*, Harvard UP, 1985, pp. 325–31.

Kubler, George. *The Shape of Time. Remarks on the History of Things*, Yale UP, 1962.

Kuhn, Thomas. *The Structure of Scientific Revolutions*, 4ª ed, introd. de Ian Hacking, The U of Chicago P, 2012.

Lacaffe. "Entrevista al escritor Agustín Fernández Mallo para el video magazine online Lacaffe." 2 de enero de 2014. Vídeo. www.youtube.com/watch?v=Lv5ggxPzWCA

Lefort, Claude. "Maurice Merleau-Ponty." *Phenomenology of Perception*, por Maurice Merleau-Ponty, trad. de Donald A. Landes, 2012, pp. xvii-xxix.

López, Mixar. "'Nada es gratis. Nada es eterno': Agustín Fernández Mallo." *Los Angeles Times*, 12 de abril de 2021. www.latimes.com/espanol/vida-yestilo/articulo/2021-04-12/nada-es-gratis-nada-es-eterno-agustin-fernandez-mallo.

Mach, Ernst. *The Analysis of Sensations and the Relation of the Physical to the Psychical*, trad. de C.M. Williams, Dover, 1959.

Maillard, Chantal. *La creación por la metáfora. Introducción a la razón poética*, Anthropos, 1992.

Marman, Doug. "The Lenses of Perception Interpretation of Quantum Mechanics." *Integral Review*, vol. 14, no. 1, pp. 1–143.

Maturana, Humbert R. y Francisco J. Varela. *Autopoiesis and Cognition. The Realization of the Living*, pref. de Sir Strafford Beer, D. Reidel Publishing Co., 1980

Merleau-Ponty, Maurice. *The Structure of Behavior*, trad. de Alden Fischer, Beacon, 1963.

Morales, Gregorio. *El cadáver de Balzac. Una perspectiva cuántica de la literatura y el arte*, Epígono, 1998.

Moser, Walter. "Garbage and Recycling: From Literary Theme to Mode of Production." *Other Voices. Cultural Recycling*, vol. 3, no. 1, 2007.

Nicolescu, Basarab. *Teoremas poéticos, fotografías de Karl Blossfeldt, selección y trad. de Clara Janés*, Salto de página, 2013.

Ozias Reno, Joshua. "Toward a New Theory of Waste: From 'Matter out of Place' to Signs of Life." *Theory, Culture & Society*, vol. 31, no. 6.

Pániker, Salvador. *Asimetrías. Apuntes para sobrevivir en la era de la incertidumbre*, Random House Mondadori, 2008.

Paz, Octavio. *El mono gramático*, Seix Barral, 1974.

Peitgen, Heinz-Otto (con H. Jurgens y Dietmar Saupe). *Chaos and Fractals: New Frontiers of Science*, Springer-Verlag, 1992.

Obras citadas

Pert, Candace. *The Physics of Emotion.* Entrevista. www.6seconds.org/2007/01/26/thephysics-of-emotion-candace-pert-on-feeling-good/

Pino Perales, Julio del. "La estética 'Post' en la poesía de Fernández Mallo." *Pensamiento Literario Contemporáneo,* U de Zaragoza, 2015. www.academia.edu/15539104/La_est%C3%A9tica_post_en_la_poes%C3%ADa_de_Agust%C3%ADn_Fern%C3%A1ndez_Mallo.

Plant, Sadie. *Zeros + ones. Digital Women + The New Technoculture,* Fourth State, 1997.

Poincaré, Henri. "La invención matemática." Henri Poincaré, *Science et méthode,* trad. de Juan Manuel Gasulla, pp. 43–63. www.scribd.com/document/251055424/La-Invencion-Matematica-Poincare

Pozo Ortea, Marta del. "Towards a Posthumanist Reenchantment: Poetry, Science and New Technologies." Tesis doctoral, U of Massachusetts Amherst, 2012. scholarworks.umass.edu/open_access_dissertations/676/

—, "La vida interior de las imágenes en la obra de Agustín Fernández Mallo: hacia una ecología imaginal," *Ciberletras* 46, enero 2022, n.p.

Prigogine, Ilya. *Is Future Given?* World Scientific, 2003.

Prigogine, Ilya e Isabel stengers. *Order out of Chaos. Man's New Dialogue with Nature,* Bantam Books, 1984.

—. *The End of Certainty. Time, Chaos, and the New Laws of Nature,* The Free Press, 1997.

—. *Entre le temps et l'éternité.* Flammarion-Champs, 2009. editions.flammarion.com/entre-le-temps-et-l-eternite/9782081223066.

Pron, Patricio. "La vieja aspiración a la novedad." Reseña. *Revista de libros de la Fundación Caja Madrid* 160, 2010, 48–49.

Riffaterre, Michael. *Text Production,* trad. de Terese Lyons, Columbia UP, 1983.

Rimbaud, Jean-Nicholas-Arthur. *Rimbaud. Complete Works, Selected Letters,* trad., introd., y notas de Wallace Fowlie, The U of Chicago P, 1966.

Rosenblum, Bruce y Fred Kuttner. *Quantum Enigma. Physics Encounters Consciousness,* 2ª ed., Oxford UP, 2011.

Rulfo, Juan. *Pedro Páramo.* Grove Press 1959.

Ryan, Bartholomew. "Altermodern: A Conversation with Nicolas Bourriaud," *Art in America. The Daily Review. Newsletter,* 16 de marzo de 2009. artnews.com/art-in-america/interviews/altermodern-a-conversation-with-nicolasbourriaud-56055/

Obras citadas

Sábato, Ernesto. *El túnel*, Emece, 1951.

Salomé, Mónica. "Los agujeros negros, constructores del cosmos." *El País*. 11 de febrero de 2005.

Sánchez, Gaspar. "'Entrevista con Agustín Fernández Mallo,' La realidad y el arquetipo (vectorial)," 7 de marzo de 2014. Disponible en www.researchgate.net/publication/301788238_Entrevista_con_Agustin_Fernandez_Mallo

Sarquís, Jorge y Jacob Buganza. "La teoría del conocimiento transdisciplinar a partir del *Manifiesto* de Basarab Nicolescu." *Fundamentos en Humanidades,* vol. 10, no. 1, 2009, pp. 43–55.

Schrödinger, Erwin. *What Is Life? With Mind and Matter and Autobiographical Sketches,* 14.ª ed., Cambridge UP, 2013.

Schulte, Joachim. *Wittgenstein. An Introduction,* trad. de William H. Brenner y John F. Holley, State U of New York P, 1992.

Serres, Michel. *The Birth of Physics,* trad. de David Webb y William Ross, Rowman & Littlefield, 2018.

Smolin, Lee. *Three Roads to Quantum Gravity*, Basic Books, 2001.

Steiner, George. *Language & Silence. Essays on Language, Literature, and the Inhuman,* Yale UP, 1998.

Stevens, Wallace. *The Collected Poems, New York, Vintage Books,* 1990 (div. de Random House, Inc.).

Stockwell, Peter. *Texture. A Cognitive Aesthetics of Reading.* Edinburgh U P, 2009.

Thompson, Michael. *Rubbish Theory. The Creation and Destruction of Value,* New Edition, pref. de Joshua O. Reno, Pluto P, 2017.

Thorne, Kip S. *Black Holes & Time Warps. Einstein's Outrageous Legacy,* pref. de Stephen Hawking, W.W. Norton & Company, 1994.

Tsur, Reuven. "Aspects of Cognitive Poetics," 1997. cogprints.org/3239/1/Aspects_of_Cognitive_Poeti.html.

—. "Contrast, Ambiguity, Double Edgeness," *Poetics Today,* vol. 6, No. 3, 1985, pp. 417–45.

—. *Toward a Theory of Cognitive Poetics,* North Holland, 1992.

Varela, Francisco J. "The Re-enchantment of the Concrete." *Incorporations,* Jonathan Crary y Sandford Kwinter (eds.), vol. 6, New Yok, Zone Books, 1992.

Viñas, David. "Poesía Postpoética y aplicación hermenéutica." *Pensamiento literario español contemporáneo, 7. Actas del VII Seminario 'Pensamiento literario español del siglo XX',* "Túa Belsa et al. (eds.), 28–29 de octubre 2010, pp. 243–64.

Obras citadas

Zeki, Semir. *Inner Vision. An Exploration of Art and the Brain,* Oxford UP, 1999.

Zepke, Stephen. *Art as Abstract Machine. Ontology and Aesthetics in Deleuze and Guattari,* Routledge, 2005.

Zwicky, Jan. "What Is Ineffable"? *International Studies in the Philosophy of Science,* vol. 26 no. 2, 2012, pp. 197–217.

Índice

alma 36–37, 55, 135, 173, 203, 204, 234, 235, 248

basura 14, 17, 36, 76, 77, 78, 81, 89, 95, 96, 98, 99, 105, 106, 107, 110, 111, 120, 132–33, 137, 154, 173, 241; como metáfora postpoética y conceptual, 17, 90–91, 95, 96–97, 98, 99, 100, 102, 152, 241; como reciclaje, 100–01, 102

binomios 8, 12, 19, 32, 34, 35, 36, 41, 42, 45, 58, 70, 76, 77, 78, 80, 82, 83, 85, 90, 92, 113–46, 113–14, 118, 119, 134, 139, 229, 238, 239, 242, 245; lo crudo/lo cocido (Levi-Strauss), 150, 232, 233; cultura alta/cultura baja, 4, 8, 31, 86, 238; flotación de contrarios, 4–5, 7, 67, 83, 91, 93, 95, 116, 140, 143, 145, 173, 236, 241; lenguaje-ficción/realidad-vida, 8, 21, 36, 149, 150, 155, 157, 172, 174, 233; mismidad/diferencia, 135, 154, 156; lo orgánico/lo tecnológico, 17, 18, 26, 89, 103, 104, 114, 135, 145, 146, 171–72, 202, 207–08, 218, 223; tradición/novedad, 22, 33, 51, 212, 230, 243; vida-sexualidad/muerte, 35, 129, 140, 144, 176, 183

Bohr, Niels 5, 17, 30, 34, 110, 113, 115, 117, 218, 248; Principio de Complementariedad, 5, 15, 17, 28, 67, 113–14, 115, 117, 118, 119, 120, 139, 145, 149, 156, 230, 234, 235, 239, 242, 243, 245, 246

Borges, J.L. 40, 49, 149, 157, 160

caos 42, 50, 56, 58, 60, 62, 72, 98, 218, 233, 248; Mapa o Desplazamiento de Bernoulli, 62, 63; Transformación del Panadero, 62

ciencia 3, 5, 6, 9, 52, 157, 176, 212, 227; como ∩ (intersección), 5, 6; matemáticas, 5, 133–34, 148, 152–53, 157, 169, 170, 171, 173, 190, 197, 215, 245; y poesía, 3, 10, 16, 46, 48, 49, 121, 168; principio de imitación (Alan Turing), 169, 171–72, 173, 242, 244; teoría del tercer incluido, 139–40 (Basarab Nicolescu)

clinamen 32, 40, 47, 67 69, 90, 94, 99, 165, 177, 219, 220, 227, 237, 246 (Lucrecio)

cognición / conocimiento 15, 29, 32, 41, 47, 49, 53, 59, 84, 86, 89, 90, 95, 101, 103, 107, 114, 128, 136, 137, 140, 142, 156,

Índice

167, 174, 183, 186, 193, 207, 223; como autonoiesis, 45, 231; como epistemología postpoética, 13, 15, 17, 20, 32, 46, 48, 77–111, 145, 179 192, 194, 232, 241, 242, 246; como manzanas del saber, 137, 138, 247; como poética, 13, 78, 117

colapso 9, 15, 30, 35, 50, 65, 92, 95, 102, 110, 115, 118, 122, 132, 212; como catástrofe (Thom), 42, 56, 58, 128, 177, 195, 218, 219, 245, 246

contemporaneidad 4, 7, 13, 15, 16, 18, 28, 29, 31, 32, 42, 45, 86, 103, 128, 141, 153, 157, 171, 195, 202, 207, 208, 213, 214–15, 216–17, 227, 244, 248 *como* ∩ (intersección) 174, 247; como reproducibilidad, 178, 243–44

cosmos 2, 22, 57, 58, 68, 74, 75, 81, 106, 107, 108, 137, 138, 154, 184, 235, 240, 241; big bang, 28, 80, 224, 230, 231; como cavidad resonante, 179, 209; expansión del, 104, 117, 217 (Hubble)

Creta 66, 68, 70, 76, 79, 85, 87, 88, 135, 136, 139, 174, 181, 205, 214

cuerpo 17, 22, 25, 35, 36, 38, 39, 40, 49–50, 51, 58, 72, 75, 78, 79, 80, 81, 82, 85, 86, 104, 133, 136, 137, 166, 173, 175, 177, 183, 186, 188, 200, 218, 229, 230, 240; vs. conceptos, 224, 225; sin órganos, 28, 91, 99, 227, 229

deconstrucción 12, 23, 26, 29; como Odisea de, 31

derivas 1, 3, 16, 19, 33, 45, 46, 47, 48, 52, 54, 58, 72, 75, 89, 113, 120, 174, 223, 232, 240; espaciotemporales, 58–76, 135, 234, 239, 246; por la física 48–58

Descartes, René, 22, 50, 86, 231

Einstein, Albert, 36, 37, 38, 51, 55, 59, 75, 102, 106, 107, 117, 183, 209, 217, 239

emoción(-es) / subjetivismo, 6, 10, 14, 56, 57, 58, 78, 79, 96, 120, 168, 169, 191, 200, 207, 208, 220, 222, 229, 235, 240, 246

entropía, 13, 14, 15, 19, 23, 32, 50, 60, 61, 64, 67, 72, 90, 94, 104, 106, 109, 115, 118, 135, 177, 237

estrella (-s), 50, 95, 106, 109, 110, 122, 132, 152, 242

evolución, 14–15, 37, 103, 225

Fernández Mallo, Agustín, 1, 2, 6, 7, 8, 9, 10, 11, 13, 19, 21, 22, 23, 26, 27, 28, 30, 32, 33, 34, 38, 41, 42, 46, 47, 50, 51, 54, 58, 62, 65, 74, 78, 81, 82, 89, 91, 95, 96, 101, 105, 108, 109, 110, 114, 115, 116, 117, 119, 121, 122, 123, 137, 140, 141, 148–49, 150–51, 152, 153, 154–55, 157, 160, 161, 162, 163, 167, 168, 169, 170, 172, 183, 185, 195, 196, 204, 208, 212, 213, 219, 221, 223, 227, 230, 231, 235, 237, 238, 239, 241, 243, 248, 249; obras de: *Antibiótico*, xi, xii, 3, 11, 17, 42, 60, 77, 89–90, 98, 111, 145, 149, 152, 163, 175, 241; *Carne de píxel,* xi, xii, 1, 3, 4, 17, 77, 89, 105, 121, 122, 241, 244; *Creta Lateral Travelling*, xi, xii, 3, 68, 76, 77, 78, 80, 81, 174, 179, 181, 214, 241; *El hacedor (de Borges), Remake*, xi, xii, 7,

280

156, 159; *Joan Fontaine Odisea [Mi deconstrucción],* xi, xii, 2, 3, 16, 21, 52, 64, 166, 214; *La mirada imposible,* 80, 123, 171; *Limbo,* xii, 7, 117, 159, 202; *Proyecto Nocilla. Nocilla dream. Nocilla experience. Nocilla lab,* xii, 7, 8, 42, 43, 60, 204, 212; *Postpoesía. Hacia un nuevo paradigma,* xi, xii, 1, 3, 32, 48, 76, 119, 208, 219: *Teoría general de la basura,* xi, xii, 17, 77, 89, 95, 241: *Trilogía de la guerra,* 7, 118: *Ya nadie se llamará como yo,* xi, xii, 3, 154, 222; *Ya nadie se llamará como yo+ Poesía reunida (1998–2012),* xi, 3, 18, 19, 147, 154, 167, 185, 186–87, 196, 226, 245; *Yo siempre regreso a los pezones y al punto 7 del 'Tractatus',* xi, xii, 3, 17, 30, 52, 53, 77, 82, 83, 87, 89, 91, 241

física, 3, 13, 15, 16, 33, 43, 46, 48, 56, 58, 182, 238, 239–40; agujero negro, 14, 17, 42, 73, 76, 78, 89, 95, 104, 105–06, 107, 108, 109–10, 113, 120, 121, 122, 123, 124, 137, 138, 152, 241, 243; átomo, 10, 27, 32, 50, 64, 73, 87, 98, 117, 118, 122, 151, 176, 196, 213, 216, 228; como azar, 42, 43, 60, 62, 67, 68, 77, 98, 103, 116, 117, 130, 183, 200 ;campo [field], 9, 201, 212, 231; clásica y cuántica, 5, 6, 7, 12, 13, 14, 19, 27, 33, 36, 50, 51, 58, 62, 66, 67, 108, 109, 116, 117, 118, 140, 142, 145, 182, 193, 217, 227, 240; energía, 14, 36, 51, 63, 64, 79, 98, 106, 108, 109, 110, 175; enredamientos cuánticos, 31, 43, 59, 66, 163, 165, 183; experimento de las dos ranuras, 61, 123–24; función Delta (Dirac), 39, 52, 53, 58, 61; gravedad, 14, 50, 102, 107, 108, 110, 121, 122, 124, 137, 182; indivisibilidad del observador y de lo observado, 17, 114, 145, 157, 200, 213, 239; interconectividad, red, 8, 115, 154, 240; ∩, 5, 6, 118; luz, 65, 80, 82, 108, 121, 128, 132, 133, 152, 154, 159, 167, 175, 193; vs. oscuridad/sombra, 55, 80, 81, 94, 190, 191–92, 194, 241, 245; materia, 1, 5, 13, 14, 19, 30, 35, 37, 40, 43, 49, 50, 51, 61, 64, 67, 78, 79, 86, 89, 90, 103, 107, 108, 116, 117, 167, 173, 208, 215, 217, 222, 228, 231, 232, 236, fe en, 14, 19, 37, 211, 222, 223, 231, 239, 240; morfogénesis de, 5, 13, 14, 194, 197, 198, 228, 239, 241, 244; partículas, 2, 50, 65, 79, 118, 119, 124, 140, 150, 162, 201, 212, 217, 228, 230, 240; bosón (Higgs), 201, 212, 231; electrón, 2, 27, 32, 38, 50, 56, 61, 64, 98, 106, 117, 118, 132, 176, 216; fermión, 5, 79; como soledad fermiónica, 5, 19, 61, 94, 124, 211, 212, 213, 216, 217, 221, 236; probabilidad/improbabilidad, 54, 58, 65, 181, 240; relatividad, 24, 37, 38, 51, 55, 65, 75, 102, 105, 106, 123, 165, 174, 177, 217, 239; salto cuántico, 19, 27, 32, 67, 131, 132, 187, 211, 218, 220, 236, 237, 246; superposición de partícula y onda, 9, 35, 91, 95, 102, 105, 106, 111, 114, 115, 118, 145, 242; teorema de la Idempotencia, 60, 215, 216; termodinámica, 13, 60, 63, 64,

Índice

67, 72–73, 106, 215, 240; luz, 65, 80, 82, 108, 121, 128, 132, 133, 152, 154, 159, 167, 175, 193

geometría, 16, 102, 143, 203
geometrodinámica, 16, 76; euclídea, 65, 76; elíptica, 16, 65, 76, 108
generación Nocilla, 8, 9
Gödel, Kurt, 12, 18, 87, 95, 148, 160, 170, 171
 Principio de Incompletitud, 12, 76, 140, 157, 160, 183, 214, 227

Heidegger, Martin, 189, 190; Dasein, 19, 189, 193, 216, 226, 227, 245
Heisenberg, Werner, 5, 95, 117, 118, 129, 162; Principio de Incertidumbre, 5, 68, 129, 165, 227
heterotopía, 19, 32, 33, 246 (Foucault), 152; y heterocronía, 51
horizonte de sucesos, 17, 42, 120, 121, 123, 124, 125, 129, 134, 137, 142, 145, 202, 243

identidad, 2, 18, 29, 51, 52–53, 54, 55, 56, 58, 61, 66, 87, 100, 132, 147, 148, 154, 155, 156, 161, 163, 193–94, 197, 213, 214, 215, 231, 243; como nombre, 185, 222, 231; del padre, 155, 185, 222, 232; como Odiseo (Outis/Nadie), 155, 185, 246; como gemelos/doble, 160, 161–62, 162, 166, 172, 176, 204, 205; vs. máquina/robots, 18, 170, 172
infancia, 10, 55, 151, 216, 225, 226, 235
Internet, 8, 36, 47, 65, 66, 143

intertextualidad, 8, 10

Joyce, James, 2, 4, 40, 138, 205

Kafka, Franz, 40, 41, 187

Laplace, P. S., 15, 56, 58, 67, 68, 76, 193
lenguaje, 34, 42, 46, 58, 77, 78, 79, 83, 84, 87, 88, 98, 175, 181, 185, 189, 206, 220, 221; casa del, 16, 21–43, 25, 31, 239, 26, 30, 31, 35, 36, 39, 41, 56, 80, 81, 142, 168, 183, 194, 240; como chicle/Nocilla, 35, 190, 245, 247; congelado, silenciado, mineralizado, 29, 199, 216; como escritura (postpoética), 2, 39, 70, 72, 88–89, 91, 92, 93, 94, 99, 101, 135, 142, 143, 162, 193, 229, 233, 238; como discurso 'rebote', 11, 91–92, 95, 97, 103, 126, 132, 186, 241; de nodos y redes, 29, 34, 84, 101, 154; vs. realidad, 55, 81, 85, 86, 144, 185; como rizoma, 16, 27, 45, 85, 237, 239; como textualidad, 36, 37, 41, 148, 161, 178, 231, 244
límite(-es), 5, 33, 42, 52, 54, 57, 67, 95, 99, 103, 114, 120, 123, 127, 134, 181, 203, 218, 238, 246; como horizonte de sucesos, 120, 121, 122, 243
Lyotard, J. F., 12, 127

metáfora, 4, 5, 11, 13, 15, 33, 39, 43, 46, 48, 49, 56, 90, 122, 125, 161, 165, 177; como metáfora postpoética, 13, 15, 17, 51, 57, 58, 77–111, 100, 115, 117, 141, 151, 233, 238, 239, 240, 241
mujer, 14, 18, 95, 103–04, 105,

Índice

110, 126, 143, 146, 165, 175, 183, 184, 186, 201, 203, 204, 218, 232, 235; como danesa pelirroja, 135–37, 138; como modelo retirada, 2, 14, 60, 79, 93, 103, 110, 120, 122, 123–35, 124, 125–26, 127, 129–30, 131, 133, 134, 137, 138, 145, 163, 205, 214, 242, 243; como mujer informática, 141–42, 143–44; como muñeca rusa, 135–46; como musa ideal, 17, 114, 120, 128, 129, 132, 138, 144, 221, 232, 243; musas postpoéticas, 17, 120, 121, 122, 144, 146; prostituta, 138–39

naturaleza/Naturaleza, 15, 32–33, 38, 43, 55, 67, 69, 75, 94–95, 96, 131, 148, 150, 185, 189, 190, 218, 219, 225, 226, 229, 230, 232; animales, 45, 229–30; como bosque 222, 223, 230, 236; fotosíntesis, 36, 152; vs. lenguaje, 19, 38, 230; vs./con tecnología, 202, 224
nomadismo estético/postpoético, 16, 45–76, 46, 47, 48, 86, 113, 117, 135, 167, 169, 233, 234, 238, 247

objeto (-s), 14, 18, 38, 47, 56, 68, 69, 70, 95, 100–01, 103, 110, 118, 120, 131, 190, 207, 211; como nubes de sentido, 195–208, 196, 197, 202, 203, 204, 205, 245; como objetos red, 195, 196, 202, 204, 205; como otredad/tú, 19, 36, 37, 38, 54, 93, 134, 147, 154, 156, 160, 161, 164, 173, 192, 194, 197, 201, 204, 205, 208, 231, 232–33, 242; vs/como resonancias, 179, 180, 187, 204, 205–06

padre, 2, 14, 155, 185, 186, 187, 196–97, 198, 201, 207, 216, 219, 232, 248; legado del, 14, 19, 30, 211, 220, 222, 223, 225, 228, 231, 232, 233, 236, 238, 239, 240, 242, 245–46
pareja, 62, 63, 64, 70, 89, 91, 93, 95, 96, 103, 104, 105, 106, 108, 109, 110, 114, 123, 124, 125, 127, 131–32, 133, 161, 184, 185, 188, 203, 217, 218, 220
píxel, 89, 100, 103, 104, 105, 176, 242
poesía, 54, 56, 83, 94, 143, 168, 187, 194, 196, 223, 235; de la diferencia, 6, 7, 10; de la experiencia, 6, 10, 52; como poema/máquina, 167, 168, 169, 196; postpoética, 9, 16, 21, 37, 45, 48, 55, 58, 176, 190, 221, 235, 238
Poincaré, Henri, 68, 76, 102, 157, 176, 182, 215, 231
postmodernismo, 8, 9, 12, 13, 26, 58, 59, 170, 206, 237; como 'After pop" 9
Postpoesía, 1, 3, 4, 5, 6–7, 9, 10, 11, 12, 13, 14, 15, 16, 17, 18, 19, 21, 22–23, 24, 25, 26, 27, 28, 29, 30–31, 32, 33, 34, 35, 40, 41, 43, 45, 46, 48, 49, 51, 54, 56, 57, 58, 59, 65, 67, 69, 71, 74, 78, 80, 88, 91, 101, 102, 109, 110, 111, 119, 135, 139, 144, 145, 147, 150, 157, 165, 169, 171, 175, 176, 177, 179, 180, 186, 188, 194, 195, 197, 199, 200, 203, 204, 208, 223, 224, 230, 232, 233, 234, 235, 236, 237, 238, 239, 240, 246, 247; como emboscada, 1, 2, 4, 5, 6, 24, 29, 34, 35, 36, 39, 40, 58, 74, 84, 125, 136,

283

144, 186, 193, 205, 212, 237, 238, 246; estrategias (retroalimentación, plagio, ensamblajes, apropiacionismo), 6, 16, 17, 27, 31, 33, 34, 35, 37, 41, 42, 43, 46, 78, 95, 96, 101, 153, 154, 164, 171, 194, 209, 239, 246; como morfogénesis, 13, 101, 102, 175, 186, 200, 232; como Odisea, Homero, Troya, 2, 3, 31, 41, 58, 136, 137, 205; como poiesis o performance, 4, 13, 22, 148, 235, 236; post-poeta (hablante poético), 2, 4, 15, 17, 19, 35, 41, 46, 47, 54, 74, 77, 84, 90, 93–94, 99, 101, 105, 110, 113, 125, 144, 153, 177, 181, 183, 184, 185, 186, 188, 189, 190, 192, 198, 201, 202, 204, 206, 214–215, 218, 220, 223, 232, 235, 236, 238, 239, 240, 242, 245–246; vs. poesía ortodoxa, 1, 11, 14, 15, 16, 22, 24, 25, 29, 30, 32, 34, 233, 49, 59, 62, 77, 86, 87, 101, 106, 111, 157, 162, 167, 171, 178, 208, 221, 232, 233, 236, 237, 239, 246, 248; como red o telaraña cósmica, 11, 29, 31, 59, 69, 175, 205; sobre reproducibilidad, 11, 147, 148, 149, 221, 243, 244, 246; como suspensión/flotación, 4, 5, 35, 42, 62, 67, 91, 93, 95, 98, 99, 100, 111, 115, 118, 119, 121, 212, 213, 226, 240, 241, 244, 245; de topología rizomática, 28, 29, 175, 177, 237; y la vida, 34–40, 35, 36, 38, 39–40, 41, 42, 57, 61, 68, 70, 72, 73, 75, 77, 78, 79, 81, 83, 98, 186

Prigogine, Ilya, 49, 56, 58, 72, 98, 218; con Isabelle Stengers, 50, 62, 116, 230

realidad, 50–51, 54–55, 68, 69, 72, 76, 78, 82, 84, 85, 86, 95, 98, 104, 116, 134, 140, 144, 150, 155, 157, 158, 159, 167, 185, 187, 194, 201, 208, 230, 243; como Mundo, 104, 107, 118, 140–41, 153; como red compleja, 8, 175; como reproducibilidad, 147–48, 158, 167, 178, 206, 220, 221; el hiperreal 149, 151, 206, 243 (Baudrillard)

recursividad 2, 22, 60, 87, 91, 142, 144, 161, 214, 228, 237, como monigote 92

resonancias/ecos, 18, 68, 108, 127, 161, 179, 181, 182, 184, 185, 186, 189, 190, 192, 208, 231, 247, 249; caja/cavidad resonante, 36, 69, 151, 179–209, 180, 183, 185, 186, 187, 188, 194, 201, 244; sobrepasan la muerte, 22, 180, 181, 187, 201, 207, 208, 209; vs./como objetos, 180, 183, 195

Schrödinger, Erwin, 35, 91, 117, 140, 177, 200, 213, 226

simulacro (J. Baudrillard), 18, 33, 147, 149, 150, 151, 152, 153, 154, 166, 177, 178, 206, 239; como reproducibilidad, 11, 18, 33 (Octavio Paz), 42, 43, 134, 135, 147–78, 148, 156, 159, 173, 243; *Creación de Pares*, 160, 162, 172

tiempo/Tiempo, 14, 16, 23, 41, 62, 63, 66, 68, 69, 70, 71, 72, 73, 74, 75, 83, 90, 97, 100, 104, 106–07, 116, 119, 130, 132, 158, 159, 182, 184, 188, 189, 190, 192, 203, 231; circular, 16, 59, 60, 64, 65, 71, 87, 239; y espacio, 16, 51, 59, 75, 76, 98,

102, 106, 107, 226, 246; flecha del, 14, 16, 24, 41, 59, 60, 64, 65, 66, 67, 69, 102, 106–07, 118, 133, 164, 185, 217, 239, 246; como laberinto o "suma de historias, 16, 64, 65, 66, 239 (Wheeler y Feynman); mineralizado, 70, 133, 204, 205; como pezón/beso, 87, 88, 142, 142, 144, 184, 217, 227; como presente, 71, 73, 146, 215; como ruinas, 68, 69, 90; topológico, 47, 65, 66, 67, 70, 98, 102, 115, 119, 120, 183

Thom, René, 49, 56, 58, 120, 162, 195, 198, 218, 245

tierra/Tierra, 1, 19, 36, 38, 39, 51, 67, 75, 84, 169, 197, 201, 211, 212, 213, 219, 224, 227, 230, 238, 240; como campo geomagnético, 19, 45, 46, 211–36, 217, 222, 227, 229, 230, 238

transdisciplinariedad, 3, 8, 13, 19, 33, 77, 237, 238, 239; como escritura transdisciplinaria, 1, 11, 16; como nomadismo estético, 8, 19, 46, 47, 237–38

trascendencia/misticismo, 17, 22, 24, 37, 40, 57, 79, 81, 91, 94, 105, 122, 125–26, 140, 192, 198, 208, 234, 238; vs./más, inmanencia, 17, 229, 231, 244

ubicación intermedia, 21, 51, 56, 59, 67, 74, 75, 100, 104, 113, 114, 116, 117, 118, 122, 138, 139, 140, 141, 144–45, 178; como espacio-mezcla, intermezzo, limbo, 27, 28, 30, 33, 41, 42, 45, 48, 161, 167, 174, 183, 212, 213, 227, 230, 238, 243, 244, 245–46

vida/Vida, 1, 2, 5, 14, 19, 37, 38, 39, 78, 81, 82, 92, 132, 134, 148, 166, 175, 185, 190, 193, 195, 222, 223, 228, 235, 236, 238, 240, 241, 246; como inducción imperfecta, 42–43; como laberinto, 174, 179, 181; y su lógica de inversión, 174, 176, 177; vs. máquina/robots, 170, 171; y muerte/Muerte, 185, 186, 194, 198, 201, 202, 211, 222

visión, 57, 64, 66, 67, 68, 84, 102, 105, 110, 118, 125, 126, 156, 164, 223, 248; como fotografías, 5, 134, 158, 159, 193; como nuevos medios médicos de diagnóstico (radiografías, espectroscopía, etnografía), 17, 58, 85, 86, 104, 107, 108, 110, 131, 141, 142, 158, 173, 174, 192, 193, 207, 218, 228, 240, 247; como perspectiva, 10, 20, 57, 79, 80, 82, 124, 137, 139, 141–42, 143, 145, 146, 161, 162, 175, 195, 196, 241, 248; como óptica, 65, 141, 145; como reverso, 17, 76, 78, 80, 94, 103, 126, 188, 241; telescopios, 107–08

Whitehead, J. H. C., 102, 176
Wigner, Eugene P., "modelo de capas", 228
Wittgenstein, Ludwig, 12, 30, 33, 41, 53, 57, 64, 73, 82, 83, 87, 93, 105, 110, 140–41, 171, 181,
182, 184, 196, 212, 244

Sobre el libro

Candelas Gala
La emboscada postpoética de Agustín Fernández Mallo: Física, cognición, contemporaneidad, entropía
PSRL 94

La emboscada postpoética de Agustín Fernández Mallo: Física, cognición, contemporaneidad, entropía analiza la propuesta del poeta de "curar," con su Postpoesía, a la poética oficial de su estancamiento esclerótico por seguir sujeta a premisas ya desgastadas, recobrar un lenguaje enlazado con la materia y renovar su valor cognitivo. Mediante derivas por diferentes campos del saber, la Postpoesía comparte el espacio con la televisión, la música pop, los vídeos, el internet, el cine, las artes, la publicidad y las ciencias, la física en particular. La Postpoesía busca la intersección entre la tranquilidad que aporta la tradición y la inquietud de lo novedoso. Hay emboscada porque, como Odiseo con el caballo de Troya, el postpoeta está también de vuelta de sus aventuras y como el astuto héroe, se ve a menudo "emboscado" por la recursividad de sus argucias. Pero entiende que toda proclama conlleva su propia refutación en forma de ironía y parodia. Todo queda en la incertidumbre de que habló Werner Heisenberg, o del ying-yang en la complementariedad del otro gran físico cuántico, Niels Bohr. Y a los lectores se nos invita a participar en esta odisea donde los enigmas no se solventan conclusivamente.

About the book

Candelas Gala
La emboscada postpoética de Agustín Fernández Mallo: Física, cognición, contemporaneidad, entropía
PSRL 94

La emboscada postpoética de Agustín Fernández Mallo: física, cognición, contemporaneidad, entropía analyzes the poet's proposal to rescue, with his Postpoetry, official poetry from its sclerotic stagnation due to its fidelity to worn-out premises, to recover a language connected with matter, and to renew its cognitive value. By means of byways (or drifting) through different disciplines, Postpoetry shares space with television, pop music, videos, the Internet, cinema, the arts, publicity, and the sciences, physics in particular. Postpoetry seeks the intersection between the tranquility that tradition provides and the disquiet that comes with novelty. There is an ambush because, like Odysseus with the Trojan horse, the postpoet, although he is back from his adventures and much experienced, like the astute Homeric hero, often finds himself being ambushed by the recursiveness of its own tricks; however, he understands that all pronouncements entail their own refutation in the form of irony and parody. Everything rests on the uncertainty of which Werner Heisenberg spoke, or on the yin-yang in the complementarity of that other great quantum physicist, Niels Bohr. We readers are invited to participate in this odyssey where enigmas are never solved conclusively.

Sobre la autora

Candelas Gala, cátedra Charles E. Taylor en Lenguas y Literaturas Románicas, Universidad Wake Forest, es autora de varios libros y ensayos sobre Federico García Lorca y de numerosos trabajos sobre la poesía escrita por mujeres en España. Su investigación más reciente es transdisciplinaria e incluye *Clara Janés. La poética cuántica o la física de la poesía*; *Ecopoéticas. Voces de la Tierra en ocho poetas de la España actual*; *Creative Cognition and the Cultural Panorama of Twentieth-Century Spain*; y *Poetry, Physics, and Painting in Twentieth-Century Spain*, traducido como *Sinergias. Poesía, física y pintura en la España del siglo XX*.

About the author

Candelas Gala, Charles E. Taylor Professor Emerita of Romance Languages and Literatures at Wake Forest University, has authored several books and essays on Federico García Lorca as well as numerous essays on poetry written by women in Spain. Her recent research is transdisciplinary and includes *Clara Janés. La poética cuántica o la física de la poesía; Ecopoéticas. Voces de la Tierra en ocho poetas de la España actual; Creative Cognition and the Cultural Panorama of Twentieth-Century Spain;* and P*oetry, Physics, and Painting in Twentieth-Century Spain*, translated as *Sinergias. Poesía, física y pintura en la España del siglo XX.*

www.ingramcontent.com/pod-product-compliance
Lightning Source LLC
Chambersburg PA
CBHW061432300426
44114CB00014B/1651